Für Sönke

Holger Schulz

1975

Umbrüche in Politik, Kultur und Gesellschaft

© 2015 Holger Schulz

Verlag: tredition GmbH, Hamburg

ISBN
Paperback   978-3-7439-1166-6
Hardcover   978-3-7439-1167-3
e-Book   978-3-7439-1168-0

Printed in Germany

Das Werk, einschließlich seiner Teile, ist urheberrechtlich geschützt. Jede Verwertung ist ohne Zustimmung des Verlages und des Autors unzulässig. Dies gilt insbesondere für die elektronische oder sonstige Vervielfältigung, Übersetzung, Verbreitung und öffentliche Zugänglichmachung.

Inhaltsverzeichnis

Über dieses Buch......7
1. Die Gesellschaft – grau und bunt......14
2. Die bestimmenden politischen Themen 1975......22
2.1. Die Annäherung von Ost und West......22
2.2. Vietnam - Die Medien und der Krieg......28
2.3. Terrorismus - Auseinandersetzungen in der Bundesrepublik......38
3. Zwanzig Jahre Bundeswehr - etabliert, aber rückwärtsgewandt......56
4. Parlamentarische Auseinandersetzungen – Zwei Kontrahenten......64
5. Die DDR - Das andere Land......70
5.1. Totale Überwachung......71
5.2. DDR-Medien - Beifall für die Erfolge der SED......74
5.3. Der Blick aus dem Westen - Ausblendung der Realität......83
5.4. Spione......89
6. Die Europäische Gemeinschaft......96
7. Kultur......107
7.1. Film und Fernsehen - die Glanzpunkte......107
7.2. Bücher - Erfolgreich und umstritten......120
7.3. Neue „Krankheiten"......134
7.4. Zeitungen - Die Qualitätsfrage......137
7.5. Musik - Große Stars......143
7.6. Theater - Die kaputte Bühne......153
7.7. Sport - Das große Geschäft......156

8.	Beruf und Wirtschaft	167
8.1.	Bildungspolitik	167
8.2.	Wachstum	169
8.3.	Arbeitslosigkeit - Die Rolle der Gewerkschaften	178
8.4.	Öffentlicher Dienst - Noch einmal: die Gewerkschaft	181
8.5.	Das Ende des Schlaraffenlandes - aber nicht für alle	187
8.6.	Optimismus trotz der Wirtschaftsflaute	191
8.7.	Die unbemerkte digitale Revolution	194
8.8.	Linke Erfolgsrezepte - Wirtschaftslenkung und Subventionen	198
8.9.	Netzwerke	208
8.10.	Kreative Geldschöpfung - gepflegte Hilfsbedürftigkeit	212
9.	Gesellschaft und Kämpfer	218
9.1.	Verbände und revolutionäre Kämpfer	218
9.2.	Die Kirchen - Ihr Einfluss geht zurück	236
9.3.	Die richtige Gesinnung und richtiger Sprachgebrauch	240
9.4.	Ein Portugiese und andere Ausländer	247
9.5.	Die politischen Parteien	251
9.6.	Die Frauenbewegung - Emanzipierte Kämpferinnen	258
9.7.	Die demographische Entwicklung	266
9.8.	Die neue Armut	269
10.	Was bleibt?	275
11.	Was wird sein?	282

Über dieses Buch

Mit dem Jahr 1975 beginnt das letzte Quartal eines Jahrhunderts, in dem die Menschen Umbrüche erleben mussten, die zu Beginn dieses Jahrhunderts unvorstellbar waren. Stefan Zweig hat in seinem Buch „Die Welt von Gestern" für die Zeit zu Beginn des 20. Jahrhunderts die „handliche Formel" gefunden: „Es war das goldene Zeitalter der Sicherheit, alles in unserer fast tausendjährigen österreichischen Monarchie schien auf Dauer gegründet und der Staat selbst der oberste Garant dieser Beständigkeit." Es ging friedlich voran: Die Menschen wurden schöner, kräftiger, gesünder, die soziale Sicherheit war gewährleistet, die Justiz wurde linder und humaner gehandhabt, schreibt Zweig und ergänzt: „Alles Radikale, alles Gewaltsame schien bereits unmöglich in einem Zeitalter der Vernunft."[1]

Im Jahr 1975 liegt das Ende des zweiten der verheerenden Weltkriege im 20. Jahrhundert gerade dreißig Jahre zurück und es scheint auf den ersten Blick Konsens bei vielen Bürgern der alten Bundesrepublik Deutschland, dass jetzt wirklich ein Zeitalter der Vernunft angebrochen wäre und alles Radikale, alles Gewaltsame unmöglich wäre.

In diesem Buch versuche ich zu aufzuzeigen, wie sich die Verhältnisse im Land, sowohl in der Bundesrepublik Deutschland als auch in der Deutschen Demokratischen Republik (DDR), zu dieser Zeit darstellen. Dabei kann ich nur einzelne Aspekte beleuchten, Momente, die keinesfalls auch nur ansatzweise einen repräsentativen Eindruck vermitteln, da ich sie zum einen subjektiv ausgewählt habe und zum anderen aus dem Rückblick mit dem Wissen um die Entwicklung bis heute sehe. Aber es wird hoffentlich deutlich, ob in diesem letzten Quartal des 20. Jahrhunderts wenigstens ein neues Zeitalter der Sicherheit seinen Lauf nimmt.

Welche Ereignisse 1975 von den Menschen als bedeutsam empfunden werden, lässt sich im Nachhinein nur unter Schwierigkeiten erkennen. Zahlreiche Geschehnisse sind in den Medien dokumentiert, aber die Sichtweise einzelner Medien auf aktuelle Begebenheiten ist sehr unterschiedlich. Wie andersartig sich die als wichtig erachteten Ereignisse in der Bundesrepublik Deutschland und in der DDR in der Berichterstattung widerspiegeln, wird aus einem kurzen Vergleich der Artikel auflagenstarker Zeitungen sowohl aus der Bundesrepublik Deutschland als auch der DDR ersichtlich. Die Titelseiten an drei zufällig ausgewählten Tagen aus dem Jahr 1975 geben einen Anhaltspunkt darüber, wie verschiedenartig über Gesellschaft und Politik am gleichen Tag in beiden Ländern berichtet wird. Hier sind die Aufmacher der Massenzeitungen „Bild" und „Neues Deutschland".

Die „Bild"-Zeitung, die Zeitung mit einer täglichen Auflage in der Bundesrepublik von über 4 Millionen Exemplaren, titelt am 20. Februar 1975: „Baader-Meinhof isst jetzt Kaviar in der Zelle" und ergänzt: „Auch Lachs, Gänseleberpastete und echte Salami waren in den Freßpaketen." (Die individuelle Grammatik dürfte nur wenigen „Bild"-Lesern auffallen). Ob den „Bild"-Redakteuren hier ein tatsächlicher oder eher ein fantasiereicher Einblick in die Haftbedingungen des Terroristen Andreas Baader gelungen ist, erschließt sich im Nachhinein nicht, aber diese Meldung passt zu einer Anekdote, die der (spätere) Buchautor Gerd Koenen berichtet. Laut Koenen hat Baader einmal 22.000 DM aus einer Kommune-Kasse geklaut und sich davon einen weißen Mercedes gekauft, „mit dem er und sein jugendliches Gefolge bei Tag und Nacht herumrasten."[2]

Am 4. April 1975 meldet „Bild" als wichtigstes Ereignis: „Mann beim Abwaschen ertrunken!" (mit Ausrufungszeichen und Foto des 42-jährigen Opfers aus Reichenbach bei Göppingen). Am 7. Juni 1975 können sich die Leser bei „Bild" für 25 Pfennig an einem Foto von Romy Schneider erfreuen, das die Schauspielerin von hinten nackt im Mittelmeer vor St. Tropez zeigt. Die Titelüberschrift informiert: „Romy heiratet jetzt ihren Sekretär" mit der weiteren Mitteilung: „Ich wünsche mir ein Kind von Daniel."

Das „Organ der Sozialistischen Einheitspartei Deutschlands", die Zeitung „Neues Deutschland" mit einer Auflage von über einer Million Exemplaren in der DDR berichtet am 20. Februar 1975 auf der Titelseite: „Hoher Leistungsanstieg ist Ziel der Berliner Wohnungsbauer", die ihre Arbeitsproduktivität mit zwei Prozent über Plan erfüllt hätten. Am 4. April 1975 trauert das „Neue Deutschland" um den Genossen Herbert

Warnice: „Abschied von einem treuen Sohn der Arbeiterklasse", der feierlich im Haus des Zentralkomitees der SED aufgebahrt worden ist. Und am 7. Juni 1975 titelt das „Neue Deutschland: „Gute Bilanz ist Grundlage für neue Erfolge auf unserem richtigen Weg" mit der Unterzeile: „Politbüro des ZK der SED dankt im Bericht an die 14. ZK-Tagung allen Werktätigen für große Leistungen/Zur Lösung der Hauptaufgabe weiter alle Reserven für Intensivierung erschließen."

Während die westdeutsche „Bild"-Zeitung unter dem Chefredakteur Günter Prinz 1975 ein „Mix aus Facts und Fiction, aus Politik, Verbrechen und Verbrauchertipps" geworden ist, eine aus einem Groschenblatt entwickelte nationale Institution, wie Claus Jacobi anlässlich des 50. Geburtstages der „Bild"-Zeitung schreibt,[3] dient das „Neue Deutschland" unter dem Chefredakteur Joachim Herrmann, Kandidat des Politbüros der SED, als wichtiges Propagandawerkzeug der SED.

Dieser kurze Blick auf die zwei jeweils in der Bundesrepublik und der DDR stark verbreiteten Zeitungen verdeutlicht die grundlegenden gesellschaftlichen Unterschiede in beiden Staaten. Die Unterschiede beschreibe ich ansatzweise im Buch, der Schwerpunkt des Manuskriptes liegt jedoch bei der Darstellung der Verhältnisse in der Bundesrepublik, denn die DDR tritt am 3. Oktober 1990 nach Artikel 23 des Grundgesetzes der Bundesrepublik Deutschland bei und beendet damit die eigene Staatlichkeit. Heute hat dieser ehemalige Staat für uns nur noch eine sehr eingeschränkte Bedeutung. In der Volkskammersitzung am 23. August 1990 beschließt das Parlament der DDR die Abschaffung des eigenen Staates.

Das westliche Europa ist um 1975 und in den folgenden Jahren durch die Übereinkunft der „Väter" der europäischen Einigung geprägt, den Politikern Robert Schuman, Konrad Adenauer und Alcide De Gasperi, die dieses Europa auf dem Erbe des christlichen Abendlandes aufbauen wollen. Die europäische Einigung findet jedoch entgegen dem Bestreben der drei treibenden Gründer vor allem auf wirtschaftlichem Gebiet statt. Die grundlegenden Bindungen aus unserer gemeinsamen Kultur, die ihre Wurzeln vor allem in der christlichen Tradition hat, haben kaum Bedeutung.

Der Historiker Heinrich August Winkler sieht im Jahr 1975 eine Zäsur in der Nachkriegsgeschichte, nicht nur in der Bundesrepublik, sondern weltweit. In seinem Buch „Geschichte des Westens - Vom Kalten Krieg zum Mauerfall"[4] fasst der Autor die Jahre von 1963 bis 1975 unter der Überschrift „Von der Konfrontation zur Entspannung" und die darauf folgenden Jahre von 1975 bis 1985 unter der Überschrift „Von der Entspannung zur Konfrontation" zusammen. Die Phase der Konfrontation, beginnend mit der Blockade West-Berlins durch die Sowjetunion 1948/1949, endet mit der Beilegung der Krise um Kuba im Oktober 1962, der versuchten Stationierung sowjetischer Raketen auf der Insel mit der Bedrohung der USA. Eine Zeit der Entspannung folgt nach der Beendigung der Kubakrise, die mit der Stationierung auf Mitteleuropa gerichteter sowjetischer Raketen ab 1976 und dem folgenden Beschluss einer Nachrüstung des Westens ihr Ende findet.

Auch wirtschaftlich ist die Zeit um 1975 eine Zeit des Umbruchs. Die hohen wirtschaftlichen Wachstumsraten der Nachkriegsjahre enden, als die Organisation Erdölexportierender Staaten (OPEC) Ende 1973 die Rohölpreise deutlich erhöht. Die Staaten der Welt und ihre Bevölkerungen sind nicht auf den Konjunktureinbruch und die damit verbundenen Einschränkungen eingestellt. Beide, Staaten und Bevölkerungen, finanzieren den gewohnten Konsum über Kredite und beginnen den Marsch in den Schuldenstaat, der bis heute ungehemmt weitergeht.

Erstaunlich ist, dass es uns trotz der der drohenden Krisen und der düsteren Zukunft, die in den 1970er Jahren bei vielen Menschen befürchtet wird, heute ausgesprochen gut geht, auch wenn manche dies lautstark bezweifeln. Das Öl ist nicht aufgebraucht, die Umwelt nicht hoffnungslos zerstört, die Anarchie nicht ausgebrochen und der befürchtete Atomkrieg hat die Erde nicht verwüstet.

Ob die Zeit um 1975 eine Zeit des Umbruchs ist, kann erst im Nachhinein mit großem zeitlichen Abstand beurteilt werden. Beginnende große Umwälzungen werden häufig nicht sofort erkannt, wie Beispiele aus der Geschichte zeigen.

So schreibt Frankreichs König Ludwig XVI. am 14. Juli 1789 in sein Tagebuch: „rien". Dieses „nichts" kostet ihn im weiteren Verlauf der an diesem 14. Juli beginnenden Französischen Revolution das Leben. Am 21.

Januar 1793 fällt sein Kopf unter der Guillotine auf der Place de la Concorde in Paris in den Korb.

Bei einem Attentat, wie es zu Beginn des zwanzigsten Jahrhunderts nicht außergewöhnlich ist, findet der österreichische Thronfolger am 28. Juni 1914 den Tod. Die Beunruhigung in Europa hält sich in Grenzen. Der deutsche Kaiser Wilhelm II. geht mit seiner Yacht „Hohenzollern" erst einmal auf Nordlandtour und sein englischer Cousin George V. zieht es vor, Fasanen zu jagen. Fast 20 Millionen Menschen verlieren im Ersten Weltkrieg, der in Folge dieses Attentats am 28. Juli 1914 ausbricht, ihr Leben.

Als weiteres Beispiel für einen grundlegenden Umbruch, der zum Zeitpunkt eines bestimmten Ereignisses nicht ohne weiteres erkennbar ist, kann der September 2001 gelten. Bis zum 10. Tag dieses Monats ist dem Islamismus nur geringe weltweite Aufmerksamkeit gezollt worden, einen Tag später, nach verheerenden islamistischen Terroranschlägen in New York und Washington mit tausenden Toten, gerät der militante Islamismus in den Focus der Weltöffentlichkeit mit bis heute nicht absehbaren Folgen weltweiter militärischer und kultureller Auseinandersetzungen.

Eine Folge der Auseinandersetzungen sind anschwellende Flüchtlingsströme nach Europa, die die Bundeskanzlerin Angela Merkel wiederum an einem einzigen Tag, dem 4. September 2015, verstärkt, indem sie im Alleingang kurzerhand das deutsche Grundgesetz und die deutschen und europäischen Asylgesetze außer Kraft setzt und Flüchtlinge ermuntert, nach Deutschland zu kommen. Wie wird dieser Tag in hundert Jahren kommentiert werden? Als Beginn des Endes der europäischen Kultur? Spätere Historiker werden es schwer haben, die Vorgänge dieses Tages zu analysieren, denn es gibt keine Akten über die Entscheidung. „Im Aktenbestand des Kanzleramts konnten ‚keine einschlägigen Dokumente ermittelt werden'", schreibt der „Spiegel" unter der bissigen Überschrift, die Bundeskanzlerin ironisch zitierend („Wir schaffen das"): „Wir schaffen das, ohne Akten."[5]

Ereignisse eines einzigen Tages können eine Weichenstellung für die politische, gesellschaftliche und kulturelle Entwicklung vieler Jahrzehnte oder sogar Jahrhunderte bewirken.

1975 sind aus der Sicht der Zeit einzelne Tage mit dieser Bedeutung nicht erkennbar. Und dennoch wird in diesem Jahr mit der Unterzeichnung der Schlussakte der Konferenz für Sicherheit und Zusammenarbeit in Europa in Helsinki am 1. August 1975 der Grundstein für eine fundamentale Neuorientierung der künftigen politischen Entwicklung Europas gelegt. Auch für Deutschland eröffnen sich neue, an diesem Tag noch undenkbare Möglichkeiten der Veränderung.

1975 gehört es, abgesehen von gelegentlichen Sonntagsreden erzkonservativer westdeutscher Politiker, nicht zum allgemeinen Vorstellungsvermögen, dass es jemals eine Vereinigung beider deutscher Staaten geben könne. 15 Jahre später wird diese Vereinigung unter „Abschaffung der DDR" (Gregor Gysi) auf friedlichem Wege Realität. Und weitere 15 Jahre später ist, undenkbar im Jahr 1975, eine Frau, Angela Merkel, Kanzlerin der Bundesrepublik Deutschland, eine Frau, die bis zur Wiedervereinigung in der DDR gelebt hat. Und auch der spätere Bundespräsident, Joachim Gauck, hat bis zum Ende der DDR in jenem Land als Pastor gearbeitet. Die Karrieren dieser beiden Repräsentanten der Bundesrepublik Deutschland sowie die Entwicklungen der Bundesrepublik und Europas sind 1975 zum Zeitpunkt der Unterzeichnung der KSZE-Schlussakte noch nicht zu ahnen.

Die Helsinki-Konferenz findet breite Aufmerksamkeit in den Medien. Andere bahnbrechende Entwicklungen werden 1975 von engagierten Visionären ohne mediale Begleitung vorangetrieben. Junge Entwickler neuer Datentechniken, wie Steve Jobs, Steve Wozniak oder Bill Gates verändern die Welt der Elektronischen Datenverarbeitung (IT) maßgeblich. Die Bedeutung dieser Computer-Visionäre mit handfesten praktischen Fähigkeiten wird anfangs kaum erkannt, denn das Verharren der etablierten Computerunternehmen in der bewährten Technik von Großrechnern erschwert den Start neuer IT-Techniken mit kleinen persönlichen Rechnern. Bald jedoch wird der Persönliche Computer, der PC, trotz aller Widerstände die Datenverarbeitung revolutionieren.

Eine Vielzahl einzelner Ereignisse oder Entwicklungen aus der Zeit Mitte der 1970er Jahre hat bis heute Einfluss auf unsere Gesellschaft. Einige der Episoden, Einschnitte, Marksteine oder Geschehnisse sollen in diesem Buch beleuchtet werden. Vielleicht wird am Ende der Lektüre dieses Buches deutlich, dass Hans Magnus Enzensberger mit seiner Einschätzung der Zeit schief liegt, der 1978 in einem Gedicht („Andenken") geschrieben hat: „Also was die siebziger Jahre betrifft, kann ich mich kurz fassen (…). Widerstandslos, im großen und ganzen, haben sie sich selber verschluckt, die siebziger Jahre (…). Daß irgendwer ihrer mit Nachsicht gedächte, wäre zuviel verlangt."[6]

Wir gedenken der siebziger Jahre dennoch mit Nachsicht und auch mit ein wenig Wehmut.

Hamburg, im April 2017

Holger Schulz

1. Die Gesellschaft - grau und bunt

Aus dem heutigen Rückblick ist das Leben in der Mitte der 1970er Jahre manchmal in optischer Hinsicht grau verschwommen, die Zeitgenossen jedoch empfinden es als bunt akzentuiert.

Dieser Gegensatz erklärt sich vor allem dadurch, dass die Zeit vielfach in Schwarzweiß-Fotos konserviert worden ist und die farbigen Fotos, inzwischen verblasst, häufig nur noch Bilder ohne deutliche Konturen übermitteln. Dabei geht es tatsächlich Mitte der 1970er Jahre auch bunt zu. Beginnen wir mit der schwarz-weißen Sicht der Dinge.

Schwarz und weiß vermischen sich zu grau.

Der Fotograf Thomas Henning kauft sich 1975 eine Packung TRI-X Schwarzweiß-Filme in Aluminiumdosen, legt den ersten Film in seine Nikon F Photomic ein und beginnt, das Leben in Hamburg in diesem Jahr 1975 zu dokumentieren.[7]

Thomas Henning fotografiert einen etwa 60-jährigen Straßenmusiker in der Spitaler Straße am Hauptbahnhof, der mit inbrünstig gen Himmel verklärtem Blick Musik auf seiner Ukulele spielt. Obwohl der Musiker mit einem Jackett und schwarzer Hose bürgerlich bekleidet ist, macht er mit seiner zotteligen Frisur und leicht glasigen Augen einen heruntergekommenen Eindruck. Er hat sicherlich bessere Zeiten erlebt. Auch für die im Eingang zum Hauptbahnhof an der Kirchenallee fotografierte Straßenmusikerin trifft diese Einschätzung ihrer früheren besseren Zeiten vermutlich zu. Das Orchester der Musikerin besteht aus zwei Sägen und einem Akkordeon. Mit einer Säge musiziert sie gerade, auf einem Klappstuhl sitzend, vor sich hinstarrend. Es regnet. Ihr Sammelteller für Geldspenden ist leer.

Besser sieht es am Steindamm vor „Henry´s Sex Shop" aus. Das Gebäude in der Straße Steindamm, das im Krieg zerstört worden ist, besteht nur noch aus dem Erdgeschoß und einem mit Brettern vorgetäuschten ersten Stock. „Henry's" überlebensgroß in den Schaufenstern auf Bildern gezeigten spärlich bekleideten Damen versprechen Live Shows und 32 Videoprogramme. Das Geschäft geht offensichtlich gut, denn vor dem Etablissement parken eine vierzylindrige Honda CB 500 Four mit Beiwagen und ein exotisches offenes Beach Car mit breiten Hochgeschwindigkeits-Reifen, Fahrzeuge, die auf einen unkonventionellen gehobenen Lebensstandard der Eigentümer hinweisen.

Der Stadtteil St. Georg jedoch, den der Steindamm durchläuft, zeigt, obwohl im Zentrum Hamburgs gelegen, große Brachflächen, auf denen zweifelhafte Autohändler ihr undurchsichtiges Gebrauchtwagengeschäft betreiben. „Ankauf-Export-Verkauf" steht auf dem Dach einer verschlossen wirkenden Baracke in der Baumeisterstraße. Der Einblick in die Baracke wird durch Vorhänge verwehrt. Der bis auf wenige Autos im Hintergrund leere Platz vor und hinter der dem Schuppen lässt vermuten, dass der Autohandel nicht sonderlich floriert, vielleicht auch nicht das Ziel hat, Autos zu kaufen und zu verkaufen, sondern vor allem dem Waschen von Schwarzgeld dient.

Ein weiteres Foto zeigt einen teilweise mit Unrat bedeckten, aber sonst leeren Platz, an dessen Ende ein verrußtes Haus steht. An der Hauswand verkündet ein schief hängendes Schild „Autoreparaturen aller Art". Eine Steinmauer, deren Putz an vielen Stellen abgebröckelt ist, begrenzt den Platz. Mehrere eng zusammen stehende Wohnblöcke unterschiedlicher Bauart und Bauhöhe, aber alle mit zahlreichen Schornsteinen für die Ofenheizung und mit abbröckelnden Fassaden, unterstreichen im Hintergrund das Elend dieses zentralen Hamburger Stadtteils. Die Spuren des Krieges sind dreißig Jahre nach Kriegsende immer noch offen sichtbar.

Auch im Karolinenviertel und auf der Sternschanze, zwei weiteren zentralen Stadtteilen Hamburgs, ist eine auffällige Tristesse vorherrschend. An der Straße Schulterblatt säumen Einzelhandelsgeschäfte in Baracken den Weg, die Fensteröffnungen in den Mietwohnungen sind teilweise zugemauert, die Rahmen vieler Fenster notdürftig repariert. Und auch hier bröckeln die Fassaden. In einem kleinen Eckladen in der Glashüttenstraße ist für den wichtigsten Bedarf der Kunden gesorgt: Tabak, Zigarren, Zigaretten („Juno bitte"), Eis („Mili Eiskrem") und Zeitungen. Die „Morgenpost" im Schaufenster titelt: „Die Sowjets spionieren unsere

Computer aus!", die Zeitschrift „Konkret" warnt vor Atomkraftwerken, „Bravo" lockt die (insbesondere männliche) Jugend mit einer leicht bekleideten Dame, „Phantom" verspricht neue Comic-Abenteuer und die am Eingang des Geschäftes in Plastikhüllen hängenden Zeitschriften „Neue Post", „Das Neue Blatt", „Echo der Frau" und die „Praline" berichten über die neuesten Ereignisse um Prinz Charles oder Stars und Sternchen. Der Zigarettenverkauf läuft rund um die Uhr: Zwei Zigarettenautomaten versorgen die Raucher zu jeder Zeit.

Ebenfalls in der Glashüttenstraße gelegen, zeigt ein einstmals mit einem dekorativen Eckeingang sich öffnendes Backsteingebäude, dass die früheren glanzvollen Zeiten vorbei sind. Die Steinornamente am Eingang sind noch vorhanden, aber der Eingang ist vergittert. „Warner's Corsets", der kunstvoll in kalligrafischer Schrift über den Eingang gesetzte Firmenname des US-amerikanischen Miederherstellers („Corset und Büstenhalter vereint") ist noch vorhanden, aber das Gebäude wirkt leblos. Ein offensichtlich provisorisch an der Hausfront befestigtes Regenrohr soll Wasserschäden verhindern, ein verrostetes Verkehrsschild vor dem Gebäude und Plakatreste am Eingang verdeutlichen den maroden Eindruck. Dabei ist dieses Gebäude aus dem Jahr 1908 eine konstruktive Meisterleistung im Eisenbeton-Skelettbau, dessen Fassade an ein Kontorhaus mit profilierten Pfeilern erinnert, aber tatsächlich eine profane Fabrik im Inneren beherbergt.

Am Ende der Straße steht die Volksschule aus kaiserlichen Zeiten von 1889. Vor dem Haus vegetieren einige Sträucher vor sich hin, Papierfetzen, vom Wind herangeweht, sammeln sich in ihnen. Eine Pflege gibt es hier nicht. Hinter der Straßenkreuzung ist das Kraftwerk „Karoline" der Hamburgischen Electricitäts-Werke zu sehen, ein kohlebetriebenes Kraftwerk, das zwar in Teilen erneuert und auch erweitert, aber immer noch seit jetzt (1975) schon fast 80 Jahren den Stadtteil mit Ruß und Rauch kontaminiert. Der Kraftwerksleiter, der aus seinem Büro über einen Spiegel am Fenster mit Blick auf die Schornsteine die Entwicklung der Rauchgase beobachtet, versucht zu verhindern, dass allzu schwarzer Rauch aufsteigt und das Karolinenviertel einqualmt. Nach einem Griff zum Telefon und einer Verbindung in die Warte des Kraftwerks wird die Anlage auf Anordnung des Kraftwerkleiters dann zurückhaltender „gefahren", wenn gar zu schwarzer Rauch aufsteigt. Den Klagen der Bewohner des Viertels über die extremen Umweltbelastungen soll auf diesem unkonventionellen, allerdings völlig unzureichenden Weg entgegengekommen werden. Noch weitere 13 Jahre, bis zum Jahr 1988, wird das Stadtviertel vom Kraftwerk „Karoline" eingerußt werden.

St. Pauli wirkt am Tage ebenfalls grau.

Auf der Reeperbahn steht der Thier-Bräu-Lieferwagen mit dem Biernachschub für den „Club 88", der legendären Discothek (mit „c"), die nachts ein beliebter Treffpunkt der Halbwelt des Amüsierviertels ist. Daneben, vor dem „Moulin Rouge", lädt der Zulieferer das Bier aus dem voll bepackten Bierwagen für die kommende Nacht aus. Ein älteres korpulentes Paar, weit über geschätzte 70 Jahre alt, geht Hand in Hand am „Club 88" vorbei, ohne einen Blick zur Seite zu werfen. Die Telefonzelle neben der Bushaltestelle vor dem Club, nachts von einer langen Menschenschlange belagert, ist jetzt menschenleer. Aus der Telefonzelle werden nicht nur Ortsgespräche für jeweils 20 Pfennig geführt, sondern auch häufig berufliche Fern-Gespräche nach Albanien, denn Albaner beherrschen jetzt das Geschäft mit Drogen und Prostituierten.

Im Vordergrund dieser Fotografie von Thomas Henning wendet sich eine ältere Frau, gestützt auf einen Spazierstock, mit einem geblümten Kittel bekleidet, freundlich lächelnd mit einer Handbewegung einladend an den Fotografen, seinem Metier nachzugehen. Offensichtlich hat sie gerade den Bürgersteig vor dem „Moulin Rouge" von den Überresten der vergangenen Nacht gesäubert, denn die Fliesen vor dem Gebäude glänzen noch nass und zeigen Reste von Seifenschaum.

Auf den Türen von kleinen übereinander gestellten, mit Vorhängeschlössern gesicherten Containern am Rand der Straße werben die „St. Pauli Nachrichten" mit Plakaten für die Zeitung. Eine lediglich mit einer kurzen Bluse bekleidete blonde Dame lächelt den Betrachter von der Seite an, ihr Busen lugt aus der Bluse. Im Hintergrund der Plakate zeigen Kontakt-Kleinanzeigen („Seid nett aufeinander"), quer überschrieben mit der Nachricht: „Jeden Donnerstag neu!", welche Klientel die Zeitung ansprechen will. Die Plakate kleben schon länger an den Containern, denn sie sind an den Rändern teilweise eingerissen, die Blätter wirken vergilbt. Tatsächlich geht es allmählich nach sehr erfolgreichen Jahren mit wöchentlichen Auflagen bis zu 1,2 Millionen Exemplaren mit den „St. Pauli Nachrichten" im Jahr 1975 stark bergab. Die einstmaligen Redakteure dieser Zeitschrift, Henryk M. Broder und Stefan Aust, die später die Medienwelt deutlich beeinflussen werden, sind schon nicht mehr für die „St. Pauli Nachrichten" tätig.

Der Stadtteil St. Pauli zeigt deutlich, wie marode die Bausubstanz aus dem vorigen Jahrhundert Mitte der 1970er Jahre vielfach geworden ist. Aus dem Fenster der legendären Kneipe „Zum Silbersack" („solide Preise"), einer Kneipe in einem Behelfsbau, der in der unmittelbaren Nachkriegszeit auf einem Ruinengrundstück entstanden ist, macht der Fotograf Hinrich Schultze eine Fotografie, die das Elend dieser Gegend dokumentiert. Die Straße vor dem „Silbersack" ist unregelmäßig und uneben mit unterschiedlichen Arten von Kopfsteinpflaster belegt, eine Mauer, bröckelnd, schief, weitgehend ohne den früheren Putz, begrenzt die gegenüberliegende Straßenseite. Auf einer Plakatwand vor der Mauer sind noch die Reste großflächiger Werbung zu sehen. Ein nur noch in Teilen vorhandenes Plakat wirbt mit einem lachenden Jungen in Badehose für „Neckermann + Reisen", einem Reise-Unternehmen, das „Vertrauen von M...", mehr ist nicht mehr zu lesen, genießt. Ein schräg neben der Mauer in den Angeln hängendes Holztor ohne Farbe verschließt den Blick in den dahinter liegenden Hof. Im Hintergrund stehen heruntergekommene mehrstöckige Mietskasernen, in denen zu wohnen mit erheblicher Beschwernis verbunden sein muss. Kein Baum oder Strauch ist zu sehen, nur Steine. Die Trostlosigkeit wird dadurch unterstrichen, dass als einziger Mensch lediglich eine einsame Frau in langem Mantel am Rande der Mauer steht, ihren Hund an der Leine haltend. Den Betrachter fröstelt es.

Auch kühne Farbzusammenstellungen übertünchen das Graue nicht.

In einer Kneipe wie dem „Silbersack" jedoch, die gerne von Prominenten wie Curd Jürgens, Heinz Rühmann oder Hildegard Knef besucht wird, geht es bunt zu, auch wenn fast undurchdringlicher Zigarettenqualm die Sicht beschränkt. Hildegard Knef trinkt immer Bommerlunder, berichtet später die Wirtin Erna Thomsen, die seit 1949 hinter dem Tresen steht und das Flaschenbier der durstigen Kundschaft zuteilt. Rot ist die „Astra"-Werbung hinter dem Tresen, bunte Lichter flackern in der Musikbox, aus der immer wieder „Auf der Reeperbahn nachts um halb eins" ertönt, das Lied von Hans Albers, der Jahrzehnte zuvor auch in dieser Kneipe häufig zu Gast gewesen ist, und manchmal, wenn er zu viel getrunken hat, sagt die Wirtin, das Bezahlen vergessen hat.[8]

Bunt sind die Autos auf den Straßen. Auf der Internationalen Autoausstellung 1975 (IAA) in Frankfurt am Main dominieren Autos in gewagter Lackierung: hellblau (Audi Ro 80), rot (Audi 80 GTE und Audi 100)), gelb (Audi 50 LS), grün (BMW 320), pink (BMW 5er), gelb (Mercedes 200), blau (Mercedes 450 SEL 6.9) oder grün Mercedes 350 SE). Der neue Opel Manta GT/E leuchtet quietschgelb, die Motorhaube kontrastiert in mattschwarz. Auch der rote Porsche Carrera 3.0 ist auffällig. Die Motorisierung der Autos ist üppig, unter 100 PS wagt sich kaum ein Autohersteller auf die IAA. Mehr PS sind vermutlich mit mehr Lebensfreude verbunden. Und große Lebensfreude signalisieren auch die mehr oder weniger, im Regelfall weniger bekleideten Models, die zwar den Blick der vorwiegend männlichen Kundschaft auf die vorgestellten Autos im wahrsten Sinne des Wortes erregen sollen, aber eher von den technischen Raffinessen der Fahrzeuge ablenken und die Gedanken abschweifen lassen.

Der Fotograf Langdon Clay hat in New York und New Jersey zwischen 1974 und 1976 Autos fotografiert, die noch aufregender aussehen als diejenigen auf der IAA. Ein riesiges Oldsmobile Cutlass Supreme, zweifarbig in elfenbein und braun, steht einsam in Hoboken auf der Straße, ein noch größeres Cadillac Coupe De Ville, auch zweifarbig in grünblauer Metallic-Lackierung mit schwarzem Dach, leider ein wenig ramponiert nach intensivem Kontakt mit einem anderen Auto, parkt vor dem St. Vincents Hospital an der Ecke 13th und 7th Avenue, ein Buick Electra, ebenfalls ein Coupe von beeindruckender Straßenkreuzer-Größe, in mutigem Pink lackiert, hat seinen Platz neben zerbeulten offenen Mülltonnen gefunden. Ein Buick Electra 225, eine Limousine im West Village, ist sogar dreifarbig lackiert, in türkis, elfenbein und lindgrün. Das Auto wirkt mit seiner stromlinienförmigen Karosserie, als würde es gleich zu einer Fahrt zum Mond abheben.

Mit diesen Fotos hat Langdon Clay prägende Bilder der Zeit dokumentiert, einer Zeit, in der die Designer in den USA eine Großzügigkeit in Form und Farbe ausleben dürfen. Der geforderte Pragmatismus heute, zum Beispiel im Hinblick auf die Energieeffizienz, lässt die vierzig Jahre später entworfenen Autos langweilig aussehen, da sie alle im Windkanal designt werden.[9]

In Deutschland rüstet selbst die Polizei farblich auf. „Minz-Grün und Weiss heissen die neuen Farben für Polizeifahrzeuge, die durch eine technische Kommission der Innenminister und unter Mitwirkung von Farbpsychologen und Sicherheitsexperten entwickelt wurden", berichtet die Zeitschrift „Farbe + Design" 1975. Das helle Grün hebe das Ansehen der Polizei, weil es modern und freundlich wirke. Allerdings würde die Farbe Verkehrssünder und Terroristen nur wenig ansprechen, stellt die Zeitschrift sarkastisch fest.[10]

Die Mode ist ebenso farbenfreudig. Der „Quelle"-Katalog („Europas größtes Versandhaus") zeigt für das Frühjahr 1975 auf der Titelseite zwei weibliche Models in langen kostümähnlichen Kleidern mit einer intensiven Farbmischung zwischen rot und orange, auf der Herbst-Katalog-Titelseite haben die Damen dunkelblau leuchtende Kleider gewählt. Die Farben ihrer Hüte korrespondieren mit der jeweiligen Kleidung. Die „Burda"-Modehefte zeigen Kleider in aggressivem Orange, Kleider in Cyan von orangenen und grünen Streifen unterbrochen, Kleider mit bunten Blumen auf farbintensivem Untergrund, in Waldmeistergrün oder durchdringendem Violett. Den Betrachter schwindelt es. Der Schwindel wird auch in den Wohnungen nicht geringer, denn kühnste Farbzusammenstellungen und beunruhigende Muster prägen die Wände der Wohnungen oder die Möbel.

Der Maler Gerhard Richter jedoch kann in den Städten, aber auch in den Alpen, keine Farbe entdecken und malt Städte und Berge in grauweiß. Selbst die Hamburger Grindel-Hochhäuser, erst in der Nachkriegszeit auf freigeräumten Trümmergrundstücken mit gelber Klinkerfassade und umgebendem großzügigen Grün errichtet, sieht der Künstler in grauweiß. Kunstinteressierte teilen offenbar Richters Sicht, denn sein Stadtbild von Hamburg wird 2004 bei Christie's für gut eine Million US-Dollar versteigert. Auch die Stadtbilder von München oder Paris lässt Richter in grauweiß. Jedoch reizen ihn „diese toten Städte und Alpen, beidesmal Geröllhalden, nichtssagendes Zeug" erklärt der Maler, ohne auf den Widerspruch in seiner Bemerkung, dass ihn nichtssagendes Zeug reize, einzugehen.[11]

***

Das Äußere im Jahr 1975 ist heute, rückblickend mehr als vierzig Jahre danach, diffus. Es ist auch nur von nachrangiger Bedeutung. Wesentlich dagegen ist das gesellschaftliche Umfeld in der damaligen Zeit, das den Keim für Veränderungen in sich trägt. Bahnbrechende Neuerungen durch unabsehbare politische Entwicklungen, technische Erfindungen oder gesellschaftliche Umbrüche finden 1975 statt, werden jedoch von nur Wenigen erkannt. Das ist heute nicht anders.

2. Die bestimmenden politischen Themen 1975

2.1. Die Annäherung von Ost und West

„3 geteilt? niemals!"

Wie in der „Welt von Gestern" Stefan Zweigs vor dem ersten Weltkrieg ist die Welt um 1975 eine geordnete Welt, in der klare Abgrenzungen gelten. Deutschland ist zweigeteilt: Die Bundesrepublik Deutschland ist eng in die westliche Welt eingebunden, die Deutsche Demokratische Republik abhängig von der Sowjetunion. Diese feste Einteilung der Machtblöcke der Welt in West und Ost bietet eine gewisse Sicherheit für beide Seiten.

Im Westen Deutschlands sind Ende der 1960er Jahre allmählich die Plakate und Emailleschilder aus den vergangenen Jahrzehnten verschwunden, die mit der Aufschrift „3 geteilt? niemals!" den Anspruch auf die ehemals deutschen Gebiete jenseits der Oder-Neiße-Linie, den nach dem zweiten Weltkrieg Polen und der Sowjetunion zugeteilten Gebieten, betont haben. Sogar in kleinsten Dörfern in Westdeutschland hat das „Kuratorium Unteilbares Deutschland" Plakate und Schilder mit der Parole der Nicht-Akzeptanz der Teilung Deutschlands angebracht. Allmählich werden auch die Atlanten im Schulbetrieb den tatsächlichen Verhältnissen angepasst, indem darauf verzichtet wird, den Osten Deutschlands in den Grenzen von 1937 als „Unter sowjetischer Verwaltung" und „Unter polnischer Verwaltung" zu bezeichnen. Und die „Sowjetische Besatzungszone" SBZ, wird im Sprachgebrauch in der Bundesrepublik Deutschland allmählich zur „Sogenannten DDR", dann zur „DDR" in Anführungszeichen und schließlich zur DDR ohne Anführungszeichen. Eine scheinbare Unabwendbarkeit, die Existenz der DDR, wird, zumindest in großen Teilen der Bevölkerung, anerkannte Realität.

Einige Steine auf dem Weg zu einer klaren friedlichen Abgrenzung zwischen Ost und West hat der erste sozialdemokratische Kanzler der Bundesrepublik Deutschland, Willy Brandt, aus dem Weg geräumt, indem er 1970 die Oder-Neiße-Grenze als polnische Westgrenze anerkennt und es versteht, erhebliche Widerstände in der Bundesrepublik, aber auch in Polen, zu meistern. Franz Josef Strauß, 1970 Oppositionspolitiker und Kritiker der sozialliberalen Koalition, charakterisiert diese Politik mit den kraftvollen Worten: „sozialistisch-kommunistische Internationale" („Spiegel" 19/1970), ohne aber den nachhaltigen Erfolg dieser neuen Politik schmälern zu können. Ein halbes Jahrzehnt später zeigt sich in Helsinki auf der Konferenz für Sicherheit und Zusammenarbeit in Europa, dass der von Brandt beschrittene Weg tatsächlich zu mehr Sicherheit für die Erhaltung des Friedens in Europa beiträgt.

***

150 Orden, Medaillen und Ehrenzeichen trägt Erich Honecker, Helmut Schmidt kommt ohne Orden aus.

Die Lebenswirklichkeit der beiden deutschen führenden Politiker aus der Bundesrepublik Deutschland und der Deutschen Demokratischen Republik, Helmut Schmidt und Erich Honecker, die auf der Konferenz von Helsinki zusammentreffen, zeigt große Kontraste. In ihrem Anspruch auf persönliche Anerkennung sind sich beide jedoch sehr ähnlich.

Erich Honecker ist 63 Jahre alt, als er sich 1975 auf der Sicherheitskonferenz in Helsinki erstmals international aufgewertet fühlen darf. Zwar kann er sich (angeblich) mit 150 Orden, Medaillen und Ehrenzeichen schmücken, aber das gilt wenig im Vergleich mit seinen führenden Genossen in der DDR, zumal Erich Mielke, Chef der Staatssicherheit der DDR, mit 274 Orden einen deutlichen Vorsprung hat. Der Beginn der Karriere von Erich Honecker in der DDR ist insbesondere durch seine Tätigkeit als Berufsjugendlicher in der Freien Deutschen Jugend (FDJ) geprägt, deren Vorsitzender er selbst noch im fortgeschrittenen Alter von

43 Jahren bis 1955 gewesen ist. 1971 hat er es geschafft: Honecker wird Erster Sekretär des Zentralkomitees der Sozialistischen Einheitspartei der Deutschen Demokratischen Republik.

Und lange hält er in dieser Position durch, obwohl es mit der DDR wirtschaftlich immer weiter bergab geht. Erst 1989 wird Honecker gestürzt werden, von den eigenen Genossen im Nachhinein mit wenig schmeichelhaften Attributen bedacht: Er halte sich für den größten lebenden Führer des internationalen Sozialismus, für einen der Größten von Weltgeltung überhaupt, so groß sei seine Eitelkeit (Werner Krolikowski, SED-Politbüro-Mitglied) und er halte sich für die Nummer eins im Sozialismus, wenn nicht sogar in der Welt (Michail Gorbatschow, Generalsekretär des ZK der Sowjetunion).[12]

***

Helmut Schmidt, 57 Jahre alt, ist seit 1974 Bundeskanzler der Bundesrepublik Deutschland, der fünfte Kanzler der Bundesrepublik. Vorher, in der Zeit von 1969 bis 1974, war er erst Verteidigungsminister, danach Finanzminister. In seiner Partei, der SPD, genießt er, der Realpolitiker, zeitlebens nur geringen Rückhalt. Mit Honeckers Orden kann Schmidt nicht mithalten, er kann aber zahlreiche Ehrendoktorwürden und Ehrenbürgerschaften aufweisen. Die Verleihung des Verdienstordens der Bundesrepublik mit Stern und Schulterband lehnt Schmidt ab, denn die Hamburger Bürger, von denen Schmidt einer mit Herz und Seele ist, lehnen seit dem 13. Jahrhundert Auszeichnungen fremder Herren ab.

Mit einem Anflug von Spott wird Schmidt als „Weltökonom" bezeichnet, eine hohe Ehrung für den Politiker, die seinem Selbstverständnis sicher nicht entgegensteht. Helmut Schmidt „war nicht nur wirtschaftlich kenntnisreich. Er konnte von sich behaupten (und tat das auch ungeniert), auf nahezu allen Feldern der Politik bewandert zu sein", schreibt der „Spiegel" nach dem Tod Schmidts im Jahr 2015.

***

"Ein freundliches Wort zur Familienzusammenführung", mehr erwartet die Bundesregierung nicht von der Helsinki-Konferenz.

Jetzt, im Jahr 1975, kommt es zu der denkwürdigen Begegnung zwischen Helmut Schmidt und Erich Honecker. Honecker trägt einen imposanten Titel, repräsentiert aber einen heruntergekommenen Staat, der nur im Namen die Bezeichnung „demokratisch" trägt, in Wirklichkeit aber der Gewalt einer Ein-Parteien-Diktatur unterliegt. Schmidt hat eine bescheidene Amtsbezeichnung, ist jedoch Regierungschef eines demokratischen, international anerkannten, wirtschaftlich erfolgreichen Staates.

Im Plenum der Konferenz für Sicherheit und Zusammenarbeit in Europa (KSZE) sitzen beide Politiker in der selben Reihe und unterhalten sich angeregt über einen zwischen ihnen liegenden Gang hinweg. Das Foto, das Schmidt und Honecker im Juli 1975 während der Konferenz zeigt, symbolisiert eine vorsichtige Annäherung beider Staaten. Als am 1. August 1975 die KSZE-Schlussakte unterzeichnet wird, sitzen beide Politiker aufgrund der alphabetischen Sitzordnung nach französischer Staatenbezeichnung („Rep. Fed. d´Allemagne", „Rep. Dem. Allemagne") nebeneinander, jedoch mit ernster Miene. Auf dem Foto, das diesen Moment der Unterzeichnung zeigt, unterschreibt Erich Honecker die Schlussakte, während Helmut Schmidt, scheinbar teilnahmslos mit seinem Schreibgerät spielt und seinen Nachbarn keines Blickes würdigt. Umgekehrt blickt Honecker gleichgültig in die Ferne, als Schmidt die Akte unterzeichnet.

Die Gespräche zwischen Schmidt und Honecker aber beleben die künftigen innerdeutschen Beziehungen, da Fragen zu den Verkehrswegen, des Zahlungsverkehrs und des Mindestumtauschs von Westgeld in Ostgeld bei Besuchen Westdeutscher in der DDR besprochen werden können. Von westdeutscher Seite ist nicht einmal dies erwartet worden, denn in einem Vermerk des Bundeskanzleramts vom 4. Juli 1975 zur Vorbereitung des Gesprächs mit Honecker wird lediglich erwartet, dass ein allgemeiner Meinungsaustausch stattfinden könne und sich „ein freundliches Wort zur Familienzusammenführung" anbiete, „umso mehr als sonst wohl kein positiver Punkt gefunden werden kann."[13]

Auch der Karikaturist H. E. Köhler hat von der Helsinki-Konferenz keine großen Erwartungen und liegt daher in seiner Einschätzung auf der Linie des Bundeskanzleramtes. „Helsinki - der Gipfel der Unverbindlichkeiten" nennt er seine Karikatur, die am 30. Juli 1975 in der FAZ erscheint: Auf dem zu einem Kartenhaus zusammengefalteten Vertrag von Helsinki stehend, lassen sich die Staats- und Regierungschefs Helmut Schmidt, Valéry Giscard d´Estaing, Harold Wilson, Leonid Breschnew und Gerald Ford feiern. Zu Böllerschüssen, großem Feuerwerk und wehenden Fahnen strahlen die Politiker, sich eng umfassend, um die Wette. Im Vordergrund der Karikatur macht ein Clown mit Zipfelmütze und karierter Hose Handstand und grinst den Betrachter an. Es ist zu erwarten, dass das Kartenhaus in der Karikatur bald zusammenklappen wird.

Trotz aller Skepsis ist diese Konferenz ein historischer Moment, da die beiden deutschen Staaten zum ersten Mal international gemeinsam auftreten, wenn auch in unterschiedlichen Lagern. Eine Gemeinsamkeit der Zielsetzungen ist jedoch keinesfalls gegeben, da die Bundesregierung am Ziel der deutschen Einheit festhält, die DDR dagegen die deutsche Teilung festigen will.

Honecker ist über die internationale Anerkennung der DDR in der Schlussakte von Helsinki begeistert, verkennt jedoch, dass jener Teil der Schlussakte, der die Empfehlungen über die gegenseitige Zusammenarbeit der 35 Teilnehmerstaaten bei menschlichen Kontakten sowie beim Informations-, Bildungs- und Kulturaustausch regelt, auf längere Sicht Risiken enthält, die die Stabilität des SED-Regimes in der DDR in Frage stellen. Auch ist die friedliche Veränderung von Grenzen in Europa in gegenseitigem Einvernehmen und in Übereinstimmung mit dem Völkerrecht ausdrücklich möglich.

Der Generalsekretär des Zentralkomitees der Kommunistischen Partei der Sowjetunion, Leonid Breschnew, hat die Gefahr erkannt und vor dem Aufweichen des Sozialismus in der DDR gewarnt. Er sieht die hohe jährliche Besucherzahl Westdeutscher in der DDR als Gefahr, da mit den Besuchern die westliche Ideologie in die DDR gebracht werde.[14] Auf einem Foto aus der Konferenz zeigt sich ein zweifelnder, nachdenklicher Generalsekretär Breschnew, neben ihm sitzt der sowjetische Außenminister Andrei Gromyko, grimmig blickend. Gromyko, Außenminister der Sowjet-Union für fast 30 Jahre bis 1985, sieht auf nahezu allen Fotos unwirsch aus und trägt daher seinen Spitznamen Grim Grom zu Recht.

***

In der Gesamtsicht zeigt sich, dass der Teil des KSZE-Vertrages, der sich mit den Menschenrechten befasst, entscheidend für die langfristige Entwicklung in Osteuropa ist. Viele Menschenrechtsorganisationen, wie die Bürgerrechtsbewegung in der DDR, die Solidarność in Polen oder die Charta 77 in der Tschechoslowakei berufen sich auf den Vertrag von Helsinki und tragen schließlich zum Zusammenbruch des Ostblocks und damit zum Ende des Ost-West-Konflikts bei. Die Umbrüche verlaufen weitgehend friedlich.

Am 1. August 1975 ahnen wohl nur wenige, welche Kraft der Helsinki-Vertrag entfalten wird und das Leben nicht nur in Europa, sondern in der ganzen Welt verändern wird. Nach dem Zusammenbruch der Sowjetunion und der von ihr abhängigen sozialistischen Staaten wird sogar das „Ende der Geschichte" (so der US-amerikanische Politikwissenschaftler Francis Fukuyama) ausgerufen, weil sich der Liberalismus in Form von Demokratie und Marktwirtschaft endgültig weltweit durchsetzen werde. So weit ist es allerdings am Ende bisher nun doch nicht gekommen.

Aber diese Konferenz, an der 15 NATO-Staaten, 7 Staaten des Warschauer Pakts und 13 neutrale Länder teilnehmen, bildet den Auftakt für die Annäherung von Ost und West. Bei einem Gipfeltreffen der Staats- und Regierungschefs in Paris im November 1990 erklären die Teilnehmer die jahrzehntelange Teilung Europas für beendet. Die KSZE wird 1995 umbenannt in die „Organisation für Sicherheit und Zusammenarbeit" OSZE. Sie ist 40 Jahre nach dem Treffen in Helsinki mit 57 Teilnehmerstaaten die einzige sicherheitspolitische Organisation, in der alle europäischen Länder, die Nachfolgestaaten der Sowjetunion, die USA und Kanada vertreten sind.

2.2. Vietnam - Die Medien und der Krieg

Der Krieg in Vietnam, der Krieg zwischen dem kommunistischen Norden des Landes gegen den von den USA unterstützten Süden Vietnams, entwickelt sich weit weg von Deutschland. Europäische Staaten sind (diesmal) nicht in die Kriegshandlungen verwickelt. Die Rolle der Vereinigten Staaten von Amerika als Kriegsteilnehmer in dem südostasiatischen Land wird in Deutschland jedoch sehr kritisch gesehen. Der Vietnamkrieg beeinflusst daher zumindest indirekt unsere gesellschaftliche Entwicklung fundamental.

***

Huyn Cong Út, genannt Nick Út, ist Fotoreporter für die Agentur Associated Press (AP). Am 8. Juni 1972, der Tag, der ihn weltberühmt machen soll, ist er 21 Jahre alt. Er ist mit einem Kleinbus mit einem vietnamesischen Fahrer auf der Nationalstraße Nr. 1 unterwegs zu dem Dorf Trang Bàng in Vietnam, 25 Kilometer von Saigon entfernt. Seine Ausrüstung umfasst eine schusssichere Weste, einen Stahlhelm und eine Uniform mit der Aufschrift „Bao Chi" (Presse) sowie einen Fotoapparat, eine Leica M2.

Seit dem Morgen dieses Tages warten mehrere Journalisten etwa zwei- bis dreihundert Meter vor dem Dorf auf der Nationalstraße, denn südvietnamesische Truppen haben das Dorf umstellt, in dem sie nordvietnamesische Kämpfer vermuten. Der Kommandeur der südvietnamesischen Truppe fordert die Unterstützung der Luftwaffe an, und gegen Mittag wirft das erste von zwei südvietnamesischen Flugzeugen eine Bombe und weitere vier Napalmbomben-Kanister ab, die am Rand des Dorfes und auf der Straße einschlagen. Schüsse aus Maschinengewehren unterstützen den Angriff.

Nach dem Bombenabwurf laufen verängstigte Bewohner des Dorfes auf die wartenden Journalisten zu, die das Geschehen mit Film- und Fotokameras dokumentieren. Ein Foto von Nick Út zeigt eine flüchtende Gruppe von fünf Kindern auf der Nationalstraße, im Hintergrund Rauchschwaden des vorausgegangenen Napalm-Angriffs. Das Mädchen in der Mitte der Kindergruppe auf dem Foto ist Kim Phúc. Das Mädchen, nackt, schreit vor Schmerzen, die Haut ist vom Napalm verbrannt.

Dieses Foto veröffentlicht die „New York Times" am nächsten Tag auf der Titelseite. Es findet weltweite Resonanz, bis heute. Allerdings zeigt sich im Jahr 2016 ein besonderer Nachhall, den niemand im Jahr 1972 für möglich halten würde: Facebook löscht einen Zeitungsartikel der größten Norwegischen Zeitung „Aftenposten", der das Foto von Nick Út erneut zeigt. In der Begründung zur Lösch-Aktion fordert Facebook den Chefredakteur der Zeitung, Espen Egil Hansen, dazu auf, das Foto bei erneuter Veröffentlichung entweder zu verpixeln oder ganz auf das Foto zu verzichten. Facebook will damit der besonderen Verantwortung nachkommen, die Verbreitung von Nacktfotos zu verhindern. Der Unterschied einer Veröffentlichung eines kinderpornografischen Fotos oder eines weltbekannten Kriegsfotos bleibt Facebook verschlossen.[15] Vielleicht ist die Begründung für die Löschung auch nur ein Vorwand für eine besondere Zensur der politisch unbequemen Meinung eines unabhängigen Journalisten. Das US-„Time Magazine" reiht dieses Foto im November 2016 unter die 100 wichtigsten Fotos der Geschichte ein. „Bilder, die die Welt verändert haben", heißt die Serie im „Time Magazine".

Ob dieses Foto dazu beigetragen hat, den Vietnamkrieg schneller zu beenden, ist strittig, denn zu diesem Zeitpunkt befinden sich nur noch wenige amerikanische Truppen in Vietnam. Es sind ausschließlich Vietnamesen, die an diesem Tag in die Kriegshandlungen verwickelt sind. Nordvietnamesen, denen der Angriff gegolten hat, werden in Trang Bàng übrigens nicht gefunden.[16]

***

Der Codename heißt „Agent Orange" und wird zum Synonym für militärische Gewalt gegenüber der Zivilbevölkerung.

Am 30. April 1975 endet nach zwanzig Jahren der zweite Vietnamkrieg, der sich an den achtjährigen Krieg in Indochina, zu dessen Gebiet Vietnam gehört, fast direkt angeschlossen hat. Der erste Krieg, der Konflikt zwischen der Kolonialmacht Frankreich und der vietnamesischen nationalistisch-kommunistischen Bewegung der Viet Minh hat 800.000 Opfer gefordert. Im zweiten Krieg, dem Krieg zwischen dem von den USA protegierten Südvietnam und dem vor allem von China unterstützten Nordvietnam, sind etwa zwei Millionen vietnamesische Tote zu verzeichnen. Rund 58.000 amerikanische Soldaten verlieren ihr Leben.

Die Kriegskosten belaufen sich in diesem längsten Krieg des 20. Jahrhunderts auf 167 Mrd. Dollar.[17] Das Kriegsziel der USA, den Kommunismus einzudämmen, wird nicht erreicht, im Gegenteil: Am 30. April 1975 überrennen die Kommunisten Saigon und vereinen Vietnam unter kommunistischer Herrschaft. Für Millionen Südvietnamesen beginnt mit dem Tag der Niederlage eine lange Leidenszeit, die für viele von ihnen mit dem Tod endet. Sehr grobe Schätzungen gehen davon aus, dass in der Nachkriegszeit etwa 1 Million Menschen getötet werden.[18]

Der Krieg, insbesondere die Phase des Krieges ab etwa 1965, wird mit äußerster Brutalität geführt. Die USA setzen chemische Kampfstoffe ein, von denen vor allem die unter dem Codenamen „Agent Orange" großflächig versprühten dioxinhaltigen Herbizide zur Entlaubung des Dschungels nachhaltige Wirkung zeigen: Viele hunderttausend Bewohner der betroffenen Gebiete und etwa zweihunderttausend amerikanische Soldaten erkranken.[19] Bis zu 548.000 US-Soldaten werden in diesem Krieg eingesetzt (Januar 1968), die von diesem Zeitpunkt an allmählich reduziert werden und 1973 noch 27.000 Soldaten zählen. Zahlreiche Kriegsverbrechen sind dokumentiert.

***

My Lai ist nicht symptomatisch, sondern ein vereinzelter Zwischenfall, sagt jedenfalls der US-Präsident und begnadigt den Täter des Verbrechens.

William „Rusty" Laws Calley Jr. ist Second Lieutenant, Kommandant des 1. Platoon der Task Force Barker. 24 Jahre alt ist er am 16. März 1968. An diesem Tag hat die Gruppe unter seinem Befehl den Auftrag, das Dorf Son My, amerikanisch My Lai genannt, einzunehmen und nach Kämpfern des nordvietnamesischen Vietcong zu durchsuchen. Vietcong-Kämpfer werden nicht gefunden, es gibt auch keinen Widerstand. Aber fast alle Bewohner des Dorfes, über 500 Zivilisten, darunter 182 Frauen und 173 Kinder, werden auf Befehl Calleys ermordet. Viele Frauen werden vor ihrer Ermordung vergewaltigt.

Der Versuch des amerikanischen Militärs einer Vertuschung des Massakers ist einige Monate erfolgreich. Aber der Journalist Seymour Myron Hersh erfährt durch Mittelsmänner von dem Verbrechen und interviewt Calley. Es gelingt Hersch nach einigen Schwierigkeiten, den Bericht über das Massaker in zahlreichen Zeitungen zu veröffentlichen, allerdings um den Preis, als unpatriotischer Verräter und Kommunist verunglimpft zu werden. Allen voran unter den Diffamierenden: US-Präsident Richard Nixon, der My Lai als vereinzelten Zwischenfall klassifiziert.

Die Berichte über das Massaker bringen jedoch den Stimmungsumschwung in den USA. Der Vietnamkrieg wird zunehmend kritischer gesehen.

Calley kommt, angeklagt des Mordes an 109 vietnamesischen Zivilisten, vor ein Militärgericht, das ihn 1971 zu lebenslanger Haft verurteilt. Präsident Nixon ändert das Urteil am nächsten Tag in einen Hausarrest, um Calley 1974, ein Jahr vor der Niederlage der Amerikaner in Vietnam, endgültig zu begnadigen.

***

Die Gründe für die Niederlage der USA in diesem Krieg werden später von Verantwortlichen und Historikern herausgearbeitet. Robert McNamara, US-Verteidigungsminister von 1961 bis 1968, schreibt in seinem 1995 veröffentlichten Buch „In Retrospect": „Wir haben sie (die Südvietnamesen) falsch eingeschätzt (...), wir sahen in ihnen den Drang nach Freiheit und Demokratie (...), wir haben den Nationalismus unterschätzt (...) und wir fahren fort, dies auch heute noch zu tun in vielen Teilen der Welt." Maxwell Taylor, US-amerikanischer General und später US-Botschafter in Südvietnam ergänzt: „Wir kannten unsere Südvietnamesischen Alliierten nicht, wir haben sie nie verstanden und wir wussten wenig über Nordvietnam (...). Wir hätten uns besser aus diesem schmutzigen Geschäft herausgehalten."[20]

***

Für die USA endet dieser Krieg mit der ersten Niederlage ihrer Geschichte - und mit einer kritischen Überprüfung, wenn nicht dem Ende der Idee des amerikanischen Exzeptionalismus, der Annahme, dass sich die USA von anderen entwickelten Nationen grundlegend unterscheiden beispielsweise hinsichtlich ihres Nationalverständnisses, ihrer historischen Entwicklung oder ihrer politischen Institutionen. Der „American exceptionalism" ist nach Alexis de Tocqueville durch die Geschichte dieser Nation bestimmt, die die erste moderne Demokratie in einem im wesentlichen von Immigranten bevölkerten Land zum Leben bringt. Mit der Idee ist die Überzeugung verbunden, dass die Nation der Immigranten anderen Staaten und Völkern ein Vorbild wäre.

***

Diese Vorbildfunktion, die in der Bundesrepublik Deutschland bei vielen Menschen etwa bis zur Mitte der 1960er Jahre vorherrschend anerkannt wird, wird ab Ende der 1960er Jahre grundlegend in Frage gestellt. Aus dem Vietnamkrieg bleibt die Erkenntnis, dass offensichtlich keine Erkenntnisse aus dem verheerenden Krieg von Dauer sind. George

Herring, Autor eines Standardwerks über den Vietnamkrieg, resümiert: Die Unfähigkeit der USA, einen kulturellen Sprung in die Welt Vietnams zu machen, sei mehr als von akademischer Bedeutung. „Es gibt wenig Anzeichen in der gegenwärtigen politischen Debatte zu Interventionen in der Welt, dass wir eine grundlegende Lektion aus Vietnam gelernt hätten."[21]

George W. Bush, Präsident der Vereinigten Staaten von Amerika, zeigt die Unfähigkeit zu lernen, indem er 2003 einen Krieg gegen den Irak nach einer falschen Darstellung des US-Außenministers Colin Powell vor dem Weltsicherheitsrat der Vereinten Nationen über angebliche Massenvernichtungswaffen des Irak beginnen lässt. Bush erklärt am 1. Mai 2003, medienwirksam auf einem amerikanischen Flugzeugträger in Szene gesetzt, den Sieg der Vereinigten Staaten und der Alliierten im Irakkrieg. „MISSION ACCOMPLISHED" steht auf einem Banner über dem Kopf des Präsidenten.

Dass der Krieg siegreich beendet sei, stellt sich schnell als falsch heraus, denn nach der Beendigung des Kriegs kommt es zu bürgerkriegsähnlichen Zuständen mit tausenden Terroranschlägen. „149.053 Zivilisten sind nach dieser Rede getötet worden, gegenüber 7412 Zivilisten vor dieser Rede", schreibt die „Huffington Post" im Mai 2015.[22] Der US-General Michael Flynn, in seiner Karriere unter anderem Chef des amerikanischen Militärgeheimdienstes DIA (Defense Intelligence Agency), erklärt im „Spiegel"-Interview auf die Frage, ob er den Irakkrieg bedaure: „Das war ein riesiger Fehler. So brutal Saddam Hussein (Diktator im Irak) war - ihn nur zu eliminieren, war falsch. Das gleiche gilt für Gaddafi (Diktator in Libyen) in Libyen, das heute ein failed state ist. Die große historische Lektion lautet, dass es eine strategisch unglaublich schlechte Entscheidung war, in den Irak einzumarschieren. Die Geschichte sollte und wird über diese Entscheidung kein mildes Urteil fällen."[23]

Der Krieg in Vietnam ist auch eine strategisch unglaublich schlechte Entscheidung, die aber, wie die späteren militärischen Desaster in Afghanistan oder im Irak zeigen, keine nachhaltige Wirkung entfaltet hat.

***

Ein Foto verursacht eine Schockwirkung.

In der Erinnerung des kollektiven Gedächtnisses bleiben vor allem drei Fotos aus dem Vietnamkrieg. Neben den Fotos, die die Erschießung eines Vietcong-Kämpfers auf offener Straße in Saigon am 1. Februar 1968 durch den Polizeichef oder die Flucht der Amerikaner mit Hubschraubern aus Saigon Ende April 1975 belegen, zeigt das bekannteste Foto die fliehenden Kinder nach dem oben beschriebenen Luftangriff mit Napalm-Bomben. Die Aufmerksamkeit, die dieses Foto bis heute erzielt, ist zwar vor allem mit dem Motiv der fliehenden Kinder erklärbar, aber auch die medienkritische Auseinandersetzung mit dem Verhalten der Journalisten während der im Bild festgehaltenen dramatischen Situation ist immer wieder Gegenstand ausführlicher Untersuchungen.

Das Foto, das schon am nächsten Tag weltweit verbreitet wird, zeigt nicht das Originalfoto, sondern ein bearbeitetes Bild. Es fehlt auf dem veröffentlichten Foto derjenige Kriegsreporter, der rechts am Bildrand des Originalfotos einen neuen Film in seine Kamera legt. Auch wirken die Napalm-Wolken im Hintergrund im Original heller und weniger bedrohlich. Die Männer hinter den Kindern sehen aus wie Soldaten, es sind jedoch, mit Stahlhelmen auf den Köpfen und Kameras mit großen Teleobjektiven in den Händen, allesamt Reporter. Ein weiteres Foto, Sekunden nach dem weltbekannten Foto entstanden, findet allerdings nur geringe Verbreitung: Es zeigt zwei der Kinder, darunter das nackte Mädchen, mit vier Kriegsberichterstattern, die ungerührt das Geschehen fotografieren und filmen.

Der Historiker Gerhard Paul analysiert das prämierte Foto und stellt fest: „Anders als Nick Út (der Fotograf des berühmten Fotos) später immer wieder behaupten wird, bilden gerade diese Aufnahmen weniger „den Krieg an sich" ab, sondern das Verhalten der Medienvertreter in Kriegen gegenüber seinen Opfern."[24] Dies wird deutlich auf einem weiteren Bild, auf dem sieben Medienvertreter zu sehen sind, die mit gezückten Kameras hinter den Kindern herlaufen. Die Kinder wirken hier als Getriebene der Medien, nicht aber als Flüchtende vor den Kriegshandlungen.

Das prämiierte Foto löst eine Schockwirkung aus, da durch dieses Bild der Jahrzehnte lange Krieg auf seinen grausamen Kern verdichtet wird und es in politischer Hinsicht das Vietnamtrauma der USA unterstreicht. Deshalb wird dieses Foto bis heute immer wieder publiziert, vor allem als überzeitliches Dokument von Krieg und Gewalt. Susan Sontag, amerikanische Schriftstellerin, die sich in den USA oftmals durch Zuspitzung und Übertreibung unbeliebt macht, erklärt das Bild zum „Inbegriff der Schrecken des Vietnamkrieges."[25]

***

Der linke Kampagnen-„Journalismus" feiert große Erfolge im Antiamerikanismus.

Die USA haben den Krieg nicht nur aus militärischen Gründen verloren. Auch die Rolle der Medien, deren Haltung im Verlauf des Krieges immer kritischer wird, muss beim Ergründen der Ursachen der Niederlage der Vereinigten Staaten beachtet werden. Während des Vietnamkrieges wird insbesondere im US-Fernsehen regelmäßig über die zivilen und militärischen Opfer berichtet, so dass in der Öffentlichkeit allmählich der Eindruck des Scheiterns der amerikanischen Vietnam-Politik entsteht. Die Berichterstattung alleine aber erklärt noch nicht die zuerst vorsichtige, dann vehemente Kritik der Medien am Vietnamkrieg, denn erst als einflussreiche Politiker wie Robert F. Kennedy oder George McGovern öffentlich gegen den Krieg auftreten und über diese Haltung in den Medien berichtet wird, erhält die Kritik eine breite Basis. Solange eine weitgehend einheitliche Interpretation der Kriegsgeschehnisse in den Eliten vorgeherrscht hat, ist auch in den Medien eine differenzierte Analyse und Berichterstattung nicht erkennbar.

Die aufgezeigte anfängliche positive, später zunehmend ablehnende Haltung der Medien zum Vietnamkrieg beschreibt die Situation in den USA. In der Bundesrepublik Deutschland ist die Berichterstattung über den Vietnamkrieg seit Beginn des Krieges deutlich kritischer. Diese Beobachtung beschränkt sich nicht nur auf die Berichterstattung über den

Krieg, sondern es kann festgestellt werden, dass in den links orientierten Kreisen und den von ihnen geprägten Medien generell eine Anti-USA-Haltung verbreitet ist, die durch die Kriegsführung der USA nur noch bestärkt wird.

So beschreibt beispielsweise das von Hans Magnus Enzensberger herausgegebene „Kursbuch" in der Nummer 22 („Nordamerikanische Zustände") den „Täglichen Faschismus". Der Autor dieses Beitrags, Reinhard Lettau, will „darauf hinweisen, daß die Indizien für den herannahenden Faschismus sich täglich und immer schneller verstärken - daß für seine Opfer die Unterschiede zwischen dem täglichen, inzipienten amerikanischen Faschismus und dem offenen, erklärten Faschismus nicht existieren."[26] Den Publikationen „Spiegel", „Frankfurter Rundschau" und „Stern" wird später vom „Time"-Magazin bestätigt, „ausgesprochen antiamerikanisch" eingestellt zu sein.[27]

Nicht nach Antiamerikanismus befragt das Allensbacher Institut für Demoskopie regelmäßig die Bundesbürger, sondern im Gegenteil danach, ob die Bürger die Amerikaner „eigentlich mögen". Die Zustimmung pendelt seit 1960 um die 50 Prozent, bricht 1975 aber erstmals auf 42 Prozent ein, um danach sogar noch weiter zu sinken.[28] Dieses Ergebnis könnte beleuchten, dass die links-orientierten Medien mit ihrer Kritik an den USA durchaus eine verbreitete Stimmung in der Bevölkerung treffen. Oder rufen Kampagnen der Medien mit antiamerikanischer Berichterstattung gerade erst diese Stimmung hervor? Vermutlich feiert der Kampagnen-Journalismus hier Erfolge. Positiv über die USA berichten die bürgerlichen Medien, wie beispielsweise die „Welt" oder die „Frankfurter Allgemeine Zeitung".

Mitte der 1970er Jahre ist die Information und Meinung in den Medien über den Vietnamkrieg und über das Verhältnis zu den USA dennoch relativ breit gestreut. Auch zu anderen politischen oder wirtschaftlichen Themen, wie Energieversorgung, Ostpolitik, militärische Nachrüstung oder Aufwertung der DM lassen sich die Medien auf ausführliche - auch sehr kontroverse - Diskussionen ein. Diese Vielfalt schwindet, zuerst fast unmerklich, dann immer deutlicher, bis heute, auch wenn der Begriff aus der NS-Zeit kontaminiert ist, eine weitgehende Gleichschaltung zu bedauern ist.

Der Mitbegründer der „Tageszeitung", der TAZ, Tom Schimmeck, befindet nach dreißigjähriger Tätigkeit in renommierten Medien: „Gleichschaltung und Herdentrieb sind so stark wie seit Adolf nicht mehr" und vermisst Aufklärer mit Verantwortungsgefühl. Schimmeck formuliert in einem Interview[29] die „steile These", mit dem Mauerfall sei jede Systemkritik ad acta gelegt und es werde nicht mehr darüber diskutiert, wie eine Gesellschaft aussehen solle.

Und der Medienkritiker Albrecht Müller, Betreiber des blogs „Nachdenkseiten" kritisiert: „Wir haben Kampagnen- statt kritischem Journalismus. Wir bekommen Kommerz statt Aufklärung, Verblödung statt Bildung. Wir werden mit der Gefolgschaft zu Parteien und dem Personal der Politik abgefertigt, statt kritische Distanz zu wahren. Wir bekommen eine Berichterstattung, die geprägt ist durch Nähe und Kooperation mit Wirtschaft und Verbänden statt durch Vorsicht und Abstand. Wir sehen die Verneigung vor den Mächtigen und vermissen die Zuneigung zu den Schwächeren. Wir erleben Nachklappern und Nachplappern statt Analyse und Nachdenken."

Diese vehement vorgetragene Medienkritik erfolgt im Jahr 2010. Dass der Gedanke der Gleichschaltung nicht übertrieben ist, zeigt die Beobachtung der gleichgeschalteten Medienberichterstattung über Flüchtlinge im Jahr 2015, die zu der Erkenntnis führt, dass generell positiv über den weitgehend unregistrierten Zustrom von deutlich über einer Million Flüchtlinge in einem Jahr berichtet wird. Gegenstimmen sind die Ausnahme. Der kritische Journalismus, wie es ihn Mitte der 1970er Jahre zumindest in Resten noch gibt, ist Geschichte.

Allerdings hat Albert Camus schon zwanzig Jahre früher (1956) Zweifel an einer funktionierenden Kommunikation geäußert und in seinem Buch „Der Fall" fast zynisch konstatiert, "...dass unser altes Europa endlich die richtige Art des Philosophierens herausgefunden hat. Wir sagen nicht mehr wie in früheren, unverbildeten Zeiten: 'Das ist meine Meinung. Welches sind Ihre Einwände?' Jetzt sind uns die Augen aufgegangen. Wir haben den Dialog durch die Verlautbarung ersetzt."[30] Heute ist der Verlautbarungs-Journalismus „state of the art".

2.3. Terrorismus - Die Auseinandersetzungen in der Bundesrepublik

Sympathisanten in der SPD und in der FDP bewegen sich im Dunstkreis des Terrorismus, behauptet Franz Josef Strauß.

Franz Josef Strauß ist wieder obenauf. Dabei ist er schon ziemlich weit unten gewesen, als ruchbar geworden ist, dass er als Verteidigungsminister der Bundesrepublik Deutschland selbstherrlich unter Ausschaltung rechtsstaatlicher Verfahrensweise im Jahr 1962 dafür gesorgt hat, den „Spiegel"-Redakteur Conrad Ahlers in Spanien festnehmen zu lassen. Ahlers ist verantwortlicher Redakteur eines kritischen Artikels über die Bundeswehr („Bedingt abwehrbereit") gewesen. Als der rechtswidrige Eingriff des Verteidigungsministers bekannt wird und Strauß seine Handlung vor dem Parlament leugnet, zerbricht die Regierungskoalition aus CDU/CSU und FDP und Strauß ist sein Amt als Verteidigungsminister los.

Jetzt, 1975, ist Strauß wirtschafts- und finanzpolitischer Sprecher der CDU/CSU-Bundestagsfraktion und angriffslustig wie in früheren Jahren. Er nutzt die Debatte zur Inneren Sicherheit im Deutschen Bundestag dazu, die SPD wiederholt in die Nähe der Terroristen um Andreas Baader und Ulrike Meinhof zu rücken. Die Terroristen stehen 1975 vor Gericht wegen Mordes.

Die Bundestagspräsidentin Annemarie Renger hat Strauß gefragt, ob eine Darstellung im „Spiegel" über Strauß richtig sei. Laut „Spiegel" habe er gesagt, es gäbe in den Bundestagsfraktionen der SPD und der FDP Sympathisanten der Baader-Meinhof-Verbrecher. In einem Brief an die Bundestagspräsidentin schreibt Strauß die sehr gewundene Erklärung, „daß nämlich die Bewegung des linken Anarchismus und Terrorismus aus der sogenannten Neuen Linken herausgewachsen ist und daß die nicht unerhebliche Zahl ihrer Sympathisanten in diesem Dunstkreis angesiedelt ist."[31] Frei übersetzt heißt das: Es besteht Übereinstimmung zwischen den Regierungsparteien und den Terroristen.

Diesen Gedanken einer Nähe der SPD, zumindest einiger ihrer Bundestagsabgeordneten, zu den Terroristen wiederholt Strauß in mehreren Varianten in seiner Rede vor dem Bundestag. Er geht sogar so weit zu behaupten, „die Feme-Mörder nach dem ersten Weltkrieg, die Rathenau und Erzberger ermordet haben, sind im Dunstkreis der Dolchstoßlegende und ihrer rechtsradikalen Agitatoren seinerzeit zu ihren Taten angestiftet worden." Sein Anwurf gegenüber der SPD gipfelt in der Aussage, „was damals (...) auf Rechts gespielt wurde, wird heute auf Links gespielt." Immer wieder mäandriert er um dieses Thema in der Debatte am 13. März 1975.

Die Perfidie, die Strauß betreibt, indem er Teile der SPD in die Nähe von Terroristen rückt, wird erkennbar, wenn beleuchtet wird, welche Bedeutung die Auseinandersetzung mit dem Terrorismus in der Bundesrepublik hat. Strauß setzt die SPD und den Terrorismus in Analogie. In den aktuellen Blickpunkt der Öffentlichkeit gerät diese Auseinandersetzung mit dem beginnenden Terroristen-Prozess in Stuttgart.[32]

***

Sie sehen sich als politische Täter, sind aber ganz gewöhnliche Kriminelle.

Wenige Wochen nach der stürmischen Bundestags-Debatte, auf die ich später noch näher eingehen werde, beginnt am 21. Mai 1975 in Stuttgart-Stammheim der Terroristen-Prozess gegen führende Mitglieder der Baader-Meinhof-Gruppe. Er wird bis zum 28. April 1977 dauern.

Vor Gericht stehen Andreas Baader, 32, Gudrun Ensslin, 34, Ulrike Marie Meinhof, 40, Jan-Carl Stefan Raspe, 30, alle „ohne festen Wohnsitz". Sie sind angeklagt wegen Mordes in vier Fällen und Mordversuchs in 54 Fällen. Raub, Diebstahl und Sprengstoffverbrechen zählen außerdem zu den Anklagepunkten. Dieses Verfahren gehört mit 997 Zeugen und nahezu 50.000 Seiten Prozessakten zu den aufwändigsten Prozessen der Nachkriegsgeschichte der Bundesrepublik Deutschland. Ulrike Meinhof wird während des Prozesses Selbstmord begehen, die anderen drei Angeklagten kurze Zeit nach dem Ende des Verfahrens. „Jeder der drei Angeklagten wird zu einer lebenslänglichen Freiheitsstrafe verurteilt", verkündet der Richter Eberhard Foth am Ende des Prozesses, sie hätten sich der RAF, der Terror-Gruppe Rote Armee Fraktion, „ganz und gar verschrieben." Sie werden als gewöhnliche Kriminelle verurteilt, nicht als Täter mit politischen Motiven.

Der Prozess gegen die Anführer der RAF führt - auch im Verlauf der Verhandlungen - zu zahlreichen Änderungen der Strafprozessordnung. So wird geregelt, dass eine Verhandlung in Abwesenheit der Angeklagten stattfinden könne, wenn ihre Verhandlungsunfähigkeit vorsätzlich oder schuldhaft herbeigeführt wird. Die Zahl der gewählten Verteidiger wird auf drei beschränkt und der Ausschluss von Verteidigern wird gesetzlich normiert.

Die verschärften Regelungen in der Strafprozessordnung sind teilweise Folge des beleidigenden und provozierend aggressiven Verhaltens der Angeklagten, die den später abgelösten Vorsitzenden Richter, Theodor Prinzing, als „faschistisches Arschloch" (Baader) oder als „alte Sau" und „imperialistisches Staatsschwein" (Ensslin) bezeichnen. Die Haftbedingungen sind fragwürdig, so dass unabhängige Ärzte die Angeklagten als verhandlungsunfähig bezeichnen, weil die Haftbedingungen zu schweren Gesundheitsschäden geführt hätten. Die Verhandlung findet daraufhin nach entsprechender Änderung der Strafprozessordnung (§ 231a StPO) ohne die Angeklagten statt.

Kurz vor dem Urteil wird zudem bekannt, dass 1975 und 1976 vertrauliche Gespräche zwischen Angeklagten und Verteidigern über Abhöreinrichtungen heimlich auf Tonband aufgenommen worden sind, die aufgrund eines angenommenen Staatsnotstands erforderlich gewesen seien. So jedenfalls begründet der zuständige Innenminister des Landes Baden-Württemberg, das ehemalige NSDAP-Mitglied Karl Friedrich Schiess, diese Aktion. Möglicherweise hat er sich durch diese illegale Abhörmaßnahme für die Bundesrepublik Deutschland verdient gemacht, die ihm für besondere Leistungen auf politischem Gebiet 1978 das Große Verdienstkreuz mit Stern verleiht. Schiess selber stellt allerdings fest, dass die aufgenommenen Gesprächsprotokolle noch nicht einmal gereicht hätten, einem der Verteidiger „etwas an die Weste zu blasen."[33]

Das Große Verdienstkreuz der Bundesrepublik (vorerst noch ohne Stern) erhält im Jahr 1978 auch Manfred Schüler, der 1974 zum Leiter des Bundeskanzleramts ernannt worden ist. Der Kanzleramtschef hat dem Bundesnachrichtendienst (BND) die Genehmigung dafür erteilt, dass BND-Beamte „technische Hilfe" in Stammheim leisten. „Beihilfe zur Stammheimer Tat also vom Kanzleramt", schreibt der „Spiegel"[34] und ergänzt: „Verfassungsbruch scheint in der Antiterrorismus-Szene zum Tagesgeschäft, der ‚rechtfertigende Notstand' in die salvatorische Hausapotheke der deutschen Innenminister zu gehören." Es wird lange dauern, aber endlich erhält Manfred Schüler im Jahr 2000 auch das Große Verdienstkreuz mit Stern. Nach einer gewissen Schamfrist wird der Verfassungsbruch mit einer Auszeichnung des Staates belohnt, dessen Verfassung kurzerhand beiseite geschoben worden ist. Und kaum jemand wundert sich.

Der Bundeskanzler Helmut Schmidt erklärt, erst im Nachhinein von den Abhörmaßnahmen informiert worden zu sein. Der Kanzleramts-Chef Schüler hätte demnach selbstherrlich ohne Wissen des Bundeskanzlers gehandelt. Es erstaunt doch sehr, dass der Bundeskanzler angeblich seinen Kanzleramts-Chef frei habe walten lassen und von dessen rechtswidrigem Verhalten nichts mitbekommen habe.

Einer der Verteidiger, der Rechtsanwalt Otto Schily, später Bundesminister des Inneren, charakterisiert den Stammheim-Prozess mit den Worten: „Was hier in diesem Verfahren stattfindet, kann man nicht anders benennen als die systematische Zerstörung aller rechtsstaatlichen Garantien. Insofern hat das Verfahren für den Zustand der Republik seine exemplarische Bedeutung."[35]

***

Verdächtig ist, wer zweifelhaften Umgang pflegt.

Schily hat mit seiner Beurteilung rechtsstaatlicher Garantien sicherlich nicht unrecht, denn im selben Jahr 1975 sind die Verfassungsschützer unter Bruch der Verfassung schnell zur Hand, einen Lauschangriff gegen einen ihnen suspekt erscheinenden Atomwissenschaftler zu starten. Der Atomwissenschaftler, Klaus Traube, ist einer von drei Geschäftsführern der Firma Interatom GmbH, einer Tochtergesellschaft der Kraftwerk Union AG, die wiederum (erst zu Teilen, später dann vollständig) zur Siemens AG gehört. Traube, zuständig für die Entwicklung eines Schnellen Brüters, eines Atomkraftwerks, könnte hochgefährliches spaltbares Material an Terroristen weitergeben, befürchtet der Verfassungsschutz.

Verdächtig ist Traube, weil er Kontakt zu Leuten hat, die ihrerseits wiederum Kontakt zu Linksradikalen und Terroristen haben. Zu Traubes Bekanntenkreis gehört die Rechtsanwältin Inge Hornischer, die vor allem linke Genossen verteidigt und mit einem (späteren!) RAF-Terroristen Kontakt hat. Deshalb lässt der Verfassungsschutz den Wissenschaftler von Mitte 1975 an beschatten und versucht in der Nacht vor Sylvester 1975 Traubes Haus mit Abhöreinrichtungen zu verwanzen. Leider hat der Schlosstechniker des Bundesnachrichtendienstes den Einsatzort wegen Nebels nicht rechtzeitig erreicht, so dass die fest verschlossenen Türen und Fenster von den anderen Einsatzkräften bei dieser Aktion nicht geöffnet werden können. Aber in der Nacht zum 2. Januar 1976 klappt es endlich. Das Haus wird illegal verwanzt.

***

Am Ende stellt sich heraus, dass Traube unschuldig ist. Aber der Verfassungsschutz hat es mit Hilfe eines Vorstandes der Siemens AG geschafft, Traube um seinen Geschäftsführerposten zu bringen, er wird 1976 entlassen. Die schöne Pointe nach dieser unschönen Aktion ist, dass Traube später Atom-Kritiker wird, Bücher über die Risiken der Atomwirtschaft schreibt („Nach dem Super-GAU", „Plutonium-Wirtschaft") und für Energieeffizienz und den umweltverträglichen Ausbau erneuerbarer Energien kämpft. In der Atombranche hat er sich damit keine Freunde ge-

macht, er gilt als Abtrünniger. Übrigens: Auch er erhält 2009 im Alter von mittlerweile 81 Jahren das (einfache) Bundesverdienstkreuz, nicht von einem Ministerpräsidenten im Auftrag des Bundespräsidenten überreicht, sondern lediglich in einer kargen Zeremonie im Büro des SPD-Umwelt-Staatssekretärs Matthias Machnig.[36] Schade, dass Traube nicht öffentlichkeitswirksam auf diese späte Ehre verzichtet hat.

***

Zum Ende des Stammheim-Prozesses wird zwar ein Urteil über führende Mitglieder der terroristischen Vereinigung Rote Armee Fraktion gesprochen, nachfolgende Generationen in der RAF aber führen den Terror weiter fort, mit dem Ergebnis, dass schließlich 34 Morde in die Verantwortung der RAF fallen. Opfer werden nicht nur führende Köpfe des „Schweinestaats" (Jargon RAF), wie Hanns Martin Schleyer (Arbeitgeberpräsident), Jürgen Ponto (Bankier) oder Siegfried Buback (Generalbundesanwalt), sondern in der überwiegenden Mehrzahl Fahrer, Polizisten und US-Soldaten.

***

Das politische und gesellschaftliche Klima ist jetzt, Mitte der 1970er Jahre, schon seit langer Zeit vergiftet. Zum Ende der 1960er Jahre gibt es nach der Erschießung des West-Berliner Studenten Benno Ohnesorg am 2. Juni 1967 durch den Berliner Polizisten Karl-Heinz Kurras bereits erhebliche Auseinandersetzungen zwischen der Polizei und Studenten. Die Ermittlungen zum Tod von Benno Ohnesorg zeigen im Jahr 2011 schließlich, dass der Polizist Kurras den Studenten während einer Demonstration gegen einen Besuch des Schahs von Persien in Berlin unbehelligt und wahrscheinlich gezielt erschossen hat. Kurras, so stellt sich später heraus, ist inoffizieller Mitarbeiter des DDR-Ministeriums für Staatssicherheit. Eine große Überraschung ist diese Erkenntnis eigentlich nicht, denn ein schießwütiger Polizist passt zur Westberliner Polizei ebenso gut wie zur Ostberliner Staatssicherheit.

Die Bereitschaftspolizei Berlins besteht etwa zur Hälfte aus Offizieren der ehemaligen deutschen Wehrmacht,[37] der Innensenator Wolfgang Büsch lehnt Deeskalations-Maßnahmen bei studentischen Protesten ab und möchte den Protesten mit verstärktem Gewalteinsatz begegnen.[38] Unterstützung erfährt diese Politik durch die Zeitungen des Verlages Axel Springer AG, die in Berlin etwa zwei Drittel des Marktes abdecken. Die „Bild"-Zeitung ruft dazu auf, die Störer zu finden und auszuschalten und verkündet das Ende demokratischer Toleranz.

***

Sebastian Haffner, Historiker und Journalist, resümiert im „Stern" („Stern 26/1967): „Gerade hier zeigt sich lupenrein, daß dieses Springer-Berlin von 1967 in der Sache, wenn auch nicht in der Form, wieder ein faschistisches Berlin geworden ist. Denn das ist ja ein entscheidendes Erkennungsmerkmal des Faschismus - das er mit dem Kommunismus teilt -, daß er jede Abweichung vom offiziellen Meinungsmonopol mit Gewalt unterdrückt. Da es in Berlin, dank dem Springer-Monopol, keine Möglichkeit mehr gibt, oppositionelle Meinungen auf journalistischem Wege an eine breitere Öffentlichkeit heranzutragen, bleibt dazu nur noch das - völlig legale - Mittel der Demonstration. Und die wird dann eben mit Pogromhetze beantwortet und mit tatsächlichen Pogromen unterdrückt. Es ist in klassischer Form die alte faschistische Spirale von Lüge und Gewalt: Die Lüge braucht die Gewalt, um sich durchzusetzen, und die Gewalt braucht dann wieder die Lüge, um sich zu rechtfertigen. Und so in ständiger Steigerung immer weiter im Kreise. Das Ende kennen wir."

Das ist ziemlich dick aufgetragen und von kritischer journalistischer Distanz wenig geprägt, aber sehr prononciert. Der Historiker Michael Stürmer charakterisiert Sebastian Haffner als „grandiosen Historiker, nur manchmal ein bisschen Rumpelstilzchen" und trifft damit wohl den Kern.[39] Sebastian Haffner hat jedoch die gesellschaftliche Situation der Zeit am Ende der 1960er Jahre bis (vorausschauend) Ende der 1970er Jahre treffend beschrieben.

Der Staat rüstet auf - organisatorisch und finanziell.

Mitte der 1970er Jahre ist die Eskalation weiter vorangeschritten.

Das politische Klima ist in der Bundesrepublik Deutschland durch den Terrorismus, obwohl dieser nur von einer Handvoll aktiver Terroristen und weniger Hundertschaften eng eingebundener Sympathisanten betrieben wird, nachhaltig belastet. Dies ist zum einen Ergebnis der ausufernden Berichterstattung zu diesem Thema, wenn Zeitungen jahrelang immer wieder so berichten, dass dem Leser der Eindruck vermittelt wird, als sei dieser Terrorismus akut staatsgefährdend und bedrohe jeden Einzelnen dauernd und unmittelbar oder wenn im Fernsehen stundenlang direkt dokumentiert wird, wie den Forderungen einer anderen Terrorgruppe, der „Bewegung 2. Juni", nachgekommen wird. Diese Terrorgruppe hat den Vorsitzenden der Berliner CDU, Peter Lorenz, am 27. Februar 1975 entführt und eine Freilassung des Entführten von der Freilassung sechs inhaftierter Gesinnungsgenossen abhängig gemacht. Die freigelassenen Gefangenen werden am 3. März 1975 nach Aden im damaligen Südjemen ausgeflogen, Peter Lorenz kommt frei. Dies aber ist das letzte Mal, dass der Staat Forderungen von Terroristen nachgibt.

Weiterhin wird im täglichen Leben deutlich, dass Sicherheitsvorkehrungen bemerkbar verstärkt werden, in Flughäfen durch intensive Personenkontrollen auch körperlicher Art oder in Betrieben durch die Ausgabe fälschungssicherer Betriebsausweise. Polizei-Posten werden vor Ministerien aufgestellt, ausländische Botschaftsgebäude werden durch Polizei abgeriegelt und bewacht. Das Bild der offenen Gesellschaft wird beschädigt.

Der Staat rüstet auf, nicht nur verbal. Bundeskanzler Helmut Schmidt ermuntert anlässlich des Überfalls auf die deutsche Botschaft in Stockholm am 24. April 1975 durch die RAF, dass „es denen mal gezeigt" werden müsse,[40] mit einer Bemerkung, die eine nüchterne, verantwortungsbewusste Beurteilung des Angriffs der RAF vermissen lässt. Finanziell wird der Etat von Verfassungsschutz und Bundeskriminalamt sowie der Polizei der Bundesländer deutlich aufgestockt. Mobile Einsatzkommandos (MEK) und Spezialeinsatzkommandos (SEK) zur Terror-Abwehr werden aufgestellt. Das Kompetenzgerangel zwischen den Institutionen Bundeskriminalamt, Kriminalpolizeien und den Ämtern für Verfassungsschutz der Länder soll durch eine künftige Zentralkompetenz des Bundeskriminalamtes eingedämmt werden.

Zumindest ansatzweise haben die Terroristen mit ihrer Strategie Erfolg, den Staat zur Härte zu zwingen, um so zu beweisen, dass ihre revolutionäre Gewalt gerechtfertigt ist. „Die Bullen werden so lange im Finstern tappen, bis sie sich gezwungen sehen, die politische in eine militärische Situation umzuwandeln" und „Das System (…) ist zu knacken, zum umgedrehten Spieß zu machen (…) wo die Schweine selbst zur Aufhebung ihrer Ideologie gezwungen sind."[41]

***

Jean-Paul Sartre betreibt ein „Schmierentheater" und ruiniert seinen Ruf.

Zum Ende des Jahres 1974 und zu Beginn des Jahres 1975 berichten die Medien, im empörten Tenor weitgehend übereinstimmend, über den Besuch des französischen Schriftstellers und Philosophen von Weltrang, Jean-Paul Sartre, bei dem im Stammheimer Gefängnis einsitzenden, des Terrorismus verdächtigen Andreas Baader.

Vom „linken Pressefest" (FAZ) ist die Rede, vom „Schmierentheater" („Welt") oder der herabsetzenden Charakterisierung Sartres mit der Titelüberschrift „Sartre - sein Herz ist tiefrot, und sein Gott ist das Nichts" („Bild"). Sartres Ruf ist in Deutschland von jetzt an beschädigt, denn sein als Solidaritätsakt für die Gefangenen geplanter Besuch in Stammheim wird zum Fiasko.

Auf der Pressekonferenz im Anschluss an das Gespräch mit Baader berichtet Sartre von den Haftbedingungen als eine Art Folter. „Es ist nicht die Folter wie bei den Nazis, es ist eine andere Folter, eine Folter, die psychische Störungen herbeiführen soll"[42], in schallgedämmten Zellen mit Dauerbeleuchtung würden die RAF-Häftlinge isoliert. „In dieser Zelle hören sie nichts außer dreimal am Tag die Schritte der Wächter, die das Essen bringen, 24 Stunden brennt das Licht."[43] Allerdings ist Sartre nur im Besucherraum des Stammheim Gefängnisses gewesen. Die mit Fernseher und Bibliothek ausgestatteten Zellen hat er nicht gesehen, die Schallplatten-Sammlung des Häftlings Baader, genehmigt durch Beschluss des Oberlandesgerichts Stuttgart vom 27. Februar 1974,[44] bleibt Sartre ebenfalls verborgen. Vor der Öffentlichkeit ruft Sartre zur Gründung eines Komitees zur Verteidigung der RAF-Häftlinge auf. Später legt Sartre nach und bekräftigt den Vorwurf der Folter in einem Artikel für die französische Zeitung „Liberation".[45]

Der Besuch Sartres findet statt, obwohl der Generalbundesanwalt beim Bundesgerichtshof, Siegfried Buback, sich „mit Entschiedenheit" gegen eine Erlaubnis ausgesprochen hat. Sartre wolle die „Konzeption der revolutionären Aktion, die sie tragende Ideologie und die wichtigsten Wirkungen erörtern." Dies gehe aus einem Interview Sartres, veröffentlicht in der Frankfurter Studentenzeitung „Diskus" hervor, in der Sartre erklärt: „Aber eine Revolution muss eine gewisse Anzahl von Menschen, die für sie eine Gefahr darstellen, loswerden, und ich sehe dafür keine andere Lösung, als sie zu töten…", was nichts anderes ist, als ein von einem Philosophen und Nobelpreisträgers für Literatur ausgesprochener Aufruf zum politisch motivierten Mord.[46] Der Generalbundesanwalt Siegfried Buback gehört zu denen, die offensichtlich eine Gefahr für die Revolution darstellen. Die RAF ermordet ihn am 7. April 1977 in Karlsruhe.

Erst im Jahr 2013 wird ein Protokoll des Landeskriminalamtes Baden-Württemberg vom 2. Januar 1975 über das Gespräch zwischen Baader und Sartre freigegeben, das einen kontroversen Gesprächsverlauf aufzeigt, den Sartre auf der Pressekonferenz aber nicht erwähnt hat. Aus dem Protokoll ist ersichtlich, dass die Gesprächspartner vor allem dadurch Verständigungsschwierigkeiten haben, dass Baader kein Gespräch führt, sondern aus einem vorbereiteten drei Seiten langen Konzept vorliest und bei Nachfragen nicht antwortet, sondern unbeirrt weiter liest. Da Baader kein Französisch spricht und Sartre kein Deutsch, brauchen beide einen Dolmetscher, den Baader später als „Kretin" beschimpft, weil dieser die politische Begrifflichkeit nicht beherrscht habe. Aber auch ohne diese sprachlichen Verständigungsschwierigkeiten gibt es keinen inhaltlichen Konsens, denn Baader charakterisiert die „konterrevolutionäre Situation", Sartre äußert, dass Aktionen der RAF keinen Widerhall in der Bundesrepublik fänden. Den Vorschlag Baaders, in Frankreich bewaffnete Gruppen aufzubauen, lehnt Sartre rundweg ab.[47]

Sartre, so der allgemeine Vorwurf in den Medien, habe sich zum willfährigen Instrument von Terroristen machen lassen.

***

Heinrich Böll wird vom Fernsehen und der Presse als Sympathisant und „Anwalt der anarchischen Gewalttäter" entlarvt.

Auch Heinrich Böll, Schriftsteller mit dem Nobelpreis für Literatur, möchte die RAF-Häftlinge besuchen. Er erhält nach anfänglichen Schwierigkeiten aufgrund erteilter Sicherheitsauflagen endgültig am 11. November 1974 vom Vorsitzenden Richter am Oberlandesgericht Stuttgart, Theodor Prinzing, die Erlaubnis für einen Besuch von Ulrike Meinhof. Aber der Besuch findet nicht statt.

Bölls Ruf ist in der Bundesrepublik in weiten Kreisen, besonders in der Springer-Presse, zu diesem Zeitpunkt schon länger beschädigt. Er hat Anfang 1972 im „Spiegel" einen Essay veröffentlicht mit der Frage: „Will Ulrike Gnade oder freies Geleit", in dem Böll der Terroristin Ulrike Meinhof, die nach mehreren Banküberfällen auf der Flucht ist, Verständnis entgegenbringt. Er sieht die Terroristen als „verzweifelte Theoretiker" und als „Verfolgte, die in die Enge getrieben worden sind und deren Theorien weitaus gewalttätiger klingen, als es ihre Praxis ist." Diese Einschätzung ist ein herber Irrtum. In der Folge wird er, nach weiteren Auseinandersetzungen mit der Springer-Presse, von „Bild" und „Welt" als geistiger Wegbereiter der Gewalt bezeichnet und das öffentlich-rechtliche Fernsehen tituliert ihn in einem Kommentar der Tagesschau am 24. Januar 1972 als „Anwalt der anarchischen Gewalttäter". Böll ist ausgegrenzt.

***

Zahlreiche weitere Sympathisanten erkennt die „Welt" zu einem späteren Zeitpunkt, als die Zeitung mehrere tausend Personen zu diesem Kreis zählt, die das stille Reserveheer des Terrorismus bilden, ein Heer, das aktive Helfer in der Logistik umfasse aber auch „die stille Front der potenten materiellen und geistigen Sympathisanten."[48] Die „Frankfurter Allgemeine Zeitung" steht dahinter nicht zurück, denn die Wegbereiter und Sympathisanten werden als „die wirklich gefährlichen" Bedroher des Staates identifiziert, die aus der Sicherheit ihrer Professoren-, Literaten- und Pastorenstellungen ungestraft „dem Terrorismus - und wäre es auf beflissen erklärende Weise - schön tun."[49]

Als Beispiel aber, wie sehr sich Prominente um eine Deeskalation der Situation im Stammheim-Prozess bemühen, kann das Engagement des Alt-Bundespräsidenten Gustav Heinemann gelten. In einem Brief an die „Sehr geehrte Frau Meinhof!" bittet der Alt-Bundespräsident inständig darum, den Hungerstreik der RAF-Häftlinge einzustellen, weil die Beschwerden gegen die Haftbedingungen („Isolationsfolter") seiner Ansicht nach gegenstandslos seien und die politischen Wirkungen mit einer Selbstaufopferung nicht erreicht werden könnten. Die umgehende Antwort von Ulrike Meinhof zeigt, dass es keine Verständigung geben kann, denn sie stellt dar, dass der in Folge des Hungerstreiks gestorbene Gefangene Holger Meins durch eine Zwangsernährung („nackte, brutale folter") hingerichtet worden sei und wer glaube, der Hungerstreik würde abbröckeln, „übersieht, unterschlägt die tatsache, daß unsere identität die einer revolutionären guerilla, antiimperialistischer Kampf ist."[50] Hier liegen unüberbrückbare Differenzen zwischen den RAF-Gefangenen und einem Alt-Bundespräsidenten, der den Versuch einer Vermittlung wagt.

Der Historiker Joachim Fest nennt die Zeit, in der die Terroristen das gesellschaftliche Klima vergiften, das „gedankenlose Destruktionstheater" und bescheinigt der Terroristin Ulrike Meinhof, das letzte Mal vor ihr habe er „soviel energische Gewißheit über den Lauf und die Bestimmung der Welt von unserem sogenannten NS-Führungsoffizier vernommen."[51]

Der Düsseldorfer Schulbuchverlag Pro Schule, ein Tochterunternehmen des Bertelsmann-Konzerns, ändert einen Band der insgesamt 17-teiligen Lesebuchreihe „Drucksachen": Das Lesebuch für die 6. Klasse wird ohne den Text „Monika in der Schule" erscheinen. Autorin ist Ulrike Meinhof.

***

Der Terrorist Mao Tse Tung ist ein Idol der Terroristen.

Die „Rote Armee Fraktion" sieht sich als kommunistische revolutionäre Avantgarde im Kampf zuerst gegen den westdeutschen Imperialismus mit bewaffneten Stadtguerilla-Einheiten, dann als Teil einer internationalen Bewegung. Sie will die Führungsrolle im Klassenkampf übernehmen und dazu „Die rote Armee" aufbauen, wie die RAF in der anarchistischen Zeitschrift „Agit 883 56 51" am 5. Juni 1970 erklärt.[52] Das illustrierte Titelblatt dieser Zeitschriften-Ausgabe Nr. 62 zeigt ein Plakat des visionär in die Ferne blickenden Mao Tse Tungs. Die Titelseite wird beherrscht von einer riesigen Nato-Stacheldrahtrolle, vor der drei Schweine mit Helmen auf dem Kopf marschieren, eine Fahne mit sich führend. Die Fahne ist der US-Fahne nachempfunden, allerdings sind die US-Sterne durch Schweinsköpfe ersetzt.

Eine Armee wird diese Guerilla-Einheit nie bilden, denn die Anzahl der Mitglieder bewegt sich lediglich etwa zwischen 60 und 80 „revolutionären Kämpfern". Dennoch beherrscht das Thema „RAF" 1975 die Öffentlichkeit, vor allem seit der Entführung von Peter Lorenz im Februar 1975, der Geiselnahme in der deutschen Botschaft in Stockholm im April 1975 mit zwei ermordeten Geiseln und dem Beginn des Stammheim-Prozesses im Mai 1975.

***

1977 ermorden die Terroristen nicht nur den Generalbundesanwalt Siegfried Buback und zwei Begleiter, sondern auch den Vorstandssprecher der Dresdner Bank Jürgen Ponto und den Präsidenten des Bundesverbandes der Arbeitgeber Hanns Martin Schleyer mit vier Begleitern. Die Entführung eines Lufthansa Flugzeugs scheitert nach fünf Tagen am 18. Oktober 1977 in Mogadischu in Somalia mit der Erstürmung der Maschine. Die Terroristen haben zuvor den Flugkapitän ermordet.

Eine neue Mordserie, beginnend 1985/1986, mit den Opfern Ernst Zimmermann, Chef des Rüstungskonzerns MTU Aero Engines, Karl Heinz Beckurts, Siemens Manager, Gerold von Braunmühl, Diplomat und Alfred Herrhausen, Chef der Deutschen Bank, setzt den Terror fort. Sie endet 1991 mit der Ermordung von Detlev Karsten Rohwedder, Präsident der Treuhandanstalt, einer Anstalt des öffentlichen Rechts zur Privatisierung der Volkseigenen Betriebe der DDR.

Am 20. April 1998 heißt es in einem Schreiben der RAF an die Nachrichtenagentur Reuters: „Heute beenden wir dieses Projekt". Das Schreiben ist gekennzeichnet mit dem RAF-Symbol, einem fünfzackigen Stern mit der Aufschrift RAF und einer darunter dargestellten Maschinenpistole. Sie soll eine Kalaschnikow AK 47 abbilden, ist aber infolge eines Patzers der Kämpfer eine Maschinenpistole MP 5, die Waffe von Heckler & Koch, dem Rüstungsunternehmen des Klassenfeindes.[53] Das Schreiben zur Auflösung der RAF zeigt zum Ende dieser Terror-Organisation, dass die Verantwortung für den Terror nicht bei der RAF liegt, sondern: „Der tatsächliche Terror besteht im Normalzustand des ökonomischen Systems." Am Ende der Erklärung sind die Namen der 26 Terroristen aufgelistet, die als RAF-Mitglieder zu Tode gekommen sind (nicht aber die Namen der Opfer der RAF), gefolgt von einem Zitat, das die Vermessenheit dieser Terror-Organisation unterstreicht: „Die Revolution sagt: ich war, ich bin, ich werde sein." Dieses Zitat stammt von Rosa Luxemburg, das Kommunisten Mut machen soll, Revolutionen als historische Notwendigkeiten selbst in aussichtslosen Situationen zu wagen.

***

Das Fazit von einem, der dabei war: Hans-Christian Ströbele resümiert.

„*Der Rechtsstaat bleibt getroffen und beschädigt*"[54], dies ist das Resümee von Hans-Christian Ströbele, damaliger Verteidiger von RAF-Mitgliedern im Stammheim-Prozess, später rechtskräftig verurteilt wegen Unterstützung einer kriminellen Vereinigung, noch später ab 1998 Abgeordneter des Deutschen Bundestages als Mitglied der Grünen.

Die Begründungen Ströbeles für dieses radikale Urteil sind nur schwer nachzuvollziehen, denn er stützt sich beispielsweise darauf, dass die Todesfälle der Terroristen in Stammheim nach wie vor nicht aufgeklärt seien. Auch seien ihm Fälle bekannt, in denen Menschen verurteilt worden sind für Taten, an denen sie nicht beteiligt waren, ohne diese Fälle allerdings zu benennen.

Das Resümee sollte anders lauten: Der Rechtsstaat ist nach einer Schwächephase am Ende gestärkt. Die Schwächephase zeigt sich während der Stammheim-Verhandlungen als die Strafprozessordnung kurzfristig geändert wird hinsichtlich der Möglichkeit des Ausschlusses von Verteidigern oder der Regelung, Verhandlungen ohne die Angeklagten durchzuführen. Die Verfehlungen des Verfassungsschutzes während des Lauschangriffs auf den Atomwissenschaftler Traube sind allerdings kaum noch als Schwäche zu beurteilen, sondern sie stellen einen massiven Verfassungsbruch dar. Gestärkt ist der Rechtsstaat am Ende, weil diese Verstöße in der Öffentlichkeit diskutiert werden können und nicht im Dunkel oder Halbdunkel von Verfassungsschutz und Staatsanwaltschaften bleiben.

Gestärkt sind auch der Staat und die Gesellschaft aus den Auseinandersetzungen hervorgegangen, Auseinandersetzungen zuerst mit den sogenannten 68ern, den Studenten vor allem der Berliner Freien Universität und darauf folgend mit den Studenten vieler westdeutscher Universitäten, später sogar mit Terroristen, die einem revolutionären Wahn verfallen sind. Die verkrustete, bisher wenig reformfähige Gesellschaft lernt es, Diskussionen zu akzeptieren und für den demokratischen Diskurs zu öffnen. Sie führt insgesamt den Diskurs in Gelassenheit, ohne sich von Pro-

vokationen und Vorwürfen, sie verkörpere den „Neuen Faschismus", vom demokratischen Weg abbringen zu lassen. Willy Brandts Wegweiser für die Zukunft der Bundesrepublik Deutschland, „Wir wollen mehr Demokratie wagen", in der Regierungserklärung vor dem Deutschen Bundestag in Bonn am 28. Oktober 1969 vorgetragen, zeigt gerade jetzt in der durch den Terrorismus hervorgerufenen Krise Wirkung.

***

An dieser Stelle soll ein kurzer Exkurs die Vorwürfe der „Außerparlamentarischen Opposition", die Bundesrepublik verkörpere den „Neuen Faschismus", aufnehmen. Bei nüchterner Betrachtung handelt es sich nicht um den „Neuen Faschismus", wie oben dargelegt. Aber führende Personen in der Politik, Verwaltung oder der Wirtschaft sind vorbelastet, Mitglieder der NSDAP oder anderer Organisationen des NS-Staats gewesen zu sein. Insofern handelt es sich um den alten Faschismus, der in der Bundesrepublik noch Jahrzehnte überlebt.

Der Deutsche Bundestag zeigt sich über die braune „Elite" in der Bundesrepublik „verblüfft".

Zwar geht die Zeit der führenden ehemaligen Mitglieder der NSDAP in der Bundesrepublik Deutschland in Staat, Wirtschaft und Gesellschaft langsam - allerdings sehr langsam - zu Ende. Manche der ehemaligen NSDAP-Mitglieder erlangen sogar noch in den 1970er-Jahren Spitzenpositionen oder nehmen diese weiterhin ein. Karl Carstens (SA-Mitglied seit 1934, NSDAP-Mitglied von 1940 bis 1945) gehört zu ihnen, ein Mann, der erst 1979 zum Bundespräsidenten gewählt wird. Hans Filbinger (NSDAP-Mitglied von 1937 bis 1945, Mitglied der SA von 1934 bis 1937), ist von 1966 bis 1978 Ministerpräsident von Baden-Württemberg oder Karl Schiller (SA-Mitglied von 1933 bis 1938, NSDAP-Mitglied von 1937 bis 1945), ist von 1966 bis 1972 zuerst Bundeswirtschaftsminister, dann Bundesminister für Wirtschaft und Finanzen.

Zahlreiche weitere Minister der Bundesrepublik sind bis 1945 Mitglieder der NSDAP gewesen. Zu ihnen gehören Ewald Bucher, Justizminister, Rolf Dahlgrün, Finanzminister, Horst Ehmke, Minister im Bundeskanzleramt, Herbert Ehrenberg, Arbeitsminister, Erhard Eppler, Minister für Wirtschaftliche Zusammenarbeit, Hans-Dietrich Genscher, Innenminister, später Außenminister, Hermann Höcherl, u.a. Innenminister, Hans Lessing, Minister für Bildung und Wissenschaft, Walter Scheel, u.a. Außenminister, später Bundespräsident.[55] Aufgeführt sind hier nur einige bekannte Minister der Bundesrepublik, nicht aber die Staatssekretäre oder führende Beamte. Die Liste der NS-Belasteten, würde sie auch die Namen der jetzt in der zweiten oder auch dritten Reihe von Politik, Verwaltung oder Wirtschaft zu Ehren Gekommenen enthalten, wäre unerträglich lang.

Die Kritik der „Außerparlamentarischen Opposition" an der Besetzung vieler Führungspositionen durch NS-belastete Personen ist durchaus berechtigt, hat jedoch kaum Folgen. Mit aller Naivität stellt der Deutsche Bundestag im Jahr 2011 fest, dass es „teilweise verblüffende personelle Kontinuitäten vom NS-Staat zur jungen Bundesrepublik Deutschland" gegeben habe. Und weiter heißt es: „Die personelle und in Teilen auch inhaltliche Kontinuität, etwa im Beamtenapparat, in einzelnen Bundesministerien, in Polizeien, Geheimdiensten, der Bundeswehr und dem Justizapparat haben schwerwiegende Folgen für das politische Klima dieser Phase gehabt."[56] Das ist wohl wahr. Leider ist diese Erkenntnis über verblüffende personelle Kontinuitäten erst mehr als 60 Jahre nach der Gründung der Bundesrepublik gekommen.

***

Aus der Zeit des Terrorismus um 1975 bleiben Bilder im Gedächtnis, die in vielen Medien, in Bahnhöfen oder in Post-Dienststellen veröffentlicht worden sind. Es sind dies die Fahndungsplakate, die Fotos der gesuchten RAF-Mitglieder zeigen und eine Belohnung von insgesamt 100.000 DM ausloben für die Ergreifung aller Täter („Anarchistische Gewalttäter - Baader/Meinhof-Bande - Wegen Beteiligung an Morden, Sprengstoffverbrechen, Banküberfällen und anderen Straftaten werden steckbrieflich gesucht...."). *Auch das Foto, das den entführten, später im*

Austausch gegen Terroristen freigekommenen Berliner CDU-Politiker Peter Lorenz mit einem Schild vor der Brust zeigt („Peter Lorenz - Gefangener der Bewegung 2. Juni"), bleibt für lange Zeit präsent, bis Fotos aus dem Jahr 1977 das Bildgedächtnis überlagern, die den entführten und dann ermordeten Hanns Martin Schleyer zeigen.

Im Nachhinein stellt sich die Frage, wie es möglich ist, dass ein paar Dutzend Terroristen ein ganzes Land zumindest thematisch über viele Jahre beherrschen. Schließlich sind die Terroristen nur Mitglieder einer kleinen Mördertruppe, allerdings sehr gefährliche Narren, die glauben, durch die Ermordung von Bankmanagern, Wirtschaftsrepräsentanten oder Politikern werde die Welt eine bessere. Beigetragen dazu haben zweifellos die Medien, die immer wieder die Bilder des Schreckens verbreiten, die sich den Lesern und Zuschauern traumatisch einprägen, aber auch einer gewissen Schaulust Genüge tun. Heute haben die Medien diese impertinente Berichterstattung zur Perfektion weiter entwickelt, wenn tagtäglich über islamistische Terroristen berichtet wird und deren grausame Taten in allen Einzelheiten dem Publikum dargeboten werden.

3. Zwanzig Jahre Bundeswehr - etabliert, aber rückwärtsgewandt

Die Gründung der Bundeswehr im Jahr 1955 ist mit erheblichen innenpolitischen Auseinandersetzungen verbunden. Es geht um die grundsätzliche Entscheidung, ob Deutschland nach dem Zweiten Weltkrieg jemals wieder über bewaffnete Streitkräfte verfügen solle. Im folgenden Jahrzehnt bis etwa 1965 finden die Gesellschaft und die Bundeswehr zueinander, allerdings weiterhin unter politischen Auseinandersetzungen über die Ziele der Bundeswehr. Vor allem ein möglicher Einsatz der Bundeswehr im Vietnam-Krieg ist politisch strittig.

Die SED-Parteizeitung „Neues Deutschland" schreibt, der CDU-Bundeskanzler Kiesinger trete, unter Vermeidung des Wortes Vietnam, dafür ein, dass die Bundesrepublik Deutschland „entschiedener als bisher Mitverantwortung übernehme" („Neues Deutschland", 22.12.1966). Später wird der Bundeskanzler damit zitiert, er habe sich für einen militärischen Einsatz in Vietnam ausgesprochen.[57] Der CDU-Außenminister Gerhard Schröder habe sich ebenfalls für eine Entsendung deutscher Bundeswehrsoldaten nach Vietnam eingesetzt, schreibt der „Spiegel". „Wir erwarten auch bei uns ein unbedingtes Engagement der USA und können uns nun nicht einfach entziehen", zitiert das Magazin den Minister.[58] Die Rolle der Bundeswehr als reine Verteidigungsarmee wird bereits frühzeitig in Frage gestellt.

1975 ist ein SPD-Politiker Verteidigungsminister, Georg Leber. Der Minister gilt unter seinen Genossen als rechtslastig, vor allem weil er beim Vietnam-Debakel keine Fehler bei den USA erkennen kann und nichts dabei findet, an der Führungsakademie der Bundeswehr in Hamburg-Blankenese einen Offizier der chilenischen Militär-Junta auszubilden. Als „Trainingslager für Faschisten" bezeichnen die Jungsozialisten die letztere Entscheidung. Auf der KSZE-Konferenz in Helsinki betont Leber, dass der Westen bei einem Angriff Atomwaffen einsetzen werde.[59]

***

Im Jahr 2004 ist Peter Struck, SPD, Verteidigungsminister. In der Bundestagsdebatte am 11. März 2004 findet der Minister eine neue Erläuterung zu den Aufgaben einer Verteidigungsarmee. Er sagt: „Deutschland wird absehbar nicht mehr durch konventionelle Streitkräfte bedroht. Unsere Sicherheit wird nicht nur, aber auch am Hindukusch verteidigt, wenn sich dort Bedrohungen für unser Land wie im Fall international organisierter Terroristen formieren. Im Übrigen wird unsere Sicherheit - um auf den Kollegen Schmidt einzugehen - natürlich auch in Hindelang verteidigt. Ich kann allerdings gegenwärtig dort beim besten Willen keine aktuelle Bedrohung erkennen." Das Protokoll verzeichnet: „Heiterkeit und Beifall bei der SPD und dem Bündnis 90/Die Grünen." Über den „Kollegen Schmidt" empört sich Struck weil dieser öffentlich unterstelle, die Sicherheitsvorsorge in Deutschland abzuschaffen.[60]

„Heiterkeit und Beifall" bei der SPD und den Grünen sind angesichts der von arroganter Selbstgefälligkeit geprägten Äußerungen des SPD-Verteidigungsministers unerträglich. 56 deutsche Soldaten kommen bis Ende 2016 in Afghanistan ums Leben.

Mit ihrer Heiterkeit bestätigen die Abgeordneten von SPD und den Grünen ihr Defizit im sorgfältigen Studium des Grundgesetzes. Artikel 87a des Grundgesetzes bestimmt: „Der Bund stellt Streitkräfte zur Verteidigung auf." Der Satiriker Fritz Eckenga kennt vermutlich das Grundgesetz und reimt in seinem Gedicht „Freiheit und Heimatkunde": „Auf Veranlassung von Bush/ Verteidigt man am Hindukusch/ Deutschlands Freiheit, mithin Deine,/ meine, Ihre und auch seine. (...)/ Das ist nett, ich danke sehr,/ allen von der Bundeswehr,/ die am ... äh ...wie hieß die Gegend?/ Ach das macht mich jetzt verlegend.../ Liegt das hinten oder vorn?/ Haminkeln? Bei Paderborn?/ Oder an den deutschen Rändern?/ Etwa in den neuen Ländern?/ (...) Hindukusch, jetzt hab ich's wieder (...) alle führen es im Munde.../ ...ich bin schwach in Heimatkunde."[61]

***

In der Gründungsphase der Bundeswehr dominieren in der militärischen Führung der Bundeswehr noch Offiziere und Unteroffiziere, die in der 10 Jahre zuvor aufgelösten Wehrmacht des Nationalsozialistischen Staates ebenfalls Führungspositionen besetzt haben. Zwanzig Jahre später hat die Bundeswehr trotz anfänglicher Ablehnung einer Wiederbewaffnung in großen Teilen der Bevölkerung eine überwiegende Zustimmung gefunden. Im Gegenzug findet auch der demokratische Staat und die politischen Parteien inzwischen Akzeptanz bei den 39.000 Offizieren und 130.000 Unteroffizieren, wie der „Spiegel" in seiner Titelgeschichte zum 20-jährigen Bestehen der Bundeswehr feststellt.[62] „In unserer Geschichte gab es noch nie eine bewaffnete Macht, die sich so eindeutig wie die Bundeswehr zu den Grundrechten und Gesetzen einer parlamentarischen Demokratie bekannt hat", zitiert der „Spiegel" den SPD-Linken und ehemaligen Entwicklungshilfeminister Erhard Eppler. Und weiter begeistert sich der „Spiegel" in der Titelgeschichte für die neue Bundeswehr darüber, dass sogar äußerliche Traditionen ihren Wert verloren hätten und die Offiziere sich als leitende Angestellte in einem Unternehmen sähen.

Die Bundeswehr ist attraktiv für „Arbeitnehmer". 675.000 Beschäftigte hat das Unternehmen, für das sich im Jahr rund 65.000 Freiwillige melden, die gerne Soldat werden möchten. Allerdings steht nicht die Begeisterung für das Soldatentum im Vordergrund der Entscheidung für das Berufsziel Bundeswehr, sondern die Ausbildung in dem technisch orientierten Unternehmen und der sichere Arbeitsplatz motivieren für eine Bewerbung. Krisenangst ist das eine wesentliche Motiv der Freiwilligen, das andere Motiv, eine qualifizierte Berufsausbildung in den zwei Hochschulen, den 31 Fachhochschulen der Bundeswehr oder den zahlreichen weiteren Schulen, wie der Fachschule für Elektrotechnik oder der Krankenpflegeschule, zu erhalten.

Die Kritik an den höheren Bildungseinrichtungen der Bundeswehr ist jedoch erheblich. Sie setzt an der Unvereinbarkeit der Freiheit der Forschung und Lehre mit dem militärischen Verständnis von Befehl und Gehorsam an. Es besteht ein nicht zu überbrückender Konflikt zwischen wissenschaftlicher Arbeitsweise und militärischem Denken. Die Studierenden sind Soldaten, ihre Professoren sind teilweise als Offiziere ihre Vorgesetzten.

Die Kritik an der Kürze des akademischen Studiums, das im Regelfall drei Jahre dauert, wird insbesondere von Professoren der etablierten Universitäten vorgebracht, die meinen, es könne in dieser Zeit nicht wissenschaftlich gearbeitet werden. Die Frage, ob das (mindestens) vierjährige Studium an öffentlichen Universitäten mit nach oben offener Studienzeit von zwanzig bis dreißig Semestern „wissenschaftlicher" ist als das dreijährige Studium an der Bundeswehrhochschule, kann getrost mit „nein" beantwortet werden, denn das längere Studium verführt leicht zu einem angenehmen Schlendrian. Eine straffe Organisation der Studiengänge an den Bundeswehrhochschulen mit sehr geringen Ausfällen der Lehrveranstaltungen kann gegenüber den Studiengängen an etablierten Universitäten mit einem deutlich gelebten „Laissez faire" mit zahlreichen abgesagten Lehrveranstaltungen durchaus zu besseren Ergebnissen führen.

Die Bundeswehr sei „brav" geworden, behauptet der „Spiegel" in seiner Titelgeschichte (49/1975). „Offiziere und Soldaten der westdeutschen Armee geben für ideologische wie politische Kontroversen in der Tat kaum noch etwas her", heißt es im Magazin. Ein Blick in das „Liederbuch der Bundeswehr" zeigt jedoch, dass der Geist der Wehrmacht durchaus noch nicht überwunden ist.

Die Wehrmacht ist zwar besiegt, ihre alten Lieder werden aber immer noch lautstark gesungen. Nationalsozialistische „Helden" ehrt auch die Bundeswehr.

Im Panzerlied „Ob's stürmt oder schneit" singen die Soldaten: „Und kehren wir nicht mehr zur Heimat zurück, trifft uns die Todeskugel, ruft uns das Schicksal ab, dann wird uns der Panzer ein ehernes Grab." Das Panzerlied hat im „SS-Liederbuch", herausgegeben vom „Rasse- und Siedlungsamt" den Text: „Es stehet in Deutschland die eiserne Schar, die kämpfet für Freiheit, gen Judengefahr."

Ebenfalls äußerst fragwürdig ist ein weiteres Lied: „Wolken ziehn in dunkler Nacht zur fernen Heimat hin. Stolz halt ich für Deutschland Wacht und froh ist stets mein Sinn. Leuchten die Sterne mir von nah und fern, in der Heimat wohnt ein Mädel, das hab ich so gern." Ungeklärt ist hier, warum der Soldat fern der Heimat Wache hält, denn die Bundeswehr ist eine Verteidigungsarmee, die in fernen Ländern nichts zu suchen hat.

Die Fallschirmjäger sind auch Mitte der 1970er Jahre besonders ungehemmt, denn immer noch wird Kreta, von deutschen Luftlandetruppen im 2. Weltkrieg im Jahr 1941 nach blutigem Kampf besetzt, gehalten. „Auf Kreta im Sturm und im Regen, da steht ein Fallschirmjäger auf der Wacht. Er träumt ja gerne von der Heimat, wo ihm ein holdes Mädchenherze lacht. Grüßt mir die Heimat, grüßt mir mein Mägdlein aus blut'ger Schlacht." Leider geht es nicht gut aus für den Soldaten: „Ein Sprung in den feindlichen Graben, da traf die Feindeskugel in sein Herz, er stürzt auf den blutgen Rasen und flüstert zu den Sternen voller Schmerz." Refrain: „Grüßt mir die Heimat ….".

Die „Traditionspflege" der Bundeswehr geht weit über die Nutzung unsäglichen Liedguts aus der NS-Zeit hinaus. Nationalsozialistische Generäle und sogar nationalsozialistische Kriegsverbrecher erfahren posthum eine besondere Ehrung in der Bundeswehr.

Geehrt wird beispielsweise der „fanatische Nationalsozialist" (Hitler) Generaloberst Eduard Dietl mit der Namensgebung für eine Kaserne in Füssen. „Der Frontsoldat weiß, (…) dass sich die Juden der ganzen Welt zusammengeschlossen haben zur Vernichtung Deutschlands und Europas", behauptet Dietl und hat sich somit offensichtlich die Ehrung in der Bundeswehr verdient. Auch der General der Gebirgstruppe Ludwig Kübler wird für traditionswürdig mit der Namensgebung für eine Kaserne der Bundeswehr in Mittenwald befunden. Wegen begangener Kriegsverbrechen ist er im August 1947 hingerichtet worden.

Der Luftwaffenoberst Werner Mölders, der stolz darauf ist, mit seinem Geschwader im Schwerpunkt der Kampfhandlungen beim deutschen Überfall auf die Sowjetunion eingesetzt worden zu sein, wird mit der Namensgebung für eine Kaserne in der Lüneburger Heide und für ein in Neuburg an der Donau stationiertes Jagdgeschwader geehrt. NS-Reichsmarschall Hermann Göring hat mit der Ehrung des gefallenen Soldaten Mölders Recht behalten: „So wird Oberst Mölders in der Luftwaffe wie in der Geschichte des deutschen Volkes bis in alle Ewigkeit fortleben."[63]

Eine überzeugende Sensibilität bei der Namensvergabe für Kasernen oder militärische Einheiten hat die Bundeswehr nicht gezeigt. Es ist schwer nachvollziehbar, dass die auf der allgemeinen Wehrpflicht beruhende Bundeswehr, die das erklärte Ziel hat, den „Staatsbürger in Uniform" als Soldaten zu verpflichten, militärische Befehlshaber aus der nationalsozialistischen Wehrmacht, der Luftwaffe oder Marine ehrt. Gerade das Leitbild des „Staatsbürgers in Uniform" mit dem Hintergrund der Ausrichtung der Bundeswehr auf das Grundgesetz der Bundesrepublik Deutschland hätte es geboten, solche Menschen aus der deutschen Geschichte zu ehren, die sich um die Entwicklung der demokratischen Gesellschaft verdient gemacht haben.

Stattdessen werden zweifelhafte „Helden" aus der Kriegsgeschichte bei der Bundeswehr geehrt, wie die oben erwähnten Generäle, aber auch weitere Soldaten, wie der NS-Luftwaffenpilot Hans-Joachim Marseille (158 Luftsiege - Unteroffiziersschule der Luftwaffe in Appen), General Konrad Krafft von Dellmensingen (Giftgaseinsatz Oktober 1917 - Kaserne in Garmisch-Partenkirchen) oder Generalfeldmarschall Erwin Rommel (Vergeltungsterror in Italien 1943). „Sein Herz gehörte dem Führer", stellt Generalfeldmarschall Gerd von Rundstedt in der Trauerrede nach dem Selbstmord Rommels fest. Mehrere „Rommel"-Kasernen, so in Augustdorf, Osterode, Dornstadt, werden in der Bundeswehr nach Rommel benannt. In Augustdorf und in Osterode wird der General des „Führers" mit vollem militärischen Titel geehrt: Generalfeldmarschall-Rommel-Kaserne.

Während die Wehrmacht des NS-Regimes zwar immer noch in der Traditionspflege der Bundeswehr eine Rolle spielt, ist die Entwicklung der Bundeswehr in der Mitte der 1970er Jahre allerdings auch von der demographischen Entwicklung geprägt, die immer mehr Offiziere in Führungspositionen bringt, die die NS-Zeit nur in ihrer Jugend erlebt haben. Die zehn Jahre zuvor teilweise heftigen Auseinandersetzungen um den Traditionserlass der Bundeswehr (1965), sind (auch) aus demographischer Verjüngung abgeebbt.

Dennoch gilt der Traditionserlass vom 1. Juli 1965 noch immer, der im dritten Teil unter der Überschrift „Traditionspflege in der Bundeswehr" unter anderem festlegt, dass Verbände, Schiffe und Kasernen nur noch mit Zustimmung des Verteidigungsministers „nach Persönlichkeiten benannt werden, die in Haltung und Leistung beispielhaft waren." Die genannten Personen, wie Rommel, Dietl oder Mölders, gehören demnach zu denjenigen, die in Haltung und Leistung beispielhaft waren. Die Verteidigungsminister müssen eine spezielle Sicht der beispielhaften Haltung haben. Von einer Abgrenzung gegenüber der nationalsozialistischen Wehrmacht ist im Traditionserlass nicht die Rede. Im Gegenteil verdeutlicht Punkt 27 des Erlasses: „Die Pflege kameradschaftlicher Beziehungen zu ehemaligen Soldaten ist (…) möglich und erwünscht."

Nachwuchsprobleme gibt es in der Bundeswehr nicht. Die allgemeine Wehrpflicht ermöglicht der Bundeswehr, ausreichend Soldaten zu rekrutieren. Mitte der 1970er Jahre werden jährlich mehr als 200.000 wehrpflichtige Männer einberufen. Die Zahl derjenigen Männer, die den Kriegsdienst verweigern, ist gegenüber der Zahl der Wehrdienstleistenden gering: Jährlich etwa 30.000 Wehrpflichtige verweigern den Dienst an der Waffe.

Wer sich auf das im Grundgesetz verankerte Recht auf Verweigerung des Kriegsdienstes mit der Waffe beruft, muss mit inquisitorischen Befragungen rechnen. Nicht alle überstehen die Prüfung ihres Gewissens.

Das Verfahren zur Anerkennung als Wehrdienstverweigerer ist bürokratisch und durchaus mit den Praktiken der Inquisition zu vergleichen. Der Journalist Reimar Oltmanns gibt im „Stern" (20. November 1975) das Protokoll einer „Gewissensprüfung" wider, das der 19-jährige Dieter Feser nach einer Prüfung vor dem Prüfungsausschuss des Kreis-Wehrersatzamtes in Würzburg aufgesetzt hat.

Der Vorsitzende des Prüfungsausschusses ist der Regierungsrat und Jurist Walter Bendrien. Er beginnt die Gewissensprüfung mit der Frage, warum der 19-Jährige in der Schule einmal sitzen geblieben sei, die der Jugendliche mit der Gegenfrage beantwortet, was denn seine Schulzeit mit der Situation heute zu tun habe. Das kommt nicht gut an. Der Vorsitzende unterstellt im weiteren, die kritische Haltung des Jugendlichen zur Kirche bedeute in Wirklichkeit eine Ablehnung der Staatsform. Zudem habe die Mehrheit der Bevölkerung sich für die Bundeswehr entschieden und der Jugendliche stelle sich somit gegen die Mehrheit. Damit lehne er die demokratische Staatsform ab. Nach vier Stunden Verhandlung erfährt Dieter Feser das Urteil: Sein Antrag, den Kriegsdienst mit der Waffe gemäß Artikel 4, Absatz 3 des Grundgesetzes zu verweigern („Niemand darf gegen sein Gewissen zum Kriegsdienst mit der Waffe gezwungen werden") wird abgelehnt. Seine Weigerung sei in seinem antikapitalistischen Denken zu sehen, begründet der Vorsitzende das Urteil. In sein Schulheft schreibt der Jugendliche anschließend: „Ich habe Angst davor, dass auch in mir Aggressionen geweckt werden können. Ich weiß, dass sie ausgenutzt werden können. Ich bin gegen Gewalt, es gibt nur Gott, keine Gewalt, nur Angst."

Zwei Stunden nach der Niederschrift des Protokolls erhängt sich Dieter Feser. Der evangelische Pfarrer Ludwig Wild erkennt bei der Trauerfeier: „Die über sein Gewissen zu Gericht saßen, haben ihn auf dem Gewissen." Der katholische Seelsorger Rützel hingegen klagt darüber, dass mit dem Selbstmord Schande über die Gemeinde gekommen sei. Eine Woche braucht der katholische Christ zu entscheiden, ob der Selbstmörder überhaupt ein kirchliches Begräbnis erhält. Regierungsrat Bendrien macht weiter mit seinen Gewissensprüfungen: „Und wenn bei mir Tag und Nacht verhandelt wird. Ich gehe der Sache auf den Grund. Schließlich sind wir hier nicht in einem Mädchen-Pensionat." Leute wie Regierungsrat Bendrien haben Erfolg, denn die Anerkennungsquote der Kriegsdienstverweigerer ist von früher 80 Prozent auf jetzt 66 Prozent gesunken.[64]

Der Verteidigungsminister Georg Leber hat ein anderes Problem: Die Zahl der Wehrpflichtigen liegt jährlich bei etwa 475.000, die Bundeswehr braucht jedoch höchstens jährlich 250.000 Rekruten. Regierungsrat Bendrien wirkt dennoch erfolgreich weiter, Jugendlichen mit „antikapitalistischem Denken" die Kriegsdienstverweigerung zu versagen.

4. Parlamentarische Auseinandersetzungen - Zwei Kontrahenten

Der SPD-Bundeskanzler wird bei den Rechtsaußen der CDU akzeptiert.

Am 13. März 1975 steht die „Erklärung der Bundesregierung zur inneren Sicherheit" auf der Tagesordnung des Deutschen Bundestages in Bonn, der Debatte, die ich oben unter dem Gesichtspunkt der rhetorischen Ausfälle von Franz Josef Strauß gegen die SPD schon einmal erwähnt habe. Die Sitzung des Bundestages entwickelt sich zu einem Schlagabtausch zwischen den Regierungsparteien und der Opposition. Diese Debatte wird eine der spektakulärsten Auseinandersetzungen in der Geschichte der Bundesrepublik.

Bundeskanzler Helmut Schmidt dankt zu Beginn des Tagesordnungspunktes Innere Sicherheit all denen, „die durch Mut und Verantwortungsbereitschaft mitgeholfen haben, Peter Lorenz zu retten." Er erläutert, dass der Rechtsstaat keinen absoluten Schutz vor Terrorismus und vor anarchistischer Gewalttätigkeit bieten kann. Einen Schwerpunkt seiner Rede legt Schmidt auf das Erfordernis einer engeren Zusammenarbeit zwischen dem Bund und den Ländern in der Terrorismusbekämpfung unter Aufrechterhaltung der Machtbalance zwischen dem Bund und den Ländern. Schließlich geht er über zu einer deutlichen Medienkritik, denn „einige der Massenmedien, eine gewisse Sensationspresse voran, sind in diesen Kampagnen (gemeint sind die Baader/Meinhof-Anwälte), z.B. der Isolationsfolter-Kampagne, jenen Leuten auf den Leim gekrochen, und manche Medien tun dies heute noch und täglich." Das Protokoll verzeichnet an der Stelle des Wortes „Sensationspresse" einen Zwischenruf des Abgeordneten Reddemann (CDU/CSU): „Spiegel" und „Stern".

Auffällig ist, dass während der Schmidt-Rede immer wieder „Beifall" im Protokoll vermerkt wird oder sogar „Beifall bei der SPD, der FDP und lebhafter Beifall bei der CDU/CSU" für den SPD-Kanzler Schmidt. Alfred Dregger, CDU-Abgeordneter, findet nach der Regierungserklärung Schmidts den bemerkenswerten Satz: „Herr Bundeskanzler, Sie können Regierungserklärungen abgeben, die auf ihre Partei so wirken, als ob Sie der CDU angehörten." Mit dem parteiübergreifenden Konsens zur Lagebeschreibung und zur Verbesserung der Terrorismusbekämpfung ist es aber schnell vorbei, als Franz Josef Strauß ans Rednerpult geht und die SPD in die Nähe des Terrorismus rückt.

***

„Trottel ohne Hirn sollten das Maul halten!"

Franz Josef Strauß ist ein Brachialpolitiker, der in seinen öffentlichen Auftritten Mühe hat, seine Emotionen zu beherrschen, vor allem dann, wenn er angegriffen wird. In Herbert Wehner, dem Fraktionsvorsitzenden der SPD im Deutschen Bundestag, hat Strauß einen ebenbürtigen Gegner. Legendär ist Strauß' Ausfall gegen Journalisten, die er als Ratten und Schmeißfliegen beschimpft oder Widersprechenden bescheinigt, sie seien „Trottel ohne Hirn und sollten das Maul halten."

Aber Strauß' Reden sind oft auch durch einen hintergründigen Humor geprägt. So trägt er zur Erheiterung bei, indem er im Bundestag seine Interpretation zum „Crisis-Management" darlegt und Bundeskanzler Helmut Schmidt auffordert, als „Zaubermeister des Crisis-Managements" die Gunst der Stunde zu nutzen. Helmut Schmidt allerdings studiert auf der Regierungsbank lieber die vor ihm liegenden Akten als auf Franz Josef Strauß zu reagieren, Herbert Werner hingegen amüsiert sich ausdauernd über Strauß' Ausfälle. In zahlreichen Redebeiträgen formuliert Franz Josef Strauß ohne schriftliches Konzept die Tagesaktualität lange überdauernde Bemerkungen, wie dieses überlieferte Zitat aus dem Jahr 1975: „Das eigenartige an Sozialisten ist doch, dass sie ihre Lehren aus der Vergangenheit ziehen, in der Gegenwart versagen und für die Zukunft goldene Berge versprechen."

Kantig und charismatisch ist Franz Josef Strauß, ein Politikertyp, der im Gegensatz zur Mehrheit der nachfolgenden Politikergenerationen klare Positionen bezieht und sich nicht in seiner Meinung vom Weg abbringen lässt. Dadurch wirkt er glaubwürdig.

***

„Sie sind ein Schwein, wissen Sie das?"

Herbert Wehner ist Strauß ein ebenbürtiger Gegner in den Debatten des Deutschen Bundestages, auch Wehner versteht es, mit Säbel und Florett verbale Injurien auszuteilen und den politischen Gegner zu reizen. Allerdings geht er wesentlich grober zu Werke als Strauß, der immerhin unterscheiden kann, ob er schwitzend im Bierzelt deutliche Worte findet oder im Bundestag literarische Kleinodien - gerne auf Latein - zu Gehör bringt. Wehner, in seiner Partei als Zuchtmeister gefürchtet, benutzt häufig den verbalen Holzhammer, um sich Gehör zu verschaffen.

„Sie sind ein Schwein, wissen Sie das?", fragt Wehner den CDU-Politiker Jürgen Wohlrabe, den er auch als „Herr Übelkrähe" anredet. Gerne verballhornt Wehner die Namen von Journalisten oder Parlamentariern. „Herbert Wehners expressive Sprache war zu (fast) allem fähig... Aber sie konnte sich eben auch aufschwingen zu Sätzen von ungeheuer expressiver Dichte oder zu explosiven Interjektionen, zu verstörenden (und deshalb: gezielten) Invektiven", schreibt Robert Leicht in der „Zeit" in einem geradezu liebevollen Porträt Herbert Wehners, das die politische Weitsicht und Tatkraft Wehners, auch gelegentlich jenseits demokratischer Usancen, herausstellt.[65] Wehners politische Weichenstellung vor allem hinsichtlich der Westorientierung der Bundesrepublik jetzt auch in der Politik der SPD ist eine wesentliche Voraussetzung der Entwicklung der Sozialdemokraten zu einer regierungsfähigen Partei. Herbert Wehner ist ein starker Gegenpart zu Franz Josef Strauß.

Die Debatte im Bundestag an diesem 13. März 1975[66] kulminiert nach der Rede von Franz Josef Strauß mit den Anwürfen des sozialdemokratischen Fraktionsvorsitzenden Herbert Wehner, der die CDU/CSU-Opposition mit den Worten charakterisiert: „Sie sind wirklich Reaktionäre" und ergänzt: „Natürlich haben Sie ein einziges Anliegen: das was mit dem Namen Baader, Meinhof und der anderen Terroristen verbunden ist, immer in eine Beziehung zu uns zu bringen und immer Bindestriche zu uns herzustellen. Das ist die einzige Originalität an Ihrer sogenannten Strategie."

Wehner beschuldigt Strauß spät in der Nacht, „eine bewußte verleumderische Hetze" zu betreiben, indem Strauß die SPD in die Nähe der Terroristen bringe. „Das ist alles, was Sie am Kampf gegen den Terrorismus interessiert; denn Sie sind selber geistig Terrorist!" Nach dem erwartbaren Ordnungsruf der Bundestagspräsidentin Annemarie Renger fährt Wehner fort: „Wenn Sie das Wort ‚Marxist' hören, geht es Ihnen so, wie Goebbels damit operiert hat, nicht anders. Sie sind nämlich in dieser Frage genauso dumm, wie es jener war. Nur war er ganz jesuitisch raffiniert." Das Protokoll vermerkt: „Die Abgeordneten der CDU/CSU verlassen den Saal", was Wehner mit dem bleibenden Satz kommentiert: „Wer herausgeht, muß auch wieder hereinkommen. Ich sage Ihnen Prost!" Die Sitzung endet mit den wieder hereingekommenen CDU/CSU-Abgeordneten um 23:46 Uhr.

***

Differenzierung ist ein schwieriges Unterfangen in politischen Auseinandersetzungen. Heute verzichten manche ganz auf Nuancierungen.

Herbert Wehner wirft Franz Josef Strauß in dieser spektakulären Debatte vor, dass Strauß „Dunstkreise" um die Terroristen und ihrer radikalen Befürworter herum formuliere, in die er die SPD mit einbeziehe. Links, linksextrem und Terrorismus setze Strauß also unterschiedslos gleich. 40 Jahre später werden unterschiedslos „rechte Hetzer" (wie sie Hannelore Kraft, SPD-Ministerpräsidentin Nordrhein-Westfalen bezeich-

net) gleichgesetzt. Zu den „rechten Hetzern" der Hannelore Kraft gehören Parteien wie die CSU und die AfD. Bei Strauß ist die Empörung nach seiner rhetorischen Gleichsetzung groß, heute dagegen fehlt ein derartiger Aufschrei. Im Gegenteil, es ist weitgehend Konsens in den Medien, alle Facetten des rechten Spektrums gleichzusetzen. Es handelt sich immer um „rechte Hetzer".

Differenzieren, abwägen, hinterfragen, recherchieren, argumentieren sind nur noch in Ausnahmefällen nachvollziehbare Merkmale der Medienberichterstattung. Der Gedanke an eine überwiegende, allerdings freiwillige Gleichschaltung der Medien und der etablierten politischen Parteien erscheint nicht abwegig.

Die Bundestags-Debatte 1975 ist zum einen eine Sternstunde der Demokratie zur Frage der Behandlung der Baader-Meinhof-Terroristen, zum anderen eine grundlegende Auseinandersetzung zwischen der konservativen Opposition und den sozial-liberalen Regierungsparteien SPD und FDP. Die Debatte gipfelt schließlich in gegenseitigen Beschuldigungen der Regierungsparteien und der Opposition, wobei polemische Bonmots den Zuhörern manches Amüsement bereiten. Die Debatte lebt auch durch robuste Zurufe aus dem Plenum während der Reden der vortragenden Abgeordneten.

***

Robuste Auseinandersetzungen sind nicht auf den Bundestag beschränkt, sondern auch außerhalb des Parlaments wird die Debatten-Kultur mit heftigen Verbalinjurien gepflegt. So antwortet der Vorsitzende des Deutschen Gewerkschaftsbundes, Heinz Oskar Vetter, am 20. Februar 1975 auf eine Äußerung von Franz Josef Strauß, der die Bundesrepublik als einen „Saustall ohnegleichen" bezeichnet hat, mit den Worten „dann müssen wir dem Schweinehirten von Passau (gemeint ist Strauß) diese Hetzparolen in den geschwollenen Hals zurückstoßen." Der CSU-Generalsekretär kontert umgehend die „totale Demagogie", die in den „unappetitlichen Kontext einer konzentrischen Schmutzkampagne" gehöre und von den Methoden der Faschisten kaum noch zu unterscheiden sei.[67] Der seinerseits energisch austeilende, aber sehr empfindliche Strauß ruft dann, wenn andere ihn angreifen, das Gericht zu Hilfe, indem er einen Strafantrag gegen Vetter stellt.

***

Diese Art der Auseinandersetzungen ist gut 40 Jahre später Vergangenheit, denn die Meinungs- und Redefreiheit wird heute durch eine zwar ungeschriebene, aber dennoch gelebte politische Korrektheit eingeschränkt. Die Ehrlichkeit und Deutlichkeit bleibt auf der Strecke. Es ist schwierig geworden, nonkonformistische Meinungen zu äußern.

Als Beispiel für eine glattgebügelte Aussprache kann die Bundestags-Haushaltsdebatte am 27. November 2015[68] über den Etat des Bundeskanzleramts gelten, einer Debatte, in der traditionell die grundsätzlichen politischen Unterschiede zwischen Regierung und Opposition herausgestellt werden. Hier wirft der Oppositionsführer der Linken, Dietmar Bartsch, der CSU vor, die CDU-Bundeskanzlerin ungebührend behandelt zu haben. „Wenn ich mir anschaue, wie auf dem CSU-Parteitag mit der Kanzlerin umgegangen (worden) ist, muss ich sagen: Sie haben da jegliche bürgerliche Anstandsform verletzt." Bürgerliche Anstandsformen stehen 40 Jahre vorher hinter einer deutlichen inhaltlich kontroversen Auseinandersetzung zurück. Zu damaliger Zeit dominiert daher auch nicht die heute offensichtliche Langeweile im Bundestag angesichts der jetzt nur spärlich besetzten Abgeordnetensitze. Gelegentlich findet sich heute - aus nachvollziehbaren Gründen - lediglich ein knappes Dutzend Abgeordneter in einer Plenarsitzung zusammen.

5. Die DDR - Das andere Land

Im Deutschen Bundestag, in den Parlamenten der Bundesländer, zwischen den politischen Parteien und in den Medien entwickeln sich - zumindest in den Jahren um 1975 - häufig heftige Auseinandersetzungen über politische Zielsetzungen und die Wege zu ihrer Realisierung. In der DDR herrscht hingegen in der Volkskammer, einem Parlament ohne Opposition und in den Bezirkstagen der 15 Bezirke der DDR, ebenfalls Parlamente ohne Opposition, strikte Friedhofsruhe. Freie Medien ohne Zensur gibt es nicht.

Die faktische Macht liegt in der DDR alleine bei der Sozialistischen Einheitspartei SED. Die Staatsgewalt, sowohl in der Legislative als auch in der Exekutive und Judikative, wird durch die SED ausgeübt. Alle fünf Jahre findet ein Parteitag statt, bei dem das Zentralkomitee der SED von handverlesenen Delegierten „gewählt" wird. Zwischen den Parteitagen ist dieses Zentralkomitee der SED das höchste Organ in der Parteiorganisation. Die Mitglieder des Politbüros der SED, ein kleiner Zirkel aus Parteifunktionären, dem ein Generalsekretär vorsteht, üben die tatsächliche Macht in der täglichen Arbeit aus.

Seit 1971, dem VIII. Parteitag der SED, ist Erich Honecker Erster Sekretär des Zentralkomitees der SED und Vorsitzender des Politbüros. Bis zum November 1989, dem nahen Ende der DDR, konzentriert dieser Mann alle Macht in dem totalitären Staat DDR auf sich. Unterstützt wird er vor allem von Erich Mielke, der das Ministerium für Staatssicherheit (Stasi) führt. Die Kurz-Bezeichnung Stasi für die Staatssicherheit klingt verniedlichend, sie darf jedoch nicht darüber hinweg täuschen, dass es sich bei der Staatssicherheit um einen ausgeklügelten brutalen Unterdrückungsapparat handelt, der mit seiner Krudelität hinter der Gestapo der NS-Zeit nicht zurücksteht.

Im eigenen Anspruch ist die DDR das bessere Deutschland im Vergleich zur Bundesrepublik. Während die DDR-Mächtigen die Bundesrepublik als faschistischen Staat „entlarven" und deshalb am 13. August 1961 mit der Mauer in Berlin einen „antifaschistischen Schutzwall" bauen, feiern sie sich selbst als Antifaschisten. Nun hat es mit dem Faschismus und dem Antifaschismus, unabhängig von der Beantwortung der Frage, was mit diesen schillernden, unbestimmten, verwirrenden Bezeichnungen eigentlich gemeint ist, eine besondere Bewandtnis und eine Erkenntnis, die wir einem Ignazio Silone zugeschriebenen Aperçu verdanken. Der Schweizer Essayist und Journalist François Bondy berichtet in seinem 1988 veröffentlichten Buch „Pfade der Neugier - Porträts", sein Freund Ignazio Silone, ein italienischer Schriftsteller, habe zu ihm einem Gespräch gesagt: „Wenn der Faschismus wiederkehrt, wird er nicht sagen: ‚Ich bin der Faschismus'. Nein, er wird sagen: ‚Ich bin der Antifaschismus.'"

Der Faschismus ist in der DDR als Antifaschismus zurückgekehrt. Der DDR-Antifaschismus verhindert freie Gewerkschaften, verbietet unabhängige Medien, etabliert ein wirksames Repressionssystem, schaltet andere politische Parteien als die SED aus und verhaftet willkürlich lästige Regimekritiker. Mit einer totalen Überwachung der Bürger unterdrückt der Antifaschismus jeglichen Anflug zu einer demokratischen Entwicklung.

5.1 Totale Überwachung

Die Stasi, größter Arbeitgeber in der DDR, sieht sich mit ihrer Spitzelarbeit als „Schild und Schwert der Partei".

Das gesellschaftliche und kulturelle Leben sowie die materielle Versorgung sind in diesem totalitären Staat für die meisten Menschen beschränkt, allerdings nicht für diejenigen, die zur Nomenklatura gehören. Die gesamte Gesellschaft wird verwaltet und der Bürger entmündigt, befindet Honeckers Nachfolger Egon Krenz, klugerweise allerdings erst nach Honeckers Ablösung im Jahr 1990.[69] Diese späte Erkenntnis ist aber noch nicht die ganze Wahrheit, denn Erich Mielkes Staatssicherheit sorgt bis Ende 1989 dafür, dass die Bürger sich gehorsam verhalten. Mitarbeiter, Mitläufer und Informanten der Stasi denunzieren diejenigen, die nicht stromlinienförmig der Parteilinie folgen. Die DDR ist ein „Überwachungsstaat schlimmster Sorte" befindet der „Spiegel" in der Analyse zum Ende der DDR.

Die Stasi ist mit 85.000 festangestellten Mitarbeitern und weit über 100.000 inoffiziellen Mitarbeitern größter Arbeitgeber in der DDR. Die Karteien der Stasi über Abweichler und Missliebige wachsen in Folge der flächendeckenden Überwachung des Post- und Telefonverkehrs in den vier Jahrzehnten intensiver Spitzelarbeit permanent an. Schließlich ist etwa die Hälfte der erwachsenen Bevölkerung als auffällig im Sinne der Partei registriert.

Der Stasi-Unterdrückungsapparat der SED, der sich selbst als „Schild und Schwert" der Partei versteht, greift repressiv und manipulierend in das Leben der Menschen in der DDR ein. Zwar ist 1975 mit dem Ergebnis der Konferenz über Sicherheit und Zusammenarbeit der europäischen Staaten auch für die DDR die Beachtung der Menschenrechte verbunden und eine gewisse Transparenz der DDR durch die Arbeit westlicher Journalisten erreicht. Die Spitzelei der Stasi wird dadurch allerdings nur geringfügig tangiert. Plumpe Verhaftungen von sogenannten Abweichlern kommen jetzt nur noch in Ausnahmefällen vor, aber die Angst und Unsicherheit der Menschen wird dennoch systematisch und perfide geschürt. Die Stasi hat ein perfektes Instrumentarium zur Unterdrückung geschaffen.

Das Mielke-Ministerium für Staatssicherheit arbeitet schnell und stellt sich noch im Jahr 1975 auf die veränderten Verhältnisse in der Folge der Helsinki-Ergebnisse ein. Bereits mit Beginn des Jahres 1976 wird die „Richtlinie Nr. 1/76 zur Entwicklung und Bearbeitung Operativer Vorgänge (OV)" wirksam, die ein Dokument niederträchtigster Menschenverachtung ist.[70]

Das Ziel der Richtlinie ist die „zielstrebige, konzentrierte und schwerpunktmäßige vorbeugende Verhinderung, Aufdeckung und Bekämpfung aller subversiven Angriffe des Feindes." Die „feindlich-negativen Kräfte" arbeiten nicht nur im Westen, sondern offensichtlich auch im eigenen Land, denn es gilt, den „staatsfeindlichen Menschenhandel", das „ungesetzliche Verlassen der DDR" zu bekämpfen. Der Feind kann wirkungsvoll durch „Maßnahmen der Zersetzung" bekämpft werden, von denen sich besonders Maßnahmen bewährt haben, die der „systematischen Diskreditierung des öffentlichen Rufes, des Ansehens und des Prestiges auf der Grundlage miteinander verbundener wahrer, überprüfbarer und diskreditierender sowie unwahrer, glaubhafter, nicht widerlegbarer und damit ebenfalls diskreditierender Angaben" dienen oder die auf der „systematischen Organisierung beruflicher und gesellschaftlicher Misserfolge zur Untergrabung des Selbstvertrauens" führen. Das Ziel der Staatssicherheit heißt also: Menschen mit Lügen vernichten.

Als Mittel zur Durchsetzung der subversiven Maßnahmen sieht die Mielke-Richtlinie die „Verwendung anonymer oder pseudonymer Briefe, Telegramme, Telefonanrufe usw., kompromittierender Fotos, z. B. von stattgefundenen oder vorgetäuschten Begegnungen" vor, die „gezielte Verbreitung von Gerüchten" und „gezielte Indiskretionen". In allen Einzelheiten wird geregelt, wie die in der Stasi aktiven Mitarbeiter ihre Mitmenschen erfolgreich kujonieren können. Sogenannte wissenschaftliche Diplom-Arbeiten, wie die des Hauptmanns Joachim Tischendorf an der Juristischen Hochschule Potsdam, begleiten die Entwicklung der Unterdrückungsmechanismen. Die Diplomarbeit[71] „Der Einsatz von politisch-operativen Zersetzungsmaßnahmen im Rahmen der operativen Vorgangsbearbeitung gegen Erscheinungen des politischen Untergrundes im Verantwortungsbereich der Linie XX/7" befördert die Karriere eines hauptamtlichen Mitarbeiters im Schikane-Apparat des Mielke-Ministeriums.

Hauptmann Tischendorf erläutert, wie die „politisch-operativen Zersetzungsmaßnahmen mit dem Ziel der endgültigen Liquidierung der staatsfeindlichen Tätigkeit der bearbeiteten Personen" einzusetzen sind, wie eine „allmähliche langfristige Paralysierung der staatsfeindlichen Tätigkeit" erreicht werden kann und wie die betroffenen Personen später gegen ihre Initiatoren oder Auftraggeber eingesetzt werden können. Vor allem „Kulturschaffende" hat der dem SED-Regime ergebene Autor im Visier, denn von ihnen gehen wegen möglicher Multiplikator-Effekte besondere Gefahren aus. Und Kulturschaffende sind vor allem deshalb verdächtig, weil sie, vom Gegner inspiriert, „Beziehungen zu antisozialistischen, linkssektiererischen, sozialdemokratisch orientierten Kräften" haben. Auf

67 Seiten seiner als Diplom-Arbeit bezeichneten Ausarbeitung eines perfiden Unterdrückungssystems entwickelt der Autor, sich immer wieder auf den „Genossen Erich Honecker" oder den "Genossen Erich Mielke" berufend, einen Katalog subversiver Maßnahmen, um jegliche von der Parteilinie der SED abweichende Meinungsäußerung zu verhindern.

Die führenden SED-Genossen treiben konsequent, selbst sogar noch Mitte der 1970er Jahre in einer Phase der Entspannung zwischen Ost und West, die Entwicklung zur Unfreiheit voran. Im Ergebnis stehen sie im Aufbau eines perfekten totalitären Staates den Nationalsozialisten des „Dritten Reiches" nicht nach. Die frühere Bemerkung des ehemaligen Vorsitzenden der SPD, Kurt Schumacher, die Kommunisten seien nichts anderes als „rotlackierte Nazis", erfährt in der Entwicklung der Unterdrückungsmaßnahmen der SED-Führung und ihrer beflissenen Gefolgsleute ihre eindrucksvolle Bestätigung.

5.2   DDR-Medien - Beifall für die Erfolge der SED

Die Staatsgrenze der DDR wird zuverlässig geschützt. Das erfreut nicht jeden Bürger der DDR.

Das „Organ des Zentralkomitees der sozialistischen Einheitspartei Deutschlands", die Zeitung „Neues Deutschland", erfreut die Bürger der DDR zum 1. Januar 1975 mit dem Abdruck der „Ansprache des Vorsitzenden des Staatsrates der DDR, Willi Stoph zum Jahreswechsel" mit der Erkenntnis des Staatsratsvorsitzenden, dass das vergangene Jahr ein erfolgreicher Zeitabschnitt der weiteren Gestaltung der entwickelten sozialistischen Gesellschaft gewesen sei. Erfolgreich sind auch die Kaltwalzwerker des Eisenhüttenkombinats Ost, die voller Freude auf der Seite 2 des „Neuen Deutschland" eine Jahresproduktion von einer Million Tonnen Bleche und Bänder melden.

Die Leser der Zeitung werden auch ausführlich darüber informiert, dass das Zentralkomitee der SED dem „Parteivorsitzenden des Zentralkomitees der Kongolesischen Partei der Arbeit, dem Präsidenten der Republik, Staatschef und Vorsitzenden des Staatsrates der Volksrepublik Kongo Genossen Major Marien N'Gouabi" zur Wiederwahl als Parteivorsitzender gratulieren. Diese Meldung über die Fortsetzung einer Diktatur im fernen Kongo dürfte vermutlich nur auf geringe Aufmerksamkeit gestoßen sein.

Interessanter hingegen könnte der Artikel für die DDR-Bürger sein, der bestätigt, dass die „Staatsgrenze unserer DDR zuverlässig geschützt" wird, denn sie erfahren, dass eine Flucht in die Bundesrepublik besser nicht riskiert werden sollte. Die Grenzsoldaten erhalten „herzliche Glückwünsche der Bezirksleitungen der SED", überbracht vom Genossen Helmut Müller im Namen des Sekretariats der Bezirksleitung Berlin und aller Werktätigen.

***

Die häufigen Verlautbarungen Honeckers über den Erfolg des „real existierenden Sozialismus" in der DDR haben wenig mit der Realität im Land zu tun. Zwar ist seit 1970 bis etwa 1975 - sofern die DDR-Statistiken ein nicht gar zu geschöntes Bild abgeben - ein Wirtschaftswachstum in bescheidenem Ausmaß festzustellen, jedoch bleibt die Arbeitsproduktivität im Vergleich mit der Bundesrepublik gering. Sie erreicht nicht einmal zwei Drittel der westdeutschen Produktivität.

Die Erfolgsmeldungen des „Neuen Deutschland" vermitteln ein anderes Bild, wie die Beiträge einer einzigen Ausgabe vom 1. Januar 1975 zeigen. Der Zuckerrüben- und Kartoffelanbau soll mit der Übernahme neuester Erkenntnisse von Wissenschaft und Technik effektiver werden, schreiben die Genossen der Kooperativen Abteilung Pflanzenproduktion Rannstedt in einem in der Zeitung veröffentlichten offenen Brief an den „lieben Genossen Erich Honecker". Und die Kollektive der beiden Wolprylabetriebe des Chemiefaserwerks „Friedrich Engel" haben sich für 1975 das

Ziel gesetzt, 250 Tonnen Wolprylafasern mehr als 1974 zu erzeugen. Die Kollektive der Betriebssektion Organische Spezialprodukte des Chemiekombinats Buna wollen die Produktion von Weichmachern schon drei Monate früher als geplant aufnehmen, bereits zum Jahrestag der Befreiung (durch die Sowjet-Armee). 50 bis 60 Tonnen der Weichmacher sollen bis Anfang Mai ausgeliefert werden. Und auch die IFA-Motorenwerke melden neue Erfolge: Seit vergangenem Monat werden 175 Motoren täglich produziert, elf Motoren mehr, als der 1974er Plan pro Arbeitstag vorsieht.

Angesichts dieser Erfolgsmeldungen ist es angebracht, eine „Besondere Aufmerksamkeit für die Krise des Kapitalismus" in den „Zentralen Forschungsplan der Gesellschaftswissenschaften der DDR" aufzunehmen. Das Forschungs-Ergebnis hat das „Neue Deutschland" schon vorweggenommen, denn es berichtet darüber, dass die Arbeiter, Angestellten und Bauern im Westen die „Monopolzeche" - was auch immer mit diesem Begriff gemeint sein mag - bezahlen sollen, weil die Wirtschaftsaussichten der westlichen Länder, vor allem in Kanada und Großbritannien, schlecht sind. Auch in den USA sind ständig steigende Arbeitslosenzahlen festzustellen. Dagegen geht es in den „Sozialistischen Bruderländern", wie der UdSSR, Kuba oder Polen immer nur bergauf.

Als weiteres Beispiel der penetranten Jubelberichterstattung des „Neuen Deutschland" über die Erfolge der DDR kann die Ausgabe vom 13. Juni 1975 dienen. Auf der Seite 1 wird unter der Überschrift „Bauern führen Wettbewerb an der Seite der Arbeiter" gemeldet, dass die Delegiertenversammlung der Kooperativen Abteilung Pflanzenproduktion Groß Rosenberg im Wettbewerb zu Ehren des IX. Parteitages der SED neue Vorhaben zur Überbietung des Volkswirtschaftsplanes beschlossen habe. Und mit Hilfe der „sozialistischen Betriebswirtschaft" - auch wieder ein Begriff, der eher der Vernebelung als einer Klarstellung dient - soll die „industriemäßige Leitung und Organisation aller Arbeitsprozesse" dazu führen, dass „durch eine effektive Auslastung der Arbeitszeit, der Technik, durch sparsamsten Umgang mit Material und Kraftstoff" die Gesamtkosten je Hektar Mähdrusch von 80 Mark 1974 auf 75 Mark 1975 sinken.

Dass die wirtschaftliche Lage im eigenen Land desaströs ist, mit verfallenden Wohnhäusern und Betriebsstätten, einem veralteten, störungsanfälligen Maschinenpark und unzureichender Versorgung der Bevölkerung mit Gebrauchs- und Verbrauchsgütern, erfahren die Menschen nur aus eigenem Erleben, nicht aber aus den Medien. Diese sehen allerdings den Westen kurz vor dem Kollaps, dem Zusammenbruch nicht nur wirtschaftlicher, sondern auch moralischer Art.

***

„Sudel-Ede" agitiert im „Schwarzen Kanal" der DDR, aber nicht immer liegt Karl-Eduard von Schnitzler mit seiner Kritik an der Bundesrepublik daneben.

Unbestrittener Meister seines Fachs in Agitation und Propaganda, nahezu ein Virtuose, die Bundesrepublik Deutschland zu desavouieren, ist Karl-Eduard von Schnitzler, der seit 1960 die wöchentliche DDR-Fernseh-Propagandasendung „Der schwarze Kanal" moderiert. Mit „Der schwarze Kanal" wird das westdeutsche Fernsehen bezeichnet, das „Unflat und Abwässer" in die westdeutschen Haushalte ergießt und dessen Sendungen vom Moderator von Schnitzler in Ausschnitten in der DDR-Sendung kommentiert werden. Bereits nach einem Jahr seiner montäglichen Fernseh-Beiträge erhält von Schnitzler vom Westberliner Fernsehkommentator Günter Lincke den „Ehrennamen" „Sudel-Ede", der ihn bis zur Einstellung der Sendung im Jahr 1989 begleitet.

Einige Auszüge aus von Schnitzlers Beiträgen im Jahr 1975, die in Sendungsprotokollen fast vollständig erhalten sind,[72] verdeutlichen das Wirken des Moderators, der einen ziemlich üblen Ruf genießt, aber nicht immer - wie im Westen verbreitet wird - abstruse Ansichten vertritt.

So trägt die Sendung am 7. April 1975, die sich mit dem „Club of Rome", oder wie von Schnitzler sagt, dem „Klub von Rom", befasst, den Titel „Schwachsinn und Klasse". Von Schnitzler erläutert, dass Wissenschaftler und Humanisten nach Eigendarstellung des „Klubs", sich die

Aufgabe gestellt hätten, „kritische Menschheitsprobleme zu lösen". „Ford, Rockefeller, Volkswagenstiftung und Wirtschaftsmanager von Fiat und Olivetti" sind die Humanisten und predigen den „Weltuntergang in wenigen Jahrzehnten." Der einzige Ausweg solle lauten „Nullwachstum". „Eiskalt kalkulierte Folge", so von Schnitzler, „Arme bleiben arm, Reiche bleiben reich, und die Entwicklungsländer können in ihrer Armut ersticken." Diese „Philosophie eines neuen Humanismus wird keineswegs nur von ein paar Sonderlingen in einem römischen Klub verbreitet" und „ist nicht mehr der Schwachsinn einer Elite, die sich in Klubgesprächen ergeht, sondern das ist für den Massenkonsum bestimmt. Die Welt - ein Babylon, dem Untergang geweiht - Ergötzen am Entsetzen - verführerische Schicksalsdramaturgie - Genuß am Untergang der Anderen…." In eine Propagandasendung, die Fehl-Entwicklungen beim Klassenfeind anprangert, gehören sicherlich drastische Übertreibungen, die aber, das ist von Schnitzler nicht abzusprechen, in diesem Fall der Beurteilung der Horrorszenarien des „Klub von Rom" eine im Kern treffende Bewertung enthalten.

Am 31. März 1975 trägt „Der schwarze Kanal" den Titel „Bonns Beiträge zum 30. Jahrestag" (Anm.: des Kriegsendes). Von Schnitzler prangert Beiträge des westdeutschen Fernsehens an, in denen die Waffen-SS des NS-Regimes beschönigend dargestellt wird. „Wenn seriöse Reichswehroffiziere in die Waffen-SS eintraten, wenn ein Augenzeuge, natürlich Angehöriger der SS-Leibstandarte Adolf Hitler, sich gern an seinen Kompaniechef erinnert und ihm bescheinigt, welch besonnener, ruhiger, umgänglicher und gütiger Vorgesetzter er gewesen sei, wenn junge Leute der Meinung sind, die Waffen-SS sei eine Panzerarmee gewesen und prima tadellose Soldaten, (…) dann sieht man hier bereits, wie durch Fälschung und Unterdrückung der Wahrheit der Boden bereitet wurde zur Reinwaschung der SS", so von Schnitzler in seinem Kommentar.

Und ein weiterer Beitrag des westdeutschen Fernsehens, in dem in einem Studiogespräch ein Offizier des Bundeswehr bemerkt, man dürfe „nicht das Kind mit dem Bade ausschütten, denn es ist doch wohl unverkennbar, daß die Waffen-SS gewisse positive Eigenschaften besessen hat, die sie groß gemacht hat" und die „man im übrigen der Bundeswehr durchaus wünschen könnte", veranlasst von Schnitzler zu der Bemerkung, man scheue „nicht das Eingeständnis, warum die Waffen-SS gar nicht so übel, sondern im Grunde eine honorige, vorbildliche Elitetruppe gewesen sei."

Vor dem Abspann zu dieser Sendung wird ein Dia eingeblendet, das ein Werbeblatt des westdeutschen Kerscher-Filmverleihs als Beilage von „filmecho/Filmwoche", Heft 15/1975 zeigt. Hitler in Uniform mit Hakenkreuzabzeichen, mit „Deutschen Gruß" starr hinter der Kanone eines Panzers in die Ferne blickend, Soldaten kämpfend vor dem Panzer, Bombenflugzeuge in der Luft und der Titel „Europa in Flammen - Heldentum an allen Fronten" sollen zum Kinobesuch animieren. Von Schnitzler bemerkt dazu: „Wenn hier die Erinnerung an große Siege und ganze Schlachten (...) beschworen wird, (...) dann werden Sinn und Bedeutung von Sieg und Befreiung vor 30 Jahren in ihr Gegenteil verkehrt." Auch hier liegt von Schnitzler in seinem Urteil durchaus nicht daneben.

Ein drittes Beispiel, die Sendung des „Schwarzen Kanals" vom 13. Januar 1975, soll die Machart dieser Sendereihe verdeutlichen. Von Schnitzler äußert sich zur „Freiheit der Kunst - im allgemeinen und im besonderen" in der „BRD", wie die Bundesrepublik in der DDR bezeichnet wird.

Ausgangspunkt dieser Sendung ist der Bericht über die Absage einer Ausstellung politischer Plakate des Graphikers Klaus Staeck und weiterer sechs Künstler in London, die der Schriftsteller Heinrich Böll im westdeutschen Fernsehen „massive Zensurmaßnahmen" nennt. Gegen diese Ausstellung hat insbesondere der FDP-Außenminister Hans-Dietrich Genscher interveniert, der finanzielle Zuschüsse der Bundesrepublik für diese und zukünftige Ausstellungen sperren will. Ausführlich kommen Heinrich Böll und Klaus Staeck in der Sendung des „Schwarzen Kanals" in mehreren Interview-Ausschnitten des westdeutschen Fernsehen zu Wort.

Von Schnitzler macht aus der Tatsache, dass ein relativ unbedeutender Zuschuss von 10.000 DM für einen Ausstellungskatalog gestrichen wird, eine Kampagne, in der es „schlechthin um die Freiheit des Künstlers im Kapitalismus" geht. In seinem Kommentar baut von Schnitzler eine Anmerkung Heinrich Bölls mit dem Stichwort „Schleyer" deutlich aus, indem er die Nazi-Vergangenheit des Präsidenten der Bundesvereinigung deutscher Arbeitgeberverbände Hans-Martin Schleyer beleuchtet. „Früher war er höherer SS-Führer und in den von Hitler besetzten Gebieten ein

Wirtschaftsexperte, was er heute nicht etwa schamhaft verschweigt, sondern offen und mit unverkennbarem Stolz auf die von ihm vollbrachten Leistungen bekennt, man trägt ja Nazi nicht mehr innen, sagt Böll, sondern außen, wie Herr Schleyer." Und auch die Anmerkung Heinrich Bölls, er werde zu Hause von den Medien im „Volksgerichtston" fertiggemacht und abgekanzelt, ist für von Schnitzler eine Gelegenheit, für die Freiheit der Kunst zu plädieren. „Kulturfreiheit und BRD-Wirklichkeit, Geist und Kapitalismus, das scheint alles nicht so recht zusammenzupassen."

Die drei ausgewählten Beispiele im Jahr 1975 aus der langen Lebenszeit des „Schwarzen Kanals" zeigen die Vorgehensweise des Moderators Karl-Eduard von Schnitzler. Das Grundkonzept, Ausschnitte aus Fernsehsendungen der Bundesrepublik zu zeigen, lässt den Eindruck entstehen, es handele sich um eine neutrale Berichterstattung über die Zustände in der Bundesrepublik. Dieser Eindruck ist nicht ganz falsch, denn von Schnitzler greift durchaus Themen und Sachverhalte auf, die kritikwürdig sind. Es bleibt jedoch ungesagt, dass die im „Schwarzen Kanal" dargestellte Wirklichkeit nur ein Teilaspekt einer unübersichtlichen, komplexen Welt ist, die negative und positive Seiten hat. Von Schnitzler sieht in der Bundesrepublik nur Negatives und in der DDR, im indirekten Schluss, nur Positives. Nazis gibt es in der Bundesrepublik, nicht aber in der DDR, Zensur gefährdet die Freiheit der Kunst in der Bundesrepublik, während die DDR zensurfrei erscheint.

Die Sehbeteiligung ist beim „Schwarzen Kanal" unter Berücksichtigung der politischen Themenstellung, die nur eine Minderheit ansprechen dürfte und der späten Sendezeit um 21:30 Uhr, relativ hoch. Sie liegt ausweislich der „Sehbeteiligungskartei" des DDR-Fernsehens bei 9,3 Prozent (13.1.1975), 8,1 Prozent (31.3.1975) und 6,8 Prozent (7.4.1975). Die Sehbeteiligung Ostdeutscher beim Westfernsehen wird leider nicht ermittelt, sie dürfte aber die Quoten des „Schwarzen Kanals" deutlich überschreiten.

***

Am 1. Juni 1975 ist die Arbeit an der Entwicklung des „Handbuchs für Volkskorrespondenten der Leipziger Volkszeitung" beendet und die Volkskorrespondenten können ihre revolutionäre Arbeit beginnen. Etwa 180.000 Beiträge der Volkskorrespondenten werden bereits im nächsten Jahr in den DDR-Zeitungen veröffentlicht, entsprechend dem „Ziel der Partei der Arbeiterklasse, das werktätige Volk stets auf die Höhe seiner geschichtlichen Mission zu führen." „Der im Verständnis gesellschaftlicher Gesetzmäßigkeiten bewußt handelnde Revolutionär ist dabei unser Leitbild", heißt es im Vorwort zu dieser Anleitung.[73]

„Lenins Lehre lebt in der Presse des Volkes", erfährt der Leser des Handbuchs und wird seitenlang auf Lenins Feststellungen hingewiesen („Lenin erkannte..., Lenin forderte..., Lenin weist darauf hin..., Lenin betont besonders..., Lenin stellt fest...."). „Sechs Millionen Arbeiter- und Bauernkorrespondenten zeugen heute in der Sowjetunion von der Lebendigkeit der Leninschen Lehre in seinem Heimatland, dem Mutterland des sozialistischen Weltsystems", jubeln die Verfasser des Handbuchs und versprechen dem 1. Sekretär der Bezirksleitung Leipzig der SED, dem Genossen Horst Schumann, mit „freundlichen Kampfesgrüßen (...) viele neue schöpferische Initiativen zu leisten, um den IX. Parteitag der SED vorzubereiten."

Hauptberufliche Journalisten erhalten ihre Ausbildung im Studiengang Journalistik an der Karl-Marx-Universität Leipzig, der einzigen universitären Ausbildungsstätte für Journalisten. 1974 ist der Studienplan überarbeitet worden, da die „entwickelte sozialistische Gesellschaft an den Journalisten der DDR höhere Anforderungen stellt."[74] Nach Abschluss des Studiums soll der Student „als Funktionär der Partei der Arbeiterklasse, als sozialistischer Journalist (...) wirkungsvoll die sozialistische Ideologie verbreiten, (...) das Wesen des Imperialismus entlarven,(...) den ideologischen Klassenkampf mit journalistischen Mitteln offensiv führen und allen Versuchen des Gegners zu ideologischer Diversion erfolgreich begegnen." Das soll natürlich, wie es offen niedergelegt ist, parteilich erfolgen. Um den Klassenkampf erfolgreich bestreiten zu können, ist es erforderlich, dass der Student die Werke von Marx, Engels und Lenin, sowie die Dokumente der SED und der KPdSU und die drei Bestandteile des Marxismus-Leninismus beherrscht.

Diese Institution der vorgeblichen akademischen Ausbildung von Studenten mit dem Ziel der Indoktrination von Fernsehzuschauern oder Zeitungslesern durch indoktrinierte Journalisten heißt in einer treffenden Bezeichnung „Rotes Kloster. Die Absolventen, fast allesamt SED-Mitglieder, sind in ihrem Beruf später erfolgreich, nicht nur in der DDR, sondern auch in der Bundesrepublik.

Die Leiterin der Stasi-Unterlagenbehörde Marianne Birthler erklärt 2008 in einem Interview mit der „Welt", dass sie sich über die Karrieren mancher SED- und FDJ-Wendehälse wundere, „die noch heute zwischen den Zeilen die DDR verharmlosen (...) und sogar mit Journalistenpreisen bedacht werden."[75] Diese Wendehälse, in den Medienunternehmen der Bundesrepublik tätig, finden bei manchen Kollegen offene Aufnahme, denn nicht wenige Journalisten der Bundesrepublik sind ebenfalls „willige Helfer der DDR-Staatssicherheit", wie der „Spiegel" im Jahr 2001 erkannt hat.[76] Der Mitteldeutsche Rundfunk (MDR) erhält sogar die „Ehrenbezeichnung" als „Stasi-Stadl", denn ein Dutzend Mitarbeiter wird mit der Stasi in Verbindung gebracht.[77]

Eine wichtige Aufklärungsarbeit über die Westmedien und die Stasi hat der Historiker Hubertus Knabe geleistet, der in seinem Buch „Der diskrete Charme der DDR. Stasi und Westmedien" aufdeckt, dass westdeutsche Medien der Stasi bereitwillig zur Hand gegangen sind. Wohlwollend, nachsichtig und schöngefärbt werde die DDR in westdeutschen Medien dargestellt, resümiert der ehemalige ZDF-Moderator Gerhard Löwenthal in einer Rezension des Buches und verweist dabei auf die „ekelerregende Berichterstattung der ‚Zeit' (...) über eine - natürlich inszenierte - Reise durch die DDR."[78]

Auf dieser Reise 1986 hat der Chefredakteur der „Zeit", Theo Sommer, die Nationale Volksarmee der DDR besucht und kann so gut wie keine Unterschiede zur Bundesrepublik feststellen. Ohne jegliche journalistische Einordnung zitiert Sommer die Aussagen der DDR-Soldaten über den „Kampf gegen den Faschismus", die „progressive Zielsetzung der Nationalen Volksarmee", die „Festigung des militärischen Kampfkollektivs".[79] Auf den journalistischen Blick hat auch Gerhard Spörl verzichtet, der über eine Schulstunde in Bad Doberan berichtet, in der Abiturienten der Marxismus-Leninismus nahe gebracht wird. Sätze, wie beispielsweise über die SED („Die SED gehört wie alle marxistisch-leninistischen Parteien zum politisch-ideologischen Überbau der Gesellschaft. Ihrem Handeln geht eine Analyse der Klassenverhältnisse voran; ihr Ziel ist die Veränderung der Wirklichkeit") kann der „Zeit"-Leser ohne jegliche Einordnung zur Kenntnis nehmen.[80]

In acht „DDR-Miniaturen" begeistert sich die „Zeit" über die Zustände in der DDR. „Im betäubten Zustand" nutzt der Poet die Form der Miniatur, um den „Blick auf den Brennpunkt einer Begebenheit zu lenken", erläutert die „Zeit" den Begriff Miniatur.[81] Ob die „Zeit"-Autoren die DDR „im betäubten Zustand" besuchen, lässt sich anhand der ideologisch verbrämten Darstellung in ihrer Wochenzeitung befürchten.

Die Autoren der „Zeit" sind allerdings nicht alleine. Elf Jahre zuvor, 1975, sind vier „Spiegel"-Redakteure die DDR gereist. Auch sie frohlocken über den SED-Staat.

5.3 Der Blick aus dem Westen - Ausblendung der Realität

Die DDR ist „gelöster und gelassener denn je zuvor". Vier „Spiegel"-Redakteure sind mit Scheuklappen in der DDR unterwegs.

1975 öffnet sich die DDR für Besucher aus dem Westen. Vier Journalisten des „Spiegel" nutzen diese Gelegenheit, um ihre Eindrücke aus ihren Reisen in das unbekannte Land zu schildern. Im Fazit übermitteln die Journalisten in der Serie „DDR: Idylle hinterm Todesstreifen" ein positives Bild des Staates, der sich durch Mauern und fast unüberwindliche Grenzen vom Westen abschottet und seine Bewohner mit allen Mitteln, auch durch tödliche Schüsse, vom Verlassen des Staates abhält. Was die Reporter zu dieser Sichtweise veranlasst, ist nur zu mutmaßen, vielleicht ist das Motto des „Spiegel", eine politische Standortbestimmung von Rudolf Augstein in einer Hausmitteilung des Magazins[82] ausschlaggebend für die rosaroten Berichte. 1971 hat Augstein den „Spiegel" als „ein im Zweifelsfall linkes Blatt" erklärt.

Im ersten Teil der Serie entdeckt der „Spiegel"-Reporter und stellvertretende Chefredakteur des Magazins Georg Wolff, übrigens ein ehemaliges NSDAP-Mitglied und ehemaliger SS-Hauptsturmführer[83], in Weimar und Dresden „die Deutsche Demokratische Republik gelöster und gelassener denn je zuvor."[84] Zwar bleibt ihm nicht verborgen, dass das Schloss und die Oper in Dresden sowie die Altstadt und die Frauenkirche Trümmerstätten sind, aber Weimar ist schön, „am schönsten ist die Schillerstraße: Schattende Bäume, Sitzbänke, verkehrsfreie Zone." Allerdings stellt der Autor auch fest, dass die DDR erschöpft ist, seit 30 Jahren schuftet sie unentwegt. Er zitiert einen Direktor, SED-Mitglied, mit der Aussage, dass die berufliche Belastung sehr groß sei, „die bei uns mit gesellschaftlichen Dingen, mit politischer Arbeit sehr eng verbunden ist." Und dazu kämen die Versorgungsprobleme, eine Auskunft, die ohne weitere Erläuterung den Leser ratlos zurücklässt.

Der Schriftsteller Walter Kempowski reist im zweiten Teil der „Spiegel"-Serie[85] nach Rostock, seiner Heimatstadt. Dieser Teil des Berichtes über die DDR enthält noch weniger Informationen als der erste Teil, denn Walter Kempowski verliert sich in vielen Worten und Beschreibungen in der Vorkriegszeit in Rostock und lässt sich von seinen Erinnerungen treiben. Lediglich über die Bausünden in der Retortenstadt „Lütten-Klein", monotone, meist vierstöckige Fertigbauwohnhäuser exakt aufgereiht, informiert dieser Teil der Serie. Und Kempowski beklagt den verhunzten Markt in der Altstadt, die mit „gelbgrauem Staub eingepuderten Halbruinen." Allerdings meint er, ohne Erläuterung, dass „die wilhelminischen Bürger trotz ihrer humanistischen Bildung mehr gesündigt (hätten) als die Leute von der DDR." Begeistert ist Kempowski vom restaurierten Kröpeliner Tor, in dessen Mauern ein Museum eingerichtet ist, das den Aufbau in der DDR illustriert. Eine kurze kritische Bemerkung fällt jedoch an dieser Stelle: „Vielleicht ist (im Museum) noch ein Raum vorhanden, in dem eines Tages ein Modell von Bautzen (dem Konzentrationslager) aufgestellt wird. (Das zu verdauen kann ihnen niemand abnehmen)", schreibt Kempowski nebulös. Kempowski übersieht großzügig, dass Bautzen eine

Sonderhaftanstalt der Staatssicherheit ist, in der Regimekritiker festgehalten werden („Sonderobjekt für Staatsfeinde").

Auch der Journalist Wilhelm Bittorf ergeht sich bei seiner Reise durch Thüringen im dritten Teil der „Spiegel"-Serie[86] in Erinnerungen und ist froh, dass dieses Land nicht zur Bundesrepublik gehört, denn dann hätte der „kapitalistische Fortschritt mit seinen Geißeln Bauwut, Modernisierungswahn und Automanie" in der vertrauten Provinz Verheerungen angerichtet, mit dem Ergebnis, dass „Sparkassen und ‚Spar'-Läden aus Stahl und Glas! Autowerkstätten mit Tankstellen, rostig umkränzt von Unfallwracks!, von ihren Bäumen entblößte, verbreiterte, zu Schnellstraßen begradigte Chausseen!" (mit den Ausrufungszeichen im Originaltext) die ganze Gegend überzogen. Und Bitttorf ist zufrieden, dass alles so ist wie 1937. Im Schaufenster des Metzgerladens seiner Heimatstadt liegt noch das Schweinchen aus Pappmaché, der Laden trägt lediglich die neue Bezeichnung „HO" (Handelsorganisation), die Hildburghäuser Karnickelzüchter sind im „VKSK", dem „Verband der Kleingärtner, Siedler und Kleintierzüchter" organisiert und die Marienstraße heißt jetzt „Straße der deutsch-sowjetischen Freundschaft."

Die Zwangskollektivierung und fehlende Gewerbebetriebe ergeben ein ästhetisch höchst befriedigendes Ergebnis, entzückt sich der Autor.

Wilhelm Bittorf begeistert sich an der „Nichtexistenz von Gewerbetreibenden", die alte Häuser verschandeln und die „einander (in der Bundesrepublik) durch den Einbau extraschicker Friseurgeschäfte und Eisdielen zu übertreffen suchen." Und auch die riesigen Felder der Landwirtschaftlichen Produktionsgenossenschaften empfindet Bittorf im Gegensatz zu vielen „allzu engstirnigen Thüringen-Touristen" als ästhetisch höchst befriedigend, denn die Landschaft habe „jene kleinbäuerliche Flickendecke, die in Hessen und Franken noch auf ihr liegt, kühn von sich geworfen, um die Schönheit ihrer Formen um so strahlender zu enthüllen." Ja, und die endlos über die Hügel sich hinziehenden Getreidefelder liegen da, „wie eine ungeheure nackte Blondine, die sich wohlig an die grüne Sofalehne des Thüringer Waldes schmiegt." Auch unter dem westlichen Überangebot an Waren muss Bittorf in Thüringen nicht leiden, denn in einer Gaststätte gibt es kaum mehr als Graupensuppe für 80 Pfennig und tschechisches Fassbier, eine „Ur-Freude unverhoffter Genüsse."

Die Thüringer sind auch um ihre SED-Zeitung „Freies Wort" zu beneiden, denn diese Zeitung verstünde es, die Diskrepanz zwischen Anspruch und Wirklichkeit bloßzustellen und wirke oft aufklärerischer als viele freie Worte, die im Westen losgelassen würden. „Widrigkeiten sind es, die Witz und Genuss erst hervorbringen", findet Bittorf.

Die Serie „Idylle hinterm Todesstreifen" wird mit einem Beitrag des Journalisten Jörg R. Mettke über die Niederlausitz (DDR-Bezirk Cottbus) abgeschlossen.[87] Mettke hat sich im Gegensatz zu seinen drei Kollegen den klaren Blick bewahrt. Ohne poetische Ausschweifungen berichtet er vom größten Hotel in Cottbus, dem in Plattenbauweise gebauten „Hotel Lausitz", das zwar „gepflegte Getränke" anbietet, dem aber abendelang Orangensaft, Eis und Wodka ausgehen. Cottbuser Doppelkorn ist jedoch im Angebot. Die Landschaft ist geprägt von riesigen Braunkohlengruben und Braunkohlekraftwerken. Ein neues Kraftwerk wird gerade unter dem Einsatz polnischer Arbeiter gebaut, mit denen allerdings nicht die rechte Völkerfreundschaft aufkommt, da sie „wie die Löcher saufen", wie ein deutscher Zimmermann berichtet. Die Emissionen der Kraftwerke schädigen den Wald, der dem „grauen Auswurf des Kraftwerks sehr lange nicht mehr standhalten" werde, schreibt Mettke.

Der Spreewald leidet nur bei ungünstigem Wind unter den Emissionen. Das Touristenziel Spreewald hat das Manko, dass die touristische Infrastruktur noch auf dem Stand ist, den der Mark-Wanderer Theodor Fontane im „Gasthaus Eiche" vorgefunden hat. Er brachte sich einen „Flaschenkorb von bemerkenswertem Umfang" selbst mit. Heute wäre die Selbstversorgung weiterhin angezeigt. Mit Mühe treibt der Besitzer der „Eiche" vier Limos auf. Und an eine Unterbringung von Touristen ist nicht zu denken, denn dafür stehen keine Mittel zur Verfügung. Lediglich Campingplätze könnten das Problem lösen.

Der Spiegel-Korrespondent in der DDR, Jörg R. Mettke, macht sich mit diesem realistischen Beitrag offensichtlich wenig Freunde unter den SED-Genossen. Am 22. Dezember 1975 wird er nach einer „Spiegel"-Titelgeschichte über Zwangsadoptionen in der DDR (Titel: „Kinderraub in der DDR", „Spiegel" 52/1975) aus der DDR ausgewiesen. Die anderen Autoren dieser Serie dürften sich des Wohlwollens der SED-Machthaber sicher sein. Soviel Lob, dazu noch aus dem kapitalistischen Ausland, ist selten.

***

Mielke unterbindet die „staatsfeindliche Hetze".

Eine andere Wirklichkeit der DDR, über die „Spiegel"-Korrespondenten offensichtlich ungern berichten, zeigt sich zum Beispiel in der Tagesmeldung Nr 93/75 der Grenztruppen der Deutschen Demokratischen Republik, Kommando der Grenztruppen, Operativer Diensthabender.[88] Unter dem Datum des 4. April 1975 heißt es zum Punkt „Lage an der Staatsgrenze der DDR zur BRD und zu Westberlin" in der Textziffer 1 „Handlungen des Gegners im eigenen Grenzgebiet": „Am 03.04.1975, 21.45 Uhr, Festnahme durch Anwendung der Schußwaffe mit Todesfolge beim Versuch des Grenzdurchbruches DDR-Westberlin im Abschnitt Zimmerstraße. Bei dem Grenzverletzer handelt es sich um den Halli, Norbert geb. am 24.11.1953, wohnhaft Brandenburg-Plaue (…). Während der Festnahme und der Bergung wurde auf Westberliner Gebiet keine gegnerische Tätigkeit festgestellt."

Am 5. November 1975 schreibt der Kommandeur der Grenztruppen der Deutschen Demokratischen Republik, Grenzkommando Mitte, einen „Bericht über die Anwendung der Schußwaffe im Grenzdienst mit tödlichem Ausgang": „Am 04.11.75 gegen 23.55 Uhr wurde in Sacrow, Weinmeisterweg in Höhe der Konsum-Verkaufsstelle der Lehrling Hennig, Lothar, geb. am 30.06.1954 in Potsdam, wohnhaft Potsdam – Sacrow (…) durch einen Grenzposten (…) nach dreimaligem Anruf und Abgabe eines

Warnschusses durch gezieltes Feuer (1 Schuß) schwer verletzt." Lothar Hennig stirbt noch vor der Einlieferung in ein Krankenhaus.

***

Fast zur gleichen Zeit, als die „Spiegel"-Redakteure freudig über die Idylle in der DDR berichten, erlässt der Stasi-Chef Erich Mielke am 8. August 1975 Anweisungen[89], um die „verantwortungsvollen Aufgaben" aus der KSZE-Schlussakte in Helsinki zu „realisieren", was in der Praxis bedeutet, zu hintertreiben. „Die Leiter der operativen Diensteinheiten haben (…) zu gewährleisten, daß durch eine verstärkte vorbeugende politisch-operative Arbeit geplante feindlich-negative Handlungen im Zusammenhang mit den Ergebnissen der KSZE rechtzeitig festgestellt, aufgeklärt und wirksam unterbunden werden." Dazu soll die „staatsfeindliche Hetze" ausgeschaltet werden, die „politisch-ideologische Diversion" muss vermieden werden, die „Einschleusung von Druckerzeugnissen, in denen die Ergebnisse der KSZE nach westlicher Terminologie interpretiert bzw. verfälscht werden", muss verhindert werden und die Aktivitäten von Korrespondenten nicht sozialistischer Staaten müssen beobachtet werden. Auf sechs Schreibmaschinen-Seiten hat Generaloberst Mielke detailliert angeordnet, wie den feindlich-negativen Handlungen in der Folge der KSZE-Verhandlungsergebnisse begegnet werden soll.

Einen Monat später, am 9. September 1975, macht die „Postzollfahndung" der DDR Vorschläge, wie die in Folge der KSZE-Vereinbarungen zu erwartenden „verstärkten Angriffe des Gegners" mit verstärkter Postkontrolle erwidert werden sollen.[90] Erwartet wird ein „Ausbau der feindlichen Kontakte durch Bürger der BRD, WB (Anm.: Westberlin) und anderer nichtsoz. Länder", indem diese „Kontakte zur Aufklärung, pol.-ideol. Beeinflussung, materiellen Korrumpierung, Abschöpfung und Abwerbung der DDR-Bürger, ihrer Einbeziehung ins Feindsystem und damit der Schaffung von feindlichen Stützpunkten in der DDR zur Realisierung feindlicher Konzeptionen" genutzt werden. Die Postkontrollen sollen „weiter qualifiziert" werden und durch „weitere Zuführung von Kadern" vervollständigt werden. Es soll also mehr Personal eingesetzt werden,

Karteien über „feindlich tätige Einzelpersonen und Institutionen" sollen die Entscheidung erleichtern, welche Post geöffnet wird.

Die Verfassung der DDR garantiert den Bürgern in Artikel 31: „Post und Fernmeldegeheimnis sind unverletzbar". Für das Mielke-Ministerium gilt die Verfassung nicht.

Gerade ist das Schlussdokument in Helsinki mit der Vereinbarung von Erleichterungen und der Förderung des Informationsaustausches zwischen Ost und West unterzeichnet worden, als in der DDR alle Anstrengungen unternommen werden, diese Vereinbarungen zu unterlaufen.

5.4 Spione

Günter Guillaume bittet, seine Offiziersehre (als Spion) zu respektieren.

Eine Urlaubsreise des Bundeskanzlers Willi Brandt nach Norwegen Juli 1973 wird für die politische Situation in der Bundesrepublik eine nachhaltige Änderung bedeuten.

Im Juni 1975 werden vor dem 4. Strafsenat des Oberlandesgerichts Düsseldorf teilweise Einzelheiten dieser Reise und der Versäumnisse der vergangenen Jahre der Sicherheitsbehörden bekannt. Vor Gericht muss sich das Ehepaar Christel und Günter Guillaume verantworten, angeklagt, gemeinschaftlich „Mittelsmännern einer fremden Macht Staatsgeheimnisse mitgeteilt und dadurch die Gefahr eines schweren Nachteils für die äußere Sicherheit der Bundesrepublik herbeigeführt" zu haben.

Günter Guillaume ist seit Oktober 1972 persönlicher Referent des Bundeskanzlers Willi Brandt in SPD-Parteiangelegenheiten. Guillaume ist damit einer der engsten Mitarbeiter Brandts, der den Bundeskanzler auch privat und im Urlaub begleitet. Auch auf der Reise nach Norwegen ist Guillaume dabei. Im Hauptberuf aber ist Guillaume Offizier im besonderen Einsatz des Ministerium für Staatssicherheit der DDR, eine Tätigkeit auf die er offensichtlich stolz ist, denn bei seiner Verhaftung am 24. April 1974 sagt Guillaume: „Ich bin Offizier der Nationalen Volksarmee der DDR und Mitarbeiter des Ministeriums für Staatssicherheit. Ich bitte, meine Offiziersehre zu respektieren."[91]

Jahrelang kann der Spion Guillaume nach seiner angeblichen Flucht aus der DDR seiner Agententätigkeit ungehindert nachgehen. Dass es so weit gekommen ist, erklärt der „Spiegel" mit einer unfähigen Spionageabwehr, die kaum einen Fehler ausgelassen habe und listet in einer 13-seitigen Dokumentation die Versäumnisse der Sicherheitsbehörden auf, die im wesentlichen in einem unkoordinierten Nebeneinander zahlreicher Abteilungen von Verfassungsschutz, Bundesnachrichtendienst, Bundeskriminalamt, Bundesinnenministerium und Bundeskanzleramt bestehen. Im Bundeskanzleramt wird später darauf hingewiesen, dass die Verfahren im Notaufnahmelager keine ausreichende Überprüfung der Flüchtlinge aus der DDR ermöglicht haben und Guillaume daher nicht habe ausreichend überprüft werden können. Nur zufällig wird Guillaume enttarnt, weil einem Oberamtsrat im Bundeskanzleramt auffällt, dass der Name Guillaume im Zusammenhang mit mehreren Spionagefällen auftaucht.

Guillaume ist ein echter Sozialdemokrat, „kleinkariert und beflissen", sagt der Sozialdemokrat Horst Ehmke.

Jetzt, mit Beginn des Prozesses gegen die Eheleute Guillaume, besteht wenig Hoffnung, dass Licht in die Versäumnisse der Behörden kommt, denn immer wieder verhindern geheimhaltungswürdige Staatsschutzinteressen die Aufklärung. Und kaum jemand unter den Zeugen erinnert sich an Guillaume, so wie Horst Ehmke, ehemals Kanzleramtschef: „Ich kenn´ den Mann kaum, ich hab´ ihn nur einmal im Kanzleramt gesehen" und ergänzt: „Böse Zungen behaupten, er sei ein echter Sozialdemokrat gewesen - kleinkariert und beflissen."[92]

Günter Guillaume wird im Dezember 1975 wegen Landesverrats zu 13 Jahren Freiheitsstrafe verurteilt, seine Frau zu acht Jahren. Das Ehepaar wird im Rahmen eines Agentenaustauschs 1981 vorzeitig entlassen und kann in die DDR zurückkehren, wo die beiden Spione als „Kundschafter des Friedens" mit dem Karl-Marx-Orden geehrt werden. Mit der Auszeichnung dieses höchsten Verdienstordens der DDR, für besondere Verdienste beim planmäßigen Aufbau des Sozialismus verliehen, befinden sich die Spione in solch illustrer Gesellschaft von Ordensträgern wie Leonid Breschnew, Erich Mielke, Erich und Margot Honecker oder der Justizministerin und Vorsitzenden mehrerer Schauprozesse, Hilde Benjamin. Die Nomenklatura der DDR erhält die Auszeichnung mehrmals, die Spione nur einmal. Günter Guillaume wird jedoch zum Oberst im Ministerium für Staatssicherheit befördert, Christel Guillaume zum Oberstleutnant.

In der Bundesrepublik gibt es kein großes Aufsehen mehr nach den Strafurteilen gegen das Ehepaar Guillaume. Die politischen Konsequenzen aus Guillaumes Agententätigkeit sind schon vorher gezogen worden, denn Bundeskanzler Willi Brandt ist am 6. Mai 1974 zurückgetreten und hat die Verantwortung für den Spionagefall übernommen. Im Fernsehen begründet Brandt seinen Rücktritt mit den Worten: „Was immer mir an Ratschlägen gegeben worden war, ich hätte nicht zulassen dürfen, dass während meines Urlaubs in Norwegen im Sommer vergangenen Jahres auch geheime Papiere durch die Hände des Agenten gegangen sind. Es ist und bleibt grotesk, einen deutschen Bundeskanzler für erpressbar zu halten. Ich bin es jedenfalls nicht."

Später wird deutlich, dass die Entlarvung Guillaumes als Spion der Anlass für den Rücktritt Brandts ist, nicht aber die Ursache, die Brandt im Nachhinein damit beschreibt, dass er „kaputt" gewesen sei.

***

Erich Mielke muss im November 1975 auch noch auf den Einsatz eines weiteren Informellen Mitarbeiters in der Bundesrepublik verzichten, der, um seiner Verhaftung wegen seiner Agententätigkeit zu entgehen, aus der Bundesrepublik in die DDR flieht.

„Sehr geehrter Herr Minister" beginnt ein Fernschreiben der (westdeutschen) Katholischen Nachrichten-Agentur KNA, des ehemaligen Arbeitgebers dieses Agenten, an Erich Mielke.[93] Weiter heißt es: „Am Feste Allerheiligen, 1. November dieses Jahres, ist uns unser langjähriger Mitarbeiter *** abhanden gekommen. Wie Generalbundesanwalt Buback inzwischen mitgeteilt hat, stand Herr *** in den Diensten Ihres Hauses und ist inzwischen in seine Heimat zurückgekehrt." Im Folgenden beklagt die KNA, dass der Mitarbeiter keinen „Ausstand", zum Beispiel in Form einer Einladung zu einem Umtrunk gegeben habe, weil „Herr *** aus Ihnen sicherlich bekannten Gründen dazu keine Gelegenheit hatte."

„Wir gestatten uns, an Sie, sehr geehrter Herr Minister, die höfliche Anfrage zu richten, ob Sie gewillt wären, an Herrn *** Statt die Mitarbeiter der Katholischen Nachrichten-Agentur zu einem 'Ausstand' in der oben näher beschriebenen Form einzuladen", denn „ohne Zweifel käme dies der bewährten Zusammenarbeit unserer Häuser sehr zustatten."

Im Postskriptum äußert die KNA eine weitere Bitte: „Zur Übermittlung unserer Neujahrswünsche benötigen wir die neue Anschrift von Herrn ***." Eine Reaktion von Erich Mielke ist nicht bekannt. Dass er sich an der subtilen feinen Ironie dieses Schreibens erfreut hat, ist unwahrscheinlich, denn sein Auftreten und seine Sprache in endlosen Monologen im Bürokraten-Deutsch vor seinen gepeinigten Zuhörern deuten eher darauf hin, dass ihm der Zugang zum Verständnis von Scherz und Satire fehlt.

***

Zur DDR-Wirklichkeit gehört auch der Paragraph 213 des Strafgesetzbuches, der den „ungesetzlichen Grenzübertritt" mit Strafe bedroht. „Wer widerrechtlich die Staatsgrenze der Deutschen demokratischen Republik passiert (…), wird mit Freiheitsstrafe bis zu zwei Jahren oder mit Verurteilung auf Bewährung, Haftstrafe oder mit Geldstrafe bestraft", heißt es im „Republikflucht"-Paragraphen. Im besonders schweren Fall beträgt die Freiheitsstrafe 1975 fünf Jahre. Der Versuch ist strafbar.

Im ehemaligen „Sächsischen Weiberzuchthaus", später als „Strafvollzugseinrichtung Stolberg (Hoheneck)" bezeichnet, sitzen Mitte der 1970er Jahre bis zu 1600 weibliche Häftlinge ein, die unter menschenunwürdigen Bedingungen eingesperrt sind. Etwa die Hälfte von ihnen sind „Republikflüchtlinge", die anderen Häftlinge sind wegen krimineller Straftaten verurteilt worden. Der politische Strafvollzug hat das Ziel, das ungesetzliche Verlassen der DDR einzudämmen und DDR-Gegner systematisch aus dem gesellschaftlichen Leben zu entfernen.

Selbst in diesem abgeschlossenen Gefängnisbereich befürchtet die Stasi weitere Straftaten politischer Häftlinge und hat daher unter den Gefangenen, vor allem unter den kriminellen Gefangenen, zahlreiche Spitzel geworben, die von einer eigens gegründeten MfS-Operativgruppe „Hoheneck" geführt werden.[94] Selbst triviale Details, die aus Sicht des MfS sicherheitsrelevant sein könnten, werden erfasst und in schriftlichen Berichten an die Führungsinstanzen weitergegeben und in der „ZAIG", der Zentralen Auswertungs- und Informationsgruppe, ausgewertet.

Die geheimen Berichte der Zentralen Auswertungs- und Informationsgruppe enthalten ein breit gefächertes Spektrum von großen und kleinen Schwierigkeiten in der DDR, Hinweise auf vermeintliches oder wirkliches oppositionelles Verhalten, Statistiken über Devisenumtausch, Ausreise und Fluchtfälle. Die Stasi ist vor allem bestrebt, politisch abweichendes Verhalten und sicherheitsrelevante Probleme aufzudecken, aber auch ihre Ergebenheit gegenüber der SED und ihre politisch-ideologische Festigkeit unter Beweis zu stellen. Insofern sind Berichte über politische Stimmungen und Missstände auch mit Halbwahrheiten oder tendenziösen Ergänzungen gefärbte Selbstvergewisserungen der Stasi und nicht nur objektive Berichterstattungen.[95] Deutlich wird aus den geheimen Berichten, dass kein Bereich des öffentlichen oder privaten Lebens der Bewohner der DDR, selbst in Gefängnissen, vor den Ausspähungen der Mielke-Behörde sicher ist.

***

Die DDR ist Opfer ihrer eigenen Mechanismen. Aber sie ist kein Unrechtsstaat, singt Gregor Gysi noch im Nachhinein das Loblied.

Im August 2009 veröffentlicht die „Bundesbeauftragte für die Unterlagen des Staatssicherheitsdienstes der ehemaligen Deutschen Demokratischen Republik", Marianne Birthler eine Dokumentation mit dem Titel „Die DDR im Blick der Stasi - Die geheimen Berichte an die SED-Führung 1953-1989". Im Geleitwort zu dieser Veröffentlichung kommt Marianne Birthler zu dem Ergebnis, dass die Herrschenden Gefangene ihrer Ideologie geworden sind.

Marianne Birthler schreibt: „Man kann an den Berichten ablesen, was es bedeutet, wenn eine Gesellschaft allein durch eine Partei beherrscht und wenn die Struktur der Öffentlichkeit durch eine omnipräsente Geheimpolizei geprägt wird: beide – Partei und Geheimpolizei – werden letztlich Opfer ihrer eigenen Mechanismen. Das Beispiel der DDR zeigt, dass es für eine Gesellschaft zerstörerisch ist, wenn die Herrschenden vor allem aus Geheimdienstmaterialien erfahren, wie die Bevölkerung die Auswirkungen ihrer Politik wahrnimmt. Die Herrschenden werden Gefangene ihrer selbst geschaffenen Mythen und Ideologien; sie sind offenbar unfähig, unangenehme Realitäten zu erkennen, geschweige denn darauf zu reagieren. Am Beispiel der DDR kann man darüber hinaus lernen, dass eine Gesellschaft aus sich heraus zur Reform unfähig ist, wenn die Menschen keine Möglichkeit haben, sich offen auszutauschen und die öffentlichen Angelegenheiten gemeinsam und demokratisch zu gestalten. Insofern zeigt es auch den Wert von Meinungs-, Presse- und Informationsfreiheit."[96]

Zur demokratischen Gestaltung des Landes tragen die politischen Parteien bei. Erstaunlich ist, dass die SED das Ende der DDR sehr gut überstanden hat und heute in allen ostdeutschen Bundesländern in den Parlamenten vertreten und im Deutschen Bundestag stärkste Oppositionspartei ist. Allerdings erfährt die SED nach dem Ende der DDR mehrere Namensänderungen. Die Genossen machen zuerst weiter unter dem Namen „Sozialistische Einheitspartei Deutschlands - Partei des Demokratischen Sozialismus", dann als „Partei des Demokratischen Sozialismus", anschließend als „Linkspartei. Partei des Demokratischen Sozialismus".

Heute trägt die SED den Namen „Die Linke", ist aber immer noch die alte SED, wie der Bundesschatzmeister der „Linken", Karl Holluba, in einem Prozess vor dem Berliner Landgericht an Eides Statt erklärt: „‚Die Linke' ist rechtsidentisch mit der ‚Linkspartei.PDS"' die es seit 2005 gab, und der PDS, die es vorher gab, und der SED, die es vorher gab."[97]

Der Fraktionsvorsitzende der „Linken" im Deutschen Bundestag, Gregor Gysi, sieht selbst im Jahr 2014, 25 Jahre nach dem Ende der SED-Herrschaft, in der DDR keinen Unrechtsstaat. „Es stimmt eben nicht, dass, wenn man kein Rechtsstaat ist, dass man dann automatisch ein Unrechtsstaat ist."[98] Manche wollen oder können nicht dazulernen. Das gilt auch für die heutigen Wähler der Partei, die - unter anderem Namen - gute 40 Jahre lang 17 Millionen Deutsche in der DDR unterdrückt hat.

6. Europäische Gemeinschaft

Der Europäische Zusammenschluss hat sich, beginnend in den 1950er Jahren, bis 1975 immer weiter entwickelt. Der Weg geht von der Europäischen Gemeinschaft für Kohle und Stahl (1951) über die Europäische Wirtschaftsgemeinschaft (1957) zur Europäischen Gemeinschaft (1967). Die sechs Gründungsstaaten (Belgien, Bundesrepublik Deutschland, Frankreich, Italien, Luxemburg und die Niederlande) bleiben anfangs unter sich. Der Umfang der wirtschaftlichen Zusammenarbeit wird in den 1970er Jahren allmählich ausgeweitet. 1973 treten drei weitere Länder (Dänemark, Großbritannien und Irland) dem inzwischen als Europäische Gemeinschaft (EG) bezeichneten Zusammenschluss bei.

***

Die Europäische Gemeinschaft ist 1975 ein „Alptraum", der sich später zur realen Heimsuchung entwickelt.

Der „Spiegel"[99] bezeichnet den Zustand der Europäischen Gemeinschaft als „Alptraum", charakterisiert die EG mit neun Mitgliedern für die Mehrheit der 255 Millionen Einwohner als unverständlich und findet für die EG die Bezeichnung „Monstrum". Zahlreiche Ministerräte gibt es in der EG, den Rat der Außenminister, den Rat der Sozialminister, den Rat der Landwirtschaftsminister, den Rat der Entwicklungshilfeminister, den Rat der Finanzminister und jedes Ministerium, das auch nur entfernt mit Europa zu tun hat, bildet einen weiteren Rat.

Die Entscheidungen in den Räten müssen nicht miteinander kongruent sein. So beschließen die EG-Außenminister Agrar-Einfuhrerleichterungen für die nordafrikanischen Maghreb-Staaten in die EG, die EG-Landwirtschaftsminister einigen sich zum gleichen Zeitpunkt auf Einfuhrsperren aus den Maghreb-Staaten. Die Außenminister wollen die Entwicklungshilfe aufstocken, die Finanzminister haben dafür kein Geld.

Um Ordnung in dieses Durcheinander zu bringen, sollen Beschlüsse von einer neuen Institution getroffen werden, dem Europäischen Rat, in dem die Regierungschefs die politischen Richtlinien der Gemeinschaft formulieren. Helmut Schmidt hält dies für erforderlich, weil in den 18 Jahren seit Bestehen der Gemeinschaft das Nord-Süd-Gefälle immer noch nicht aufgehoben sei. Die Gemeinschaft habe sich stark auseinander entwickelt, die „dekretiven Akte, die räsonierenden Resolutionen (seien) alles Aktivitäten einer Scheinintegration gewesen." Der „Spiegel"-Artikel über „Europa '75" beginnt übrigens mit den Zeilen: „Ausgelaugt von eigenbrötlerischem Nationalismus, zerfranst von wirren Marktordnungen - Europas Wirtschaftsgemeinschaft heute: Alptraum der Polit-Idealisten, unverstanden und ungeliebt vom Bürger." Das ist 40 Jahre später nicht anders.

Der „Verein von Fußkranken" wird um einen „Lahmen" bereichert: Griechenland will in die europäische Gemeinschaft.

Am 12. Juni 1975 stellt ein weiteres Land den Antrag auf Beitritt zur Europäischen Gemeinschaft: Griechenland. Das Land hat zu diesem Zeitpunkt nach einer Diktatur bis 1974 einige Schritte zu einem demokratischen Staat gemacht, ist jedoch weit von einer stabilen Demokratie entfernt. Die wirtschaftliche Lage des Landes ist desolat. Die „Zeit" bringt die Lage auf den Punkt: „Die Mitgliedschaft der Griechen erscheint (…) so nützlich wie die Aufnahme eines Lahmen in einen Verein von Fußkranken, der um seinen Aufstieg in die erste Liga kämpft."[100] Der griechische Minister für Koordinierung und Wirtschaftsplanung verspricht, Dynamik und Enthusiasmus in die Gemeinschaft zu tragen. Dabei vergisst er zu sagen, dass griechische Regierungen „vollkommen nepotistisch und korrupt sind."[101] Die Familien Papandreou, Karamanlis und Mitsotakis regieren Griechenland jahrzehntelang und haben das Land mit einem „dicht geknüpften Netz von Patronage und Vetternwirtschaft überzogen", schreibt die Landeszentrale für politische Bildung in Baden-Württemberg und ergänzt, dass die Vetternwirtschaft den öffentlichen Dienst aufgebläht habe und aufgrund der Inkompetenz jeden wirtschaftlichen Aufschwungversuch wirksam abwürge.

Bundeskanzler Helmut Schmidt unterstützt die Aufnahme Griechenlands in die europäische Gemeinschaft vorbehaltlos. Dies steht im Widerspruch zu der Behauptung, Schmidt habe, als er von der Bewerbung Griechenlands um Aufnahme in die EG hörte, gesagt: „Nur über meine Leiche." Über den vehementen Widerstand Schmidts berichtet der griechische Außenminister Petros Molyviatis, der es von dem luxemburgischen Ministerpräsidenten Gaston Thorn gehört haben will, der zufällig gerade beim Bundeskanzler im Büro gesessen haben soll, als die Bewerbung Griechenlands bekannt wird.[102]

Ob mit oder ohne Zutun oder sogar Widerstand des Bundeskanzlers: Griechenland wird Mitglied der Europäischen Gemeinschaft.

***

Bei der Entscheidung, ob Großbritannien in der europäischen Gemeinschaft bleibt, wird, damals wie heute, viel gelogen.

Großbritannien ist bereits seit zwei Jahren Mitglied der Europäischen Gemeinschaft. Schon 1975 aber sollen die Briten die Frage beantworten: „Glauben Sie, dass das Vereinigte Königreich im Gemeinsamen Markt bleiben sollte?" Als Information erhalten die Wähler unter anderem zwei Broschüren, eine, die die Argumente liefert, mit „Nein" zu stimmen, die andere mit den Argumenten für ein „Ja". Die grundsätzliche Frage bei dem Referendum sei es, ob die Briten frei bleiben, sich selber zu regieren. („The fundamental question is whether or not we remain free to rule ourselves in our own way").

Wenn Großbritannien im gemeinsamen Markt bliebe, wären höhere Lebensmittelpreise die Folge, denn das Land könne nicht mehr dort Lebensmittel einkaufen, wo sie weltweit am günstigsten zu beschaffen sind, sondern es müssen Lebensmittel in der Gemeinschaft gekauft werden, in der die Preise künstlich hoch gehalten werden, um die ineffiziente Landwirtschaft des Kontinents zu stützen. Arbeitsplätze wären in Gefahr, weil die Industrie in südliche EG-Länder abwandern würde. Am Ende der Entwicklung wäre Großbritannien eine Provinz im gemeinsamen Markt, in dem kein von den Briten gewähltes Parlament noch einen Einfluss hätte. Das mag für einige Länder des Kontinents akzeptabel sein, die noch kürzlich von Diktatoren regiert, besiegt oder besetzt waren, nicht aber für die Briten. Ein „Nein" bedeute Frieden, Stabilität und Unabhängigkeit.

Die Broschüre für die „Ja"-Argumente betont, dass die Freunde Großbritanniens sich für ein „Ja" aussprächen. Das alte Commonwealth mit Australien, Kanada und Neu Seeland wäre für den Verbleib Großbritanniens der EG, das neue Commonwealth mit 34 Regierungen ebenso wie auch die Vereinigten Staaten und die Mitglieder der Europäischen Gemeinschaft. Ohne die Gemeinschaft wäre Großbritannien alleine in einer brutalen, kalten Welt ohne Freunde, heißt es mit Appell an die Emotionen der Wähler. Als weiteres weiches Argument muss herhalten, dass die Eigenheiten der Völker in der Europäischen Gemeinschaft erhalten bleiben werden: Franzosen müssen keine deutschen Speisen essen und Niederländer müssen kein italienisches Bier trinken. Auch sei sichergestellt, dass die Königin weiterhin Souverän im Vereinigten Königreich und Oberhaupt im Commonwealth bliebe. Eine Gefahr für steigende Lebensmittelpreise bestünde nicht, wird die Ministerin für Preise und Verbraucherschutz, Shirley Williams, in der Broschüre zitiert.

Die Kampagne für den Verbleib Großbritanniens in der Europäischen Gemeinschaft überzeugt die Wähler: 67,2 Prozent stimmen für den Verbleib mit „Ja", 32,8 Prozent mit „Nein". Die Briten wollen nicht alleine ohne Freunde in der brutalen, kalten Welt bestehen.

41 Jahre später wird erneut in Großbritannien über den weiteren Verbleib des Landes in der Europäischen Union abgestimmt. Die Wähler entscheiden sich für den „Brexit", den Austritt aus der Europäischen Union.

Einer benennt die Probleme der europäischen Gemeinschaft in einem Bericht offen ohne zu schwurbeln: Leo Tindemans. Er erhält großes Lob in der Öffentlichkeit, die Politiker entsorgen seine Analyse umgehend als Altpapier.

Das Interesse der Bevölkerung an der Europäischen Gemeinschaft ist 1975 in den Mitgliedsländern trotz der Zustimmung des Verbleibs Großbritanniens in der Union gering. Die Entwicklung einer europäischen Integration stagniert. Daher beauftragen die neun Regierungschefs der Mitgliedsländer den belgischen Ministerpräsidenten Leo Tindemans, einen Zustandsbericht über die Gemeinschaft mit Empfehlungen für eine Gesamtkonzeption Europas vorzulegen. Am 29. Dezember 1975 wird dieser Bericht den Mitgliedern des Europäischen Rats, den Regierungschefs und Außenministern der EG-Staaten, überreicht und später veröffentlicht.[103]

Tindemans´ Bericht erfährt eine allgemeine öffentliche Zustimmung durch die Regierungen der EG, aber auch in den Medien. „Die Bundesregierung betrachtet den Bericht des belgischen Ministerpräsidenten Tindemans als ein konstruktives und realistisches Konzept für Europa", sagt Regierungssprecher Klaus Bölling in der Bundespressekonferenz am 7. Januar 1976. Das ist aber nur die Reaktion für die Öffentlichkeit. In einem Telefon-Gespräch mit dem französischen Staatspräsidenten Giscard d´Estaing am 14. Januar 1976 bekennt Helmut Schmidt, in einer Sitzung des Bundeskabinetts sei über den Tindemans-Bericht gesprochen worden, er selber habe allerdings den Bericht noch nicht gelesen. Der Regierungssprecher habe „einige anerkennende, aber unverbindliche Worte zur Wertung des Tindemans-Berichts gesagt."

Giscard hält zwar die Problembeschreibung der Europäischen Gemeinschaft für „offen und klug", in der Substanz sei der Bericht jedoch nicht sehr befriedigend. Giscard bemerkt, es sei „mit Fleiß klassisches Denken ohne viel Intelligenz und neue Ideen verarbeitet worden." In der Öffentlichkeit aber solle der Bericht als „wichtiger Beitrag, der eine nähere Prüfung erfordere" ausgegeben werden.[104] Das Ergebnis einer Prüfung steht schon jetzt fest: Tindemans hat eine „ärgerliche Neigung zur Supranationalität. Das ist nicht mehr das Europa der Vaterländer, sondern das Europa der Parteien. (…) Unsere Antwort ist „Nein"", heißt es in der französischen (gaullistischen) Zeitung „Lettre à la Nation".[105]

Wie eng der französische Staatspräsident Valéry Giscard d´Estaing und der deutsche Bundeskanzler Helmut Schmidt zusammenarbeiten, soll eine Karikatur des Zeichners Fritz Wolf zeigen: Eine ziemlich heruntergekommene schwindsüchtige „Europa" sitzt auf einem Stuhl vor den „Ärzten" Giscard und Schmidt, die mit einem gemeinsamen Stethoskop „Europa" abhorchen. „Über die Diagnose sind wir uns einig, jetzt müssen wir uns nur noch über die richtige Therapie verständigen", stellen die Doktoren fest. Das aber ist nicht ganz einfach, weil die wirtschaftliche Situation sehr unterschiedlich ist.

Der französische Karikaturist Jacques Faizant zeichnet Giscard und Schmidt im „Figaro" auf einem Flughafen, als Schmidt gerade in ein Flugzeug steigt. Giscard, abgerissen mit geflicktem Anzug wie ein Bettler gekleidet, ruft dem Kanzler vor der Gangway zu: „S´il y a du nouveau, je vous appelle..." und fügt hinzu „en P.C.V." („Wenn es etwas Neues gibt, rufe ich Sie an … per R-Gespräch", bei dem der Angerufene die Telefonkosten trägt). Giscard kann noch nicht einmal die Telefonkosten bezahlen, weil Frankreich unter einer galoppierenden Inflation leidet, ein deutliches Zahlungsbilanzdefizit hat und in einer tiefen Rezession steckt. Die Bundesrepublik dagegen prosperiert, selbst wenn auch in Deutschland wirtschaftliche Schwierigkeiten zu meistern sind. Unter diesen Umständen erscheint es besonders mühevoll, ein gemeinsames Europa weiter zu entwickeln.

Leo Tindemans kommt zu der Feststellung, dass die „europäische Öffentlichkeit im Laufe der Jahre den Faden verloren hat, dass sie die politische Übereinstimmung unserer Länder (…) vermisst." Und weiter: „Es ist also nicht verwunderlich, dass die Gemeinschaft unter dem Druck des überall spürbaren Wiedererstarkens eng nationaler Belange zerbröckelt, um so mehr, als diese Gemeinschaft in ihrer heutigen Form unausgewogen ist. (…) Ein unvollendetes Bauwerk kann dem Zahn der Zeit nicht standhalten; es muss fertiggestellt werden, sonst zerfällt es. (…) Wir müssen uns anhören, was unsere Völker zu sagen haben. Was wollen die Europäer?" Um zu verhindern, dass „unseren Kindern eine dekadente Gesellschaft vererbt" wird, fordert Tindemans mehr Transparenz, Dezentralisierung und Konsultation in der öffentlichen Verwaltung, ein technokratisches Europa müsse verhindert werden, indem die Europäische Union bürgernah wird.

Darüber hinaus vermisst Tindemans eine deutliche Bestimmung der Ziele und des Inhalts der Europäischen Union. Sein Versuch zur Konkretisierung der Ziele bleibt allerdings auch sehr vage, indem er die „gemeinsame Kraft in den Dienst von Gerechtigkeit und Recht in der Welt" stellen und eine gemeinsame Politik im Wirtschafts- und Währungsbereich erreichen will oder eine „wirksame Solidarität unserer Völker" benennt. Als gemeinsames Entscheidungszentrum soll der Europäische Rat gestärkt werden, damit eine einheitliche Politik der Europäischen Union ermöglicht wird.

Konkreter wird Tindemans in den Vorschlägen zu einer neuen Weltwirtschaftsordnung, den Beziehungen zwischen Europa und den USA, der Sicherheit und den Krisen in der unmittelbaren geografischen Umgebung Europas. Die neue Weltwirtschaftsordnung bezieht sich allerdings im wesentlichen auf die Beziehungen zu den Ländern der Dritten Welt, die Beziehungen zu den USA sollen auf dem Grundsatz der Gleichheit beruhen und frei von jedem Anschein der Abhängigkeit sein, die Sicherheit Europas soll durch eine gemeinsame Verteidigungspolitik verbessert werden. Wenig konkret wiederum behandelt Tindemans den letzten Punkt der Bewältigung von Krisen in der „unmittelbaren geografischen Umgebung": eine gemeinsame Politik sei erforderlich.

Im folgenden Jahr erhält Leo Tindemans den „Internationalen Karlspreis zu Aachen". Die ihm überreichte Urkunde dokumentiert: „Am Himmelfahrtstag, dem 27. Mai 1976, wurde im Krönungssaal des Rathauses, der früheren Kaiserpfalz zu Aachen, der Internationale Karlspreis für das Jahr 1976 dem Ministerpräsidenten des Königreichs Belgien, Leo Tindemans, verliehen, dem Europäer, dessen unerläßlicher Einsatz für die Einheit Europas sich in seinem im Jahre 1975 verfaßten zukunftsweisenden Bericht über die erstrebte Europäische Union niederschlägt. Er zeichnet den Weg vor, der heute fern jedes nationalen Egoismus zu diesem Ziele führen kann und unsere freiheitliche Zukunft sichert." Tindemans aber sieht die Zukunft der Europäischen Union skeptisch. In seiner Ansprache zur Verleihung des Karlspreises stellt er resignierend fest, dass man auf dem jüngsten Treffen der Europäischen Rates zur Konvergenz einiger Aspekte der Wirtschafts- und Währungspolitik sich „selbst zur kleinsten Anstrengung" nicht durchringen kann.

In seiner Rede zur Preisverleihung beschreibt Tindemans ein Bild Europas mit Worten, die heute wegen Verstoßes gegen die „political correctness" zu einem Aufschrei in breiten Teilen der Medienwelt führen würde. Europa, von der Lage her nach allen Seiten offen und allen zugänglich, verdanke seine Existenz nur seinem Glauben an sich selbst. „Keine politische und keine militärische Macht, sondern die von der Kirche ausgehende geistige Kraft verlieh Europa die Stärke, zum Beispiel das Trauma der Barbareneinfälle zu überwinden." Und im Zeitalter der Renaissance brechen europäische Völker zur Entdeckung der Welt auf, beseelt von einem gemeinsamen Glauben, fährt Tindemans fort. Jetzt jedoch leide Europa an einer moralischen und geistigen Krise, weil es Gefahr laufe, „den Sinn für jene kulturelle Eigenständigkeit zu verlieren, die stets seine wahre Größe ausmachte. Denn Nachahmung auf kulturellem Gebiet würde für Europa mit Sicherheit den Untergang bedeuten." Und weiter: „Das Christentum des Mittelalters, der geistige Aufschwung der Renaissance und der Aufklärung, die Blüte der Romantik, das Aufkommen des Sozialdenkens - dies alles ist das Produkt einer glücklichen Kreuzung von Ideen der besten europäischen Denker. Sie kannten keine Grenzen, und deshalb ist Europa zunächst einmal eine kulturelle Gemeinschaft. Europa muß dies wieder werden."

Im Ergebnis aber bleibt alles beim Alten. Europa findet nicht zur früheren Stärke und ist nicht reformierbar. Das ist bis heute so geblieben.

***

Helmut Schmidt spottet häufig über die europäische Bürokratie und die europäischen Kommissare. Er hätte manches doch ändern können?

Die Bürokratie Europas aber gedeiht weiterhin gut. Bundeskanzler Helmut Schmidt klagt, dass er dreimal soviel Unterschriften unter rechtswirksame Akte aus Brüssel als unter Verordnungen der Bundesregierung zu setzen habe. „Mir war aufgefallen, daß es mir unmöglich ist, mir auch nur einen blassen Schimmer einer Ahnung von dem Inhalt all dieser Verordnungen und Erlasse zu machen", zitiert der „Spiegel" den Kanzler.[106] Über 3500 Verordnungen sondern die 7300 Beamten und Angestellten in der Brüsseler Bürokratie im Jahr ab, darunter Erlasse wie die „Bestimmung von gemeinsamen Normen für den Wassergehalt in Schlachtkörpern von Hühnern" oder den „Verkehr mit Beta-Rübensaatgut" stellt der „Spiegel" maliziös mit einem Anflug von Resignation fest.

Helmut Schmidt versucht, die „gespenstischen Entscheidungsstrukturen" („Spiegel") zu durchbrechen, indem künftig die Regierungschefs der Gemeinschaft Entscheidungen treffen. Dabei dürfte der Bundeskanzler aufgrund der deutschen Wirtschaftsmacht eine Führungsrolle der Bundesrepublik im Sinn haben. Die ökonomische Situation der Bundesrepublik ist trotz einer für deutsche Verhältnisse hohen Inflationsrate und gebremstem Wachstum im Vergleich zu den übrigen acht Staaten der europäischen Gemeinschaft hervorragend. Italien hat eine jährliche Inflationsrate von fast 19 Prozent, Großbritannien von 17 Prozent und Frankreich im Mittelfeld liegend von über 14 Prozent. Die Bundesrepublik steht mit einer Inflationsrate von knapp 7 Prozent als Musterschüler da. Fast alle Länder haben ein Zahlungsbilanzdefizit. Großbritannien ist führend mit fast 10 Milliarden Dollar, gefolgt von Italien mit fast 9 Milliarden Dollar und Frankreich mit 6 Milliarden Dollar. Die Bundesrepublik hat einen Zahlungsbilanz-Überschuss von 7 Milliarden Dollar (alle Zahlen für 1974).

Der Bundeskanzler, später als „Weltökonom" halb spöttisch, halb bewundernd bezeichnet, erklärt den Deutschen seine Sicht der wirtschaftlichen Zusammenarbeit in der europäischen Gemeinschaft, indem er die Zahlungen der Bundesrepublik in die Gemeinschaft zur Stützung der europäischen Bauern oder einen Fünf-Milliarden-Mark-Kredit der Deutschen Bundesbank an Italien als notwendig im eigenen Interesse erklärt. Der Kredit an Italien beispielsweise sei erforderlich, weil im Fall der Zahlungsunfähigkeit der Nachbarländer „wir dann nicht mehr exportieren können, dann werden unsere Arbeiter arbeitslos."

Kurzfristig ist die Politik des Bundeskanzlers erfolgreich, langfristig ist sie jedoch verheerend, da notwendige Anpassungsprozesse zur Verbesserung der wirtschaftlichen Lage Italiens unterbleiben und das Ansehen des Kreditgebers leidet, weil der Gläubiger auf der Rückzahlung des Kredites besteht. Dieser, wobei die Betonung auf „dieser" liegt, dieser Kredit wird tatsächlich später zurückgezahlt, denn der Kanzler hat als Sicherheit den Anspruch auf Goldreserven der italienischen Notenbank verlangt. Allerdings wird die Hartherzigkeit der Deutschen beklagt, von denen wie in der Vergangenheit ein größeres Entgegenkommen zur Überwindung der Krise Italiens erwartet wird, indem auf eine Rückzahlung verzichtet wird. Italiens wirtschaftliche und politische Lage ist äußerst wackelig. Die Regierung des christdemokratischen Ministerpräsidenten Mariano Rumor ist die 32. Regierung nach dem Krieg, wilde und offizielle Streiks lähmen die Wirtschaft, die Bürokratie verzehrt die Steuereinnahmen und die Regierungen erkaufen sich Wählerstimmen mit schuldenfinanzierten Wohltaten. Der Bundeskanzler ermöglicht also mit der Kreditvergabe ein „weiter so", ohne dass ein Anlass für tatsächliche Reformen des Landes bestünde. Ein marodes Land kann nicht mit Krediten gerettet werden, wenn der Wille zu Veränderungen fehlt.

Die überbordende Bürokratie der Europäischen Gemeinschaft ist im Vergleich zur Bürokratie Italiens immer noch hocheffizient.

***

Der deutsche Bundeskanzler tritt häufig als überzeugter Europäer auf. Aber auch Helmut Schmidt überkommt von Zeit zu Zeit eine Phase der Resignation, ob das Projekt Europa Krisen erfolgreich überstehen oder sogar weiter entwickelt werden kann. Schmidt selbst beginnt eine Rede vor dem Royal Institute of International Affairs in London mit der „vielleicht frivolen Bemerkung: Europa lebt - aber mir scheint, es lebt von Krisen."

Die Außenpolitische Bundeskonferenz der SPD nutzt der SPD-Bundeskanzler am 17. Januar 1975, um in der Eröffnungsrede seinen Eindruck über die Situation Europas den Parteigenossen zu vermitteln. Helmut Schmidt erkennt die Schwierigkeit, den eigenen Bürgern klarzumachen, „dass manches, was wir uns vielleicht leisten könnten, wir uns nicht leisten dürfen, weil unsere europäischen Partner diese Leistungen von uns bekommen sollen und nicht die eigenen Bürger."

Schmidt hofft jedoch auf eine Partnerschaft und auf kooperatives Handeln in Europa. Aber die „Hoffnung muss sich paaren mit dem Mut, mit der Beharrlichkeit, mit der Vernunft und mit der Treue zu den Prinzipien, nach denen man angetreten ist", zitiert der Kanzler sich selber aus einer Rede auf dem SPD-Parteitag 1966 in Dortmund. Wenn er jedoch an das „Kleinkarierte und an das schrecklich Ermüdende" in Brüssel denke, den „täglichen kleinkarierten Streit um zum Teil sehr kleinkariert aufgemachte Probleme", überkommen den Bundeskanzler Zweifel an ein Gelingen der Europäischen Gemeinschaft. Aber er werde das langfristige Ziel einer Wirtschafts- und Währungsunion nicht aus dem Auge verlieren. Das hindert Schmidt später nicht, sich mit Hohn und Spott über die europäischen Kommissare zu äußern, die „sich immer um die drittrangigen Probleme kümmern, manchmal um die zweitrangigen und nie um die erstrangigen Probleme."[107]

Warum der Bundeskanzler nicht deutlich versucht hat, der fatalen Entwicklung einer wachsenden Bürokratie entgegen zu wirken, ist ein Rätsel. Wenn die Neigung zu immer mehr „Kleinkariertem" gebremst worden wäre, dürfte heute die Akzeptanz Europas wesentlich besser sein als im gegenwärtigen Zustand einer allgemein spürbaren Ablehnung Europas in vielen Ländern und der (erneuten) Hinwendung zur Nationalstaatlichkeit.

7. Kultur

7.1 Film und Fernsehen - die Glanzpunkte

Ein wenig naiv wirken Brad und Janet, die Hauptdarsteller in diesem Film, auf den Zuschauer. Aber die beiden sind sympathisch und singen ganz akzeptabel.

„There´s a light" singen Brad und Janet und hoffen, dass ihre ungemütliche Fahrt mit dem Auto durch pechschwarze Nacht mit strömendem Regen und bedrohlichen, düsteren Gewitterwolken nach einer Reifenpanne noch zu einem guten Ende führen möge. Der Chor allerdings ergänzt in diesem Song das hoffnungsvolle „There´s a light" sofort mit dem Hinweis: „Over at the Frankenstein place" und eröffnet dem Zuschauer, dass dem jungen Paar Brad Majors und Janet Weiss noch manche Erfahrungen bevorstehen könnten, die es lange Zeit nicht vergessen würde. Brad und Janet wissen nicht, was sie in Frankensteins Schloss erleben werden. Die Zuschauer aber ahnen oder wissen es, spätestens wenn sie zum wiederholten Mal den Film ansehen, denn nicht nur einmal, sondern in vielfachen Wiederholungen genießen Millionen Begeisterte diesen Streifen.

„The Rocky Horror Picture Show" heißt das Werk aus dem Jahr 1975, das anfangs zurückhaltend aufgenommen wird. Aber bald stellt sich ein zunehmender Erfolg ein. Und auch heute noch ist „The Rocky Horror Picture Show" regelmäßig im Kinoprogramm und im Theater zu finden. Zwar dürften zahlreiche zeitbezogene Hinweise und Anspielungen, wie beispielsweise die Rücktrittserklärung Richard Nixons vom 8. August 1974, die Brad und Janet im Autoradio auf ihrer Fahrt zum Schloß hören, heutigen jüngeren Zuschauern verborgen bleiben. Aber auch ohne detailliertes Wissen für Hintergründe macht dieser Film einfach Spaß, nicht zuletzt dadurch, dass sich im Laufe der Jahre Rituale entwickelt haben, die die Zuschauer im Kino aktiv in die Filmhandlung einbeziehen. So werden die Regenszenen mit spritzenden Wasserpistolen begleitet, Feuerzeuge zum „There´s a light" entzündet oder Konfetti verstreut, wenn die Transsylvaner im Schloss Konfetti werfen.

Dieser Film, nach einem Musical von Richard O'Brien entstanden, wird in London 1975 uraufgeführt, in Deutschland erst im Juni 1977. Die Kritiken decken das breite Spektrum vom Verriss bis zur uneingeschränkten Begeisterung ab. Die betuliche „Zeit" mäkelt am 22. Juli 1977: „Als Musical ist die Show eher lahm, die Parodie auf den Kino-Horror kommt über einige gängige Grundmuster nicht hinaus, und jeden Film, an den erinnert wird, möchte man eher ein zweites Mal sehen, als hier die Erlebnisse eines unbedarften Pärchens in einem Spukschloß zu verfolgen." Das „Lexikon des Internationalen Films" hingegen urteilt im Nachhinein: „Die bizarre Ästhetik und die respektlose Umkehrung herkömmlicher Moralvorstellungen wirkten als befreiender Ausbruch aus den Grenzen filmischer wie geschmacklicher Konventionen. Ein Klassiker des Siebziger-Jahre-Pop" und ergänzt: „Bizarr-groteske Pop-Parodie auf Horror-, Monster-, Science-Fiction- und Musikfilme; voll bewußter Angriffe auf moralische und geschmackliche Konventionen." Da hat der Zuschauer doch alles auf einmal, was einen Film sehenswert macht! Und die verstaubte „Zeit" kann der Leser getrost dem Papierkorb überantworten, wenn er sich selber von diesem filmischen Meisterstück im wahrsten Sinne des Wortes fesseln lässt.

***

Der bayerische Rundfunk hat eine spezielle moralische Gesinnung.

Im Fernsehen hat der Bayerische Rundfunk entgegen üblicher bayerischer Gepflogenheiten, sich bei ARD-Sendungen, die nicht in das konservative Weltbild dieser Fernsehanstalt passen, den Bildschirm gelegentlich schwarz zu schalten, auch einmal zaghaften Mut gezeigt. Nicht gesendet hat der Bayerische Rundfunk beispielsweise Rosa von Praunheims Film der ARD „Nicht der Homosexuelle ist pervers, sondern die Situation, in der er lebt" (1973) oder später (1986) das Kabarett „Scheibenwischer" der ARD wegen eines „bayernfeindlichen Programms".

Aber 1974 ist das Bayerische Fernsehen Vorreiter, eine Kriminalserie in das Programm zu nehmen, die vor allem durch ihren Anti-Helden lebt. Das Serienprogramm der ARD zeigt die Filmserie erst 1975.

Der Anti-Held ist ein kalifornischer Detektiv ohne Vornamen, sein Nachname ist Colombo. Die Verbrecher wiegt er durch sein wenig überzeugendes Auftreten in Sicherheit. Denn wer erwartet von dieser traurigen Gestalt, mit einem schäbigen, schnuddeligen, abgewetzten Trenchcoat gekleidet, schlurfend und schielend, demütig den Übeltätern gegenübertretend, dass Colombo den arroganten, in der High-Society verkehrenden Modeärzten, Fernsehstars oder reichen Nichtstuern gefährlich werden könnte? Aber er kriegt sie alle! Der Zuschauer kann mit Vergnügen verfolgen, wie der Inspektor, Peter Falk mit richtigem Namen, den Verbrechern das Handwerk legt, denn er, der Zuschauer, weiß von Anfang an, welcher der Unsympathen der Gerechtigkeit zugeführt werden muss.

Deutscher Synchron-Sprecher dieser amerikanischen Kriminalserie ist Klaus Schwarzkopf, der selber als „Kommissar" tätig ist: Zwischen 1971 und 1978 agiert er sieben Mal als „Tatort"-Kommissar Finke in den in Kiel und der umgebenden Provinz spielenden Fernseh-Folgen der ARD, ein wenig dem amerikanischen Kollegen Colombo ähnelnd, denn Finke geht augenscheinlich ebenfalls nur mit wenig Enthusiasmus an die Aufklärung seiner Mordfälle heran. 1975 läuft der 58. „Tatort" mit dem Titel „Kurzschluß" im Fernsehen, ein Film, der wie fast alle anderen dieser Serie unter der Regie des später in Hollywood erfolgreichen Wolfgang Petersen entsteht. Auch Wolfgang Petersen erfährt zwei Jahre später, wie das Bayerische Fernsehen um das Wohl der Zuschauer besorgt ist: Sein Film „Die Konsequenz" zum Thema Homosexualität wird nur bei der ARD gesendet, nicht aber in Bayern, da dieses Thema für das bayerische Publikum aus Sicht der Fernseh-Verantwortlichen (der Intendant des Bayerischen Fernsehens Reinhold Vöth ist CSU-Mitglied) nicht geeignet ist. Der CSU-Generalsekretär Gerold Tandler führt den Intendanten Vöth an engen Zügeln, denn er fordert seinen Parteifreund auf, für „sauberen und anständigen Journalismus" zu sorgen.[108]

Beflissen setzt der Intendant des öffentlich-rechtlichen Bayerischen Fernsehens diese politische Direktive um, indem der Bildschirm gesäubert wird.

***

In einer zufällig herausgegriffenen Woche, Montag, 6. Januar 1975 bis Sonntag, 12. Januar 1975, zeigen die öffentlich-rechtlichen Fernsehsender ein Programm von insgesamt beachtlicher Qualität, das dem öffentlich-rechtlichen Rundfunk, trotz aller Versuche der politischen Parteien, Einfluss auf die Programmgestaltung zu nehmen, Ehre macht. Private Fernsehprogramme gibt es noch nicht.

Am Montag wird in der ARD das Politmagazin „Panorama" vom Norddeutschen Rundfunk (NDR) gesendet. Peter Merseburger ist der Moderator dieser Sendung, ein Moderator, der, je weiter südlich in der Bundesrepublik sich die aufmerksamen Beobachter der politischen Parteien mit der Sendung und ihren Themen befassen, umso umstrittener ist. Die behandelten Probleme der heutigen Montagssendung am 6. Januar 1975 sind unter anderem die Misere bei den Berufsausbildungsplätzen und die alarmierende Zunahme der Nichtsesshaften. Das Zweite Deutsche Fernsehen (ZDF) bietet das Gesundheitsmagazin „Praxis". Die ARD sendet später ein Porträt von Muammar el-Gaddafi, um „viele Vorurteile zu korrigieren, die über Libyen in Umlauf sind." Das Bayerische Fernsehen sendet am Montag im Dritten Programm die Ernst Lubitsch-Satire „Sein oder Nichtsein", eine Polit-Farce über das Dritte Reich.

Filme, im Regelfall älteren Datums, werden in der ganzen Woche gezeigt. Beispielsweise ist am Montag im ZDF der Film „Der Kampf" zu sehen, ein Trinkerdrama von D. W. Griffith aus dem Jahr 1931, im Dritten Programm des NDR wird am Mittwoch George Cukors Komödie „Ehekrieg" aus dem Jahr 1949 mit Katherine Hepburn und Spencer Tracy gesendet. Bayern III zeigt am gleichen Tag „Die verkaufte Braut", die Verfilmung der Smetana-Operette durch Max Ophüls aus dem Jahr 1931. Freitag folgen „Die Gräfin von Hongkong", Charlie Chaplins Film aus dem Jahr 1967 und „Ein tolles Gefühl", eine US-Komödie von 1949 mit

Doris Day und Gary Cooper. Sogar ein neuer Film ist im Programm: „Stavisky", Alain Resnais' Werk aus dem Jahr 1974 über die Korrumpierbarkeit der bürgerlichen Gesellschaft.

Das ZDF wagt es, „Die Jagdgesellschaft" zu senden, das aus Weltschmerz, Todesangst und Katastrophen reiche Theaterstück des provozierenden, in seiner österreichischen Heimat vom Aufführungsverbot bedrohten Autors Thomas Bernhard. Und als sei dies noch nicht genug Aufregung, wird eine Inszenierung aus dem Wiener Burgtheater unter der Regie des nicht minder umstrittenen Claus Peymann gezeigt.

Aufsehen erregt auch eine Folge der ZDF-Krimi-Serie „Der Kommissar", die auch im Österreichischen Rundfunk (ORF) ausgestrahlt wird. In der Sendung „Das goldene Pflaster" wird gezeigt, wie ein Angehöriger der türkischen Botschaft in Wien in dunkle Machenschaften verwickelt ist. Der türkische Botschafter ist darüber sehr betrübt, denn die Sendung habe „allen Türken in Wien sehr weh getan" und interveniert beim ORF. Da Türken, insbesondere türkische Botschaftsangehörige, natürlich nicht kriminell sind, will der ORF in der nächsten Sendung eine Ehrenerklärung für die Türken verlesen.[109]

***

Der deutsche Fernsehzuschauer ist „ein armes Schwein".

Insgesamt handelt es sich in dieser Woche, rückblickend aus heutiger Sicht, um ein engagiertes, teilweise sogar kritisches Programm mit vielen Magazin-Sendungen, Dokumentationen und Filmen. Zu dieser Einschätzung passt allerdings ein „Spiegel"-Titel aus damaliger Zeit („Der Spiegel" 35/1975) ganz und gar nicht. Das Titelbild des Magazins zeigt in dieser August-Woche den von Loriot, bürgerlich Vicco von Bülow, gezeichneten Hund „Wum" (nicht zu verwechseln mit dem erst später von Loriot zum Leben erweckten Hund „Bello"). Wums linkes Ohr hängt kraftlos nach unten, in das rechte Ohr ist ein Knoten gebunden. Ratlos blickt er den Betrachter an und aus seinem nach unten verzogenem Mundwinkel kommt die Sprechblase: „So′n blödes Programm". Die Titelgeschichte heißt entsprechend: „Fernsehen 75: Faule Eier im Kanal".[110]

Da ist die Rede vom deutschen Fernsehzuschauer, der „ein armes Schwein" sei, der „am liebsten jeden Abend zur Axt greifen und den Kasten zertrümmern" möchte wegen der „blöden Wiederholungen" und der „ewigen Uralt-Schinken". „Die lang vergessenen Stars der deutschen Schnulzen-Unterhaltung und ihr abgestandenes Tralala" läßt die ARD „noch einmal Revue passieren: Heintje, Gus Backus und Peter Kraus und auch Vico Torriani, den Spitzen-Jodler der Ära Adenauer", klagt der „Spiegel", zwar in gekonnter Fabulierkunst, jedoch auch mit redaktionsüblicher deutlicher Übertreibung.

Die Einfallslosigkeit bemerkt der „Spiegel" auch in den Politmagazinen und Diskussionsrunden, in denen der streng nach Proporz vor die Kamera geladene „Typ Politfunktionär" dominiert. Der zunehmende Einfluss der Parteien auf das Fernsehen habe zudem dafür gesorgt, dass kritischer Fernsehjournalismus langsam ausgetrocknet werde: Die Moderatoren Gert von Paczensky, Joachim Fest, Hans Heigert, Dieter Gütt und Günter Gaus müssen angepassteren Typen weichen, die den politischen Parteien genehmer sind. Und die Parteien sorgen dafür, dass anstößige Themen schon in sorgsamen Vorbesprechungen ausgesondert werden. Ein anonymer Redakteur grollt im „Spiegel": „Das ist ja das Geniale, es passiert nun nichts mehr, was hinterher wieder spektakulär abgewürgt werden müsste."

Das Fazit zieht der „Spiegel" so: „Leisetreterei im politischen Teil, Monotonie in der Unterhaltung - so flau wie 75 war das deutsche Fernsehen noch nie." Da hat der „Spiegel" jedoch ein Meisterstück der Fernsehgeschichte übersehen.

***

„Nein, wie isses nun bloß möglich", ruft Mutter Kempowski ein um das andere Mal, in ihrer apolitischen Naivität überzeugend von der Schauspielerin Edda Seipel gespielt. Und Vater Kempowski, dargestellt von Karl Lieffen, steht ihr in seiner schauspielerischen Leistung nicht nach.

Sein Ausruf „Tadellöser & Wolff" fällt nicht nur dann, wenn er genussvoll seine Zigarre der Tabakwarenfabrik von Loeser & Wolff anzündet, sondern auch dann, wenn er seine wohlwollende Anerkennung den Familienmitgliedern zukommen lässt.

Es ist ein Fernseh-Wagnis. Am 1. und 3. Mai 1975 sendet das ZDF den zweiteiligen Film „Tadellöser & Wolff", eine Produktion nach dem gleichnamigen Buch von Walter Kempowski. Es ist die Geschichte der Familie Kempowski in Rostock in den Jahren 1939 bis 1945, die das zunehmend beklemmende Leben während der Kriegszeit widerspiegelt, beginnend mit erheiternden Szenen aus dem Familienleben und endend mit dem Einzug sowjetischer Soldaten am 1. Mai 1945 in Rostock, gerade einmal genau dreißig Jahre vor diesem Sendetermin im Jahr 1975. Der Film unter der Regie von Eberhard Fechner wird ein großer Erfolg, der auch den hervorragenden Darstellern zu verdanken ist.

Walter Jens erkennt Mitläufer, Verdränger und Doppelmoralisten, sich selber aber erkennt er nicht.

Der Fernsehkritiker der „Zeit" mit dem Pseudonym Momos hat jedoch viel an diesem Film auszusetzen. Unter der Überschrift „Von Folter und Verbrennung keine Rede"[111] kritisiert er, dass der Film nur eine Seite der Wirklichkeit zeige, das Familienleben während des Dritten Reiches, nicht aber die andere Seite der Wirklichkeit, die Wirklichkeit „von Lagern und Millionen von Toten, von Verbrennungsöfen und Foltern." Momos beklagt in seiner Fernsehkritik den Verdrängungsprozess der Mitläufer des Nazi-Regimes. Momos kennt sich aus in Verdrängungsprozessen, denn er selber verdrängt erfolgreich.

Momos ist das Pseudonym von Walter Jens, Mitglied der NSDAP seit dem 1. September 1942. An die Parteimitgliedschaft kann sich Walter Jens, in der Nachkriegszeit unter anderem als Lehrstuhlinhaber für Allgemeine Rhetorik an der Universität Tübingen oder als Präsident der Berliner Akademie der Künste tätig, nicht erinnern. Nach anfänglichem Leugnen der NSDAP-Mitgliedschaft ringt Walter Jens sich später dazu durch, er hätte die eigenen Irrtümer entschiedener, differenzierter und nachdrü-

cklicher betonen müssen. Ob Walter Jens überhaupt vorher seine Irrtümer betont hat, egal, ob „entschieden", „differenziert" oder „nachdrücklich", ist als öffentliche Aussage nicht ersichtlich. Immerhin hat er seine frühere Einschätzung von Thomas Mann, den er während der NS-Zeit als „Asphaltliterat" bezeichnet hat, später korrigiert, mehr aber auch nicht.

***

Es geht bergab: Ab sofort steht im Fernsehen Quantität vor Qualität.

Fernsehkritiker kolportieren ihre subjektive Meinung über das Fernsehprogramm, lassen aber gerne das Subjektive hinter solchen Begriffen verschwinden, die eine gewisse Objektivität von grundlegender Bedeutung erkennen lassen sollen. Da ist dann die Rede von „wertloser Unterhaltung", „verderblichen Einflüssen", „kulturellem Niveauverfall" oder „verzerrten und unausgewogenen Bildern der Wirklichkeit".[112]

Was die Zuschauer wirklich sehen und wie sie das Fernsehen beurteilen, ist bis zum Jahr 1975 nur in aufwändigen Zuschauerbefragungen (600 Menschen werden täglich zum Tagesprogramm befragt) und einer quantitativen Messung mit Hilfe von Uhren möglich, die auf einem Magnetband registrieren, wie lange welches Programm gesehen wird.

Jetzt wird ab Januar 1975 der Teleskomat an 1200 Fernsehgeräte angeschlossen, an dem sich jedes Haushaltsmitglied anmeldet, wenn es fernsieht und wieder abmeldet, wenn sein Fernsehbedarf gedeckt ist. Die Daten werden in akustische Signale verwandelt und nachts von neuartigen Geräten der Deutschen Bundespost, von „Modulatoren" und „Demodulatoren" per Telefon auf einen zentralen Computer in Bad Godesberg übertragen. Die Bundespost hat für diese Geräte den neuen Begriff „Modem" geschöpft.

Evident ist, dass hiermit nur quantitative Daten erfasst werden können. Die bisherige qualitative Erforschung der Zuschauermeinungen entfällt, weil sie zu teuer wäre. Jetzt ist jetzt die Weiche gestellt für eine einseitige Ausrichtung der Fernsehanstalten auf Einschaltzahlen. Qualitätsaspekte treten in den Hintergrund. Schleichend tritt somit eine Entwicklung ein, die von den Fernsehanstalten gerne forciert wird, das Fernsehprogramm immer stärker auf massentaugliche Inhalte zu konzentrieren. Die Werbewirtschaft dürfte diese Konzentration auf Einschaltzahlen freudig unterstützen, da jetzt ein effektives Marketing mit Hilfe der Fernsehwerbung transparent gestaltet werden kann. Die Frage, wie sich eine Finanzierung der öffentlich-rechtlichen Rundfunkanstalten durch Zwangsbeiträge der Zuschauer mit einer unterstützenden Finanzierung durch Fernsehwerbung verträgt, wird weder 1975 noch in den nächsten folgenden 40 Jahren dringend gestellt.

***

Das Werbefernsehen schränkt seit 1975 Verführungen der Konsumenten ein wenig ein, die Werbung für Tabakerzeugnisse wird verboten. Eine ehemalige Kettenraucherin, die SPD-Bundesministerin für Jugend, Familie und Gesundheit Katharina Focke, hat die gesundheitlichen Gefahren des Rauchens erkannt und sich gegen die Tabakindustrie und die Werbewirtschaft durchgesetzt. Der Bildschirm bleibt sauber, aber die Reinigungsaktion verbannt leider auch eine lieb gewordene Comic-Figur.

Der saubere Bildschirm zeigt keinen Rauch.

Die populäre Zeichentrick-Figur für Zigarettenwerbung, das HB-Männchen Bruno, darf nicht mehr auf dem Bildschirm erscheinen. Seit 1958 hat Bruno mit seinen Missgeschicken und Schimpftiraden die Zuschauer erfreut. Jede Folge seiner Unglücke endet mit dem Erscheinen des HB-Zigarettenkönigs, der beruhigend mahnt: „Halt, mein Freund, wer wird denn gleich in die Luft gehen? Greif' lieber zur HB" und der Stress lässt nach. „Frohen Herzens genießen", lautet der eingängige Werbespruch. Der Wortschwall der schimpfenden Comic-Figur Bruno ist allerdings immer unverständlich, was nicht verwunderlich ist, denn es handelt sich bei den wütenden verbalen Ausbrüchen Brunos um Waschmaschinen-Werbung auf Arabisch, die schnell rückwärts abgespielt wird.

Auch die „große weite Welt" der „Peter Stuyvesant", der charmanten, frischen, kecken Zigarettenmarke, wird vom Bildschirm verbannt. Nun können die Fernsehzuschauer nicht mehr erfahren, welche gesundheitlichen Segnungen Zigaretten mit sich bringen: Rauchen fördere die Verdauung und Zigaretten wirkten als Gegenmittel bei Ermüdung oder zur Steigerung der Fitness, weil Nikotin als Süßigkeitenersatz diene.

Die Segnungen des Zigarettenkonsums hat Woody Allen schon vier Jahre vorher genial im Film „Bananas" gezeigt, als ein Gläubiger in der Kirche, mit Orgelmusik im Hintergrund, am Altar beim Abendmahl vor dem Pfarrer kniet und hustet. Der Pfarrer bietet dem Gläubigen eine Zigarette aus seiner Zigarettenschachtel an, beide rauchen, tief inhalierend. Der Pfarrer preist die Zigarette mit sonorer Stimme an: „New Testament Cigarettes - I smoke ′em, you smoke ′em!" Woody Allens Film ist eine gelungene Persiflage auf die Zigarettenwerbung der Zeit. Allen macht perfekt deutlich, wie die Zuschauer im Kino und Fernsehen von der Zigarettenindustrie manipuliert werden.

***

Clint Eastwood raucht in den Italo-Western, die zehn Jahre zuvor in die Kinos gekommen sind, noch pausenlos seine Toscanos. Wie steril würden diese Western wirken, wenn der einsame Rächer sich nicht als knallharter Typ zeigen könnte, der sogar Toscanos übersteht, eine italienische Zigarrensorte, deren Raucher eigentlich eine Hilfestellung benötigten, weil mindestens zwei weitere Männer den Raucher festhalten müssten, wenn der Nikotinschock ihm den Boden unter den Füßen wegzieht. Und ist Humphrey Bogart ohne Zigarette noch Humphrey Bogart? Nat King Cole, Frank Sinatra, Johnny Cash, Lauren Bacall, Jeanne Moreau, Marlene Dietrich oder Jack Nicholson zeigen Facetten ihres Charakters im Film, auf der Bühne und in der Realität, wenn sie rauchen und mit dem

Zigaretten- oder Zigarrenzauber eine besondere atmosphärische Dichte mit der Dehnung der Spannung, dem Aussenden einer erotischen Botschaft oder dem Ausdruck einer gewissen Arroganz schaffen.

Heute ist das Rauchen fast ein Tabu im Film und auf der Bühne. Wayne McLaren, der „Marlboro"-Held aus der Werbung der 1970er Jahre stirbt, knapp über 50 Jahre alt, an Lungenkrebs. John Wayne, Gary Cooper, Yul Brynner und Steve McQueen, allesamt Helden auf der Leinwand, werden ebenfalls vom Lungenkrebs dahingerafft. Die Welt-Gesundheitsorganisation WHO plädiert dafür, die Raucher aus aktuellen Filmen zu verbannen, indem keine staatlichen Zuschüsse an Filme mit Rauchern mehr gezahlt werden sollen, denn Raucher in Filmen würden den Tabakgebrauch fördern, vor allem unter jungem Publikum.[113] Die WHO sieht dankenswerterweise davon ab, die älteren Filme zu verbannen, aber nur weil sie annimmt, die Zahl der jugendlichen Zuschauer dieses Genres sei gering und damit der Schaden überschaubar. Lediglich im Vorspann sollen künftig Hinweise auf die Gefahren des Rauchens erscheinen.

***

Eine politisch ausgerichtete Institution des Deutschen Fernsehens ist seit 1953 immer mittags am Sonntag zu sehen: „Der Internationale Frühschoppen", die erste Polit-Talkshow, in der fünf bis sieben internationale Journalisten unter der Leitung des Moderators Werner Höfer aktuelle Themen im Westdeutschen Rundfunk diskutieren. Die „Crème de la crème des nationalen und internationalen Journalismus" diskutiert im Fernsehen, wie der Sprecher der An- und Absage der Sendung, Egon Hoegen, später zurückblickt. Wer bei Werner Höfer sitzt, hat es geschafft.

Die Diskussionen sind lebhaft, vermutlich auch dadurch gefördert, dass die Teilnehmer ausgiebig den dargebotenen Weinen zusprechen und unbekümmert ihre Zigaretten, auch selbst gedrehte, rauchen, ihre Zigarren genießen (übrigens nicht nur die Männer, wie Katarina Larsson aus Schweden unter Beweis stellt) oder ihre Pfeife mit Bedacht stopfen und, teilweise undurchdringliche Qualmwolken ausstoßend, mit Genuss paffen. Immer wieder wird Wein nachgeschenkt, mit dem Ergebnis, dass manche

Teilnehmer, wie aus ihrem Gesichtsausdruck und ihrer Artikulation zu vermuten ist, dem Alkohol in reicherem Maße zusprechen, als sie es üblicherweise gewohnt sind. In einer Folge der Sendung preist Werner Höfer den „herrlichen Saar, 64er feinste Auslese" an, den er im Palais Beauharnais getrunken habe, ohne jedoch jemals den in der Sendung ausgeschenkten Wein oder auch nur dessen regionale Herkunft näher zu beschreiben. Die bedienenden Damen, deren unermüdliches Bemühen, die Gläser immer wieder bis zum Rand zu füllen, in der Fernsehübertragung ausreichend zur Geltung kommt, verhüllen sorgfältig die Etiketten der Weinflaschen, damit nicht der Verdacht der Schleichwerbung aufkomme. Erst Jahre später offenbart Egon Hoegen, dass es immer den gleichen Wein gegeben habe: „Maikammerer Heiligenberg" aus der Pfalz.

Politisch korrekt im heutigen Sinn geht es nicht zu. „Männer brauchen wir nur noch als Arbeiter, als Fortpflanzer und als Lustspender", macht sich Höfer über Frauen- und Männerrollen lustig und erntet lang anhaltende Heiterkeit bei den Teilnehmern. Trotz aller Lockerheit wird immer wieder der Ost-West-Konflikt deutlich, wenn Journalisten aus kommunistischen Ländern die Segnungen des Sozialismus preisen und Journalisten aus dem Westen ihre demgegenüber konträren Auffassungen vertreten.

Yuh-Huei Chen aus China ist nicht zu bremsen, als er die Profitgier des Westens anprangert und die Weisheit Mao Tse Tungs preist. Die Versuche Höfers, dem chinesischen Journalisten die Spielregeln der Runde zu erläutern und mehr Gelassenheit zu üben, bleiben ohne Erfolg. Die Journalisten aus der Sowjetunion, von denen bekannt ist, dass einige von ihnen Mitglieder des Geheimdienstes KGB sind, werden von den Journalisten aus dem Westen mit Nachsicht behandelt, wie der US-Journalist Don F. Jordan später erklärt, denn sie sollten nicht in Bedrängnis gebracht werden. Die „sogenannten Kollegen aus dem Ostblock" (Don F. Jordan) hätten den Auftrag, eine bestimmte „Speisekarte abzuarbeiten", also vorgegebene Statements abzugeben. Dies bestätigt, natürlich deutlich später nach dem Ende der Sowjetunion, der ehemalige sowjetische Journalist Nikolai Portugalow, der feststellt, jeder Journalist aus dem Ostblock sei ein Beamter und Funktionär gewesen, der überwacht worden sei.

Nach 1874 Sendungen wird der „Internationale Frühschoppen" am 20 Dezember 1987 zum letzten Mal gesendet: Der „Spiegel" hat Höfer zum Vorwurf gemacht, er habe 1943 „in einem Nazi-Blatt die Hinrichtung des jungen Klaviervirtuosen Karlrobert Kreiten gefeiert."[114] Höfers Zeitungsartikel während der NS-Zeit sind jedoch seit 1962 bekannt, als der SED-Propagandachef, Albert Norden, auf einer Pressekonferenz die Beiträge Höfers enthüllt hat. Auch 1975 und 1978 wird in westdeutschen Zeitungen und Büchern immer wieder auf Höfers Arbeiten hingewiesen, ohne dass dies jedoch Konsequenzen gehabt hätte. Höfer selber hat geltend gemacht, dass die damaligen von ihm verfassten Zeitungsartikel nach den jeweils aktuellen Direktiven des Propagandaministeriums von der Zeitungsredaktion angepasst worden wären, ohne dass dies mit dem Autor besprochen worden wäre. Im übrigen sei in dem ihm zum Vorwurf gemachten Artikel im „12 Uhr Blatt" vom 20. September 1943 an keiner Stelle der Name des Pianisten Kreiten erwähnt worden.

Es hilft alles nichts: Jetzt, 1987, muss Höfer auf der Stelle seinen Moderatorenplatz räumen. Der langjährige liberale, souveräne, gelegentlich auch autoritäre Moderator passt nicht mehr ins Deutsche Fernsehen. Die Gelegenheit ist günstig, ihn loszuwerden, allerdings auf schäbige Art.

***

Etwa 5.500 Gebührenbuchhalter der Deutschen Bundespost werden sich nach anderen Tätigkeiten umschauen müssen, denn nicht mehr der Briefträger soll die monatlichen Rundfunkgebühren bar einkassieren, sondern die Rundfunkanstalten wollen das Inkasso der Gebühren in Eigenregie per Computer gestalten. Künftig soll vierteljährlich das Geld von der „Gebühreneinzugszentrale der öffentlich-rechtlichen Rundfunkanstalten in der Bundesrepublik Deutschland", der GEZ, eingesammelt werden, möglichst bargeldlos. Und den Schwarzhörern und -sehern soll nach der Umstellung auch der Garaus gemacht werden: Hauptberufliche Gebührenjäger und freie Mitarbeiter, etwa pensionierte Polizisten oder Lehrer, dürfen sich ein ordentliches Zubrot verdienen, indem sie nichtzahlende Rundfunkteilnehmer ausfindig machen und erfolgsbeteiligte Honorare erhalten. Mit ein bisschen Fleiß stehen diesen unangemeldet vor der Haustür stehen Geldeintreibern einige tausend Mark zusätzliches Einkommen monatlich in Aussicht.

7.2. Bücher - Erfolgreich und umstritten

Ein bescheiden auftretender Schriftsteller, er ist jetzt 48 Jahre alt, wird auch in diesem Jahr 1975 in der „Spiegel"-Bestsellerliste in der Rubrik Belletristik auf Platz 1 geführt. Siegfried Lenz´ Erzählung „Der Geist der Mirabelle" ist nur 128 Seiten lang, erscheint im Verlag Hoffmann und Campe und kostet 16,80 DM. Die Literaturkritik nimmt dieses Buch kaum zur Kenntnis, und wenn, dann wird genörgelt. Das Mäkeln fällt leicht, denn „Der Geist der Mirabelle, Geschichten aus Bollerup" wird durchgehend mit Lenz´ Erfolgsbuch „So zärtlich war Suleyken" verglichen, das 20 Jahre früher erschienen ist. Beide Bücher leben von Geschichten, die teilweise ins Absurde hinübergleiten. In den Geschichten handeln charaktervolle, häufig skurrile Personen, die Lenz mit großer Sympathie beschreibt.

Der grundlegende Unterschied beider Bücher liegt darin, dass die Geschichten in Suleyken, einem fiktiven Dorf in Ostpreußen, vor allem von der „masurischen Sprache" leben, die durch unkonventionelle Satzstellungen, ungewöhnliche Wörter und viele Diminutive auffällt. Den Geschichten aus Bollerup, dem fiktiven Dorf in Schleswig-Holstein, fehlt dagegen die sprachliche Eigenart der Bewohner. Und Letzteren fehlt auch die Verschmitztheit und beneidenswerte Naivität der östlichen Figuren der Erzählungen. Der „Geist der Mirabelle" langweilt, ist aber kommerziell erfolgreich.

***

Heinrich Bölls Pamphlet „Katharina Blum" erzürnt „Bild" und CDU…

Die Erzählung „Die verlorene Ehre der Katharina Blum" von Heinrich Böll ist schon im Vorjahr erschienen, im Jahr 1975 aber immer noch auf der „Spiegel"-Bestsellerliste unter den ersten 10 Belletristik-Büchern zu finden. Das Buch ist ein Pamphlet, wie der Autor im - allerdings erst in einer späteren Ausgabe veröffentlichen - Nachwort erklärt, und er dürfte sich eigentlich nicht über die Reaktionen derjenigen wundern, die ihn schon vorher, aber vor allem nach Erscheinen des Buches, als Sympathisanten der RAF-Terroristen abstempeln.

Heinrich Böll, Nobelpreisträger für Literatur im Jahr 1972, verurteilt in seinem Buch mit dem vollständigen Titel „Die verlorene Ehre der Katharina Blum oder Wie Gewalt entstehen und wohin sie führen kann" die Berichterstattung der „Bild-Zeitung" über die RAF-Terroristen. Böll stellt die in der Erzählung „Zeitung" genannte Publikation in seinem Vorwort direkt neben die „Bild-Zeitung": „Sollten sich bei der Schilderung gewisser journalistischer Praktiken Ähnlichkeiten mit den Praktiken der 'Bild-Zeitung' ergeben haben, so sind diese Ähnlichkeiten weder beabsichtigt noch zufällig, sondern unvermeidlich." Böll sieht Ähnlichkeiten zwischen der Romanfigur Katharina Blum, die von einem Reporter der „Zeitung" von einer gesellschaftlich integrierten und akzeptierten Frau in eine Außenseiterin geschrieben wird, mit der realen Ulrike Meinhof, die - nach Bölls Ansicht - dem Sensationsjournalismus der „Bild-Zeitung" mit einer Hetzkampagne zum Opfer fällt.

Es erstaunt nicht sehr, dass dieser unbestechliche Schriftsteller, der sich für Frieden und Benachteiligte einsetzt, geballten Zorn auf sich zu ziehen vermag, denn er hat mehrfach geäußert: „Ich will nicht euer guter Heinrich sein!" Die Angriffe gegen ihn - nicht nur in den Zeitungen des Springer-Verlages - dauern an. Legendär ist eine Einschätzung Bölls durch den damaligen CDU-Fraktionsvorsitzenden im Deutschen Bundestag, Carl Carstens, die peinlicher nicht denkbar ist: „Ich fordere die ganze Bevölkerung auf, sich von der Terrortätigkeit zu distanzieren, insbesondere den Dichter Heinrich Böll, der noch vor wenigen Monaten unter dem Pseudonym Katharina Blüm (!) ein Buch geschrieben hat, das eine Rechtfertigung von Gewalt darstellt." Klaus Staeck, Grafiker und Verleger, hat daraufhin auf Bitten Bölls ein Plakat entworfen, das Carstens auf einer Kuh reitend darstellt mit der Überschrift „Professor Carstens reitet für Deutschland". Darunter findet der Betrachter des Plakats den absurden, unsinnigen Satz Carstens'[115], der offensichtlich das Buch nicht gelesen oder nicht verstanden hat. 1979 wird das ehemalige SA- und NSDAP-Mitglied Carl Carstens zum Bundespräsidenten gewählt werden.

... und Thilo Sarrazin erzürnt die Bundeskanzlerin.

Literaturkritik aus berufenem Mund einer Politikerin, die ein Buch rezensiert, das sie nicht gelesen hat, wird auch in der jüngeren Zeit geübt. Die Bundeskanzlerin Angela Merkel hat Thilo Sarrazins 2010 erschienenes Buch „Deutschland schafft sich ab" vor der Veröffentlichung des Buches wegen (offensichtlich vermuteter) islamkritischer Thesen als „diffamierend" und „nicht hilfreich" bezeichnet. Das „nicht hilfreich" ist im Hinblick auf die Kritik eines Sachbuches eine sehr spezielle Bewertungskategorie, eine Kategorie, der eigentlich nur die Ratgeberbücher für alle Lebenslagen, wie Heimwerkerbücher, Kochbücher, Wanderführer etc. standhalten sollten. Der Bundespräsident Christian Wulff folgt beflissen der Kritik der Bundeskanzlerin und fordert in schofeliger Weise in einem Interview mit dem Nachrichtensender N24 die (unabhängige) Deutsche Bundesbank auf, den Autor Thilo Sarrazin, der im Vorstand der Bundesbank tätig ist, zu entlassen („Ich glaube, dass jetzt der Vorstand der Bundesbank schon einiges tun kann, damit die Diskussion Deutschland nicht schadet").[116]

„Ganz unten" heißt ein 1985 erschienenes Buch von Günter Wallraff, in dem er die Ausländerfeindlichkeit in Deutschland thematisiert. Ganz unten ist auch die Gesittung führender Politiker im Hinblick auf eine offene Diskussion gesellschaftlicher Probleme. Mit der Desavouierung Heinrich Bölls fängt es an, mit der Desavouierung Thilo Sarrazins, so ist zu befürchten, ist das Ende noch nicht erreicht.

***

Auf der Liste der Bestseller des „Spiegel", ermittelt vom Fachmagazin „Buchreport", wird 1975 auch ein Buch einer Schriftstellerin mit bekanntem Namen geführt, das heute vergessen ist. „Meine ungeschriebenen Memoiren" heißt das bereits im Vorjahr veröffentlichte Buch, das als Autorin Katia Mann ausweist, aber nicht von ihr geschrieben ist. Das Buch ist auf der Grundlage mündlicher Darstellungen Katia Manns mit Hilfe von Michael Mann, dem jüngsten Kind von Thomas und Katia Mann, entstanden.

Das Werk findet vermutlich vor allem wegen Katia Manns weltberühmten Ehemanns ein breites, allerdings nicht nachhaltiges Leserinteresse.

Katia Manns Leben der ersten Jahre spielt sich in einer weit entfernten Zeit ab, in der schon früh nach der standesamtlichen Heirat im Jahr 1905 mit Thomas Mann ein großbürgerliches Leben unterstützt von Köchin, Stubenmädchen, Kinderfrau und Chauffeur geführt wird. Erst nach der Machtergreifung durch die Nationalsozialisten 1933 beginnt eine lange Zeit voller Schwierigkeiten, die familiärer Art sind aber auch durch das Exil der Familie in den USA begründet sind. Marcel Reich-Ranicki bezeichnet Katja Mann in einem Nachruf nicht als Schriftstellerin, sondern als „eine literaturhistorische Figur, (...) in einer Reihe also mit Goethes Christiane und Schillers Charlotte."[117]

***

Unter den Sachbüchern der „Spiegel"-Liste ragt das Buch „Der Archipel Gulag" hervor, Alexander Solschenizyns bereits Ende 1973 veröffentlichtes, aber 1975 immer noch in der deutschen Bestsellerliste aufgeführtes Meisterwerk mit der Kritik des Stalinismus in der Sowjet-Union. Die Kategorisierung als Sachbuch ist dadurch begründet, dass Solschenizyn die Gefängnisindustrie der Sowjetunion fast wissenschaftlich beobachtet. Die Schilderungen der Schicksale der Häftlinge, ihres Verhaltens und ihrer Empfindungen unter den Drangsalierungen der sadistischen Bewacher beschreiben eindringlich die unvorstellbare Härte des Lagerlebens.

Zeithistoriker bezeichnen den „Archipel Gulag" als das Buch, das am meisten zum Zerfall der Sowjet-Union beigetragen hat.[118] Es führe die moralische Perversion der Lagerwelt auf die Herrschaft einer pervertierten Ideologie zurück, eine Ansicht, die von den Lesern im Westen, sofern sie nicht gerade hartgesottene Kommunisten sind, mit Zustimmung aufgenommen wird.

***

Kinderbücher sollen jetzt „bereinigt" werden, Gemälde erst später?

Auf den Bestsellerlisten fehlt eine wichtige Buchkategorie: Die Kinderbücher, die teilweise über Jahrzehnte sehr zahlreich gekauft werden und immer wieder neue Kindergenerationen begeistern.

Zu diesen Büchern gehört die „Pippi Langstrumpf"-Bücherserie von Astrid Lindgren, die 1975 schon seit 30 Jahren auf dem Markt ist. Obwohl Pippi Langstrumpf als Vorreiterin der Emanzipation der Frauen herhalten muss und diese Figur daher wohlwollend von manchen Kämpferinnen für die Emanzipation in ihre Reihen eingegliedert wird, bekommt auch Pippi Langstrumpf Schwierigkeiten, denn Mitte der 1970er Jahre trifft sie der Rassismus-Vorwurf. Die Autorin Astrid Lindgren hat zwar zeitlebens alle Änderungen an ihren Texten untersagt, aber im Jahr 2010 ist es soweit, dass die Erben einknicken und aus dem „Negerkönig" ein „Südseekönig" wird und die „Zigeuner" gestrichen werden.

Otfried Preußlers Buch „Die kleine Hexe" ist 1975 auch schon fast 20 Jahre ein „bezauberndes" Buch und erfreut die kleinen Zauberer. Allerdings dürfen sich die Kinder in der Fasching-Szene seit 2013 nicht mehr als „Neger" verkleiden, sondern nur noch nicht-ethische Verkleidungen sind zulässig.

Heinrich Hoffmanns Buch „Der Struwwelpeter" gehört seit 1845 zu den erfolgreichsten Kinderbüchern, aber auch „Der Struwwelpeter" muss sich eine Zensur gefallen lassen, denn es ist in Hoffmanns Originalbuch die Rede vom „Mohr", den es nun, wie den „Neger", auch nicht mehr gibt. Neben der sprachlichen Zensur ist jedoch auch die inhaltliche Kritik bedeutend. Die Schicksale der Kinder, die nicht gehorchen, sind eindringlich, denn dem Daumenlutscher Konrad werden die Finger abgeschnitten, der Suppenkasper verhungert und Paulinchen verbrennt. Angesichts dieser Strafen sind die „lustigen Geschichten und drolligen Bilder für Kinder von 3-6 Jahren" (so der Untertitel in der Erstausgabe) Mitte der 1970er Jahre nicht mehr wohlgelitten.

Hoffmanns Intention ist es gewesen, Kindern nicht moralische Vorschriften zu machen, denn damit könnten sie nichts anfangen, sondern sie durch Geschichten und Bilder zu belehren. Aber inzwischen wird im „pädagogischen Lager" (Karl Ernst Maier) jeder Einfluss auf Kinder durch Erwachsene als unnötig und schädlich angesehen. Bei gemäßigteren Pädagogen richtet sich die Kritik „gegen die Verwendung negativer Verhaltensmodelle, gegen die repressive Strafpädagogik, gegen die autoritärdogmatische Unbedingtheit seiner ethischen Erziehung."[119]

Offensichtlich handelt es sich bei der Kinderliteratur nicht um Kunstwerke, denn niemand käme auf die Idee, Gemälde zu übermalen, nur weil der spätere Zeitgeist gegenüber dem Zeitgeist zur Entstehung der Bilder sich geändert hat. Bücher aber sind nicht tabu, hier kann der Zensor unbehelligt umschreiben lassen.

***

Wie schon häufig in den Jahren zuvor, ist der Preisträger des Nobelpreises für Literatur des Jahres 1975 nur einem kleinen Kreis von Experten bekannt. Eugenio Montale, 79 Jahre alt, erhält den diesjährigen Preis für „seine besonders geprägte Dichtung, welche mit großer künstlerischer Feinfühligkeit menschliche Werte als Ausdruck einer illusionslosen Lebensanschauung deutet."

Die Jury zur Suche des würdigsten Autors, besteht in diesem Jahr aus fünfzehn Mitgliedern, nur Herren, deren Durchschnittsalter bei respektablen 67 Jahren liegt. Senior ist der einundneunzigjährige schwedische Lyriker Anders Österling, der - es passt sich gut - mit dem Preisträger Montale befreundet ist und ihn übersetzt hat.[120] So profitieren beide, der Dichter und der Senior der Jury, von der Entscheidung des Nobelpreis-Komitees.

Eugenio Montale ist, erstaunlich für einen Lyriker, auch 40 Jahre später noch nicht auf dem Buchmarkt vergessen. 2013 werden seine Gedichte aus 60 Jahren in einer Auswahl („Was bleibt (wenn es bleibt)") neu her-

ausgegeben und in vielen Zeitungen (beispielsweise „Neue Zürcher Zeitung", „Süddeutsche Zeitung") ausführlich besprochen.

***

Die Buchmesse in Leipzig ist ein Fest für die Staatssicherheit, die Buchmesse in Frankfurt am Main ist ein Fest für den Kommerz.

Eine große öffentliche Aufmerksamkeit für die Literatur ist mit den jährlichen Buchmessen in Frankfurt am Main und in Leipzig verbunden. Bei der Leipziger Buchmesse steht jedoch nicht die Literatur im Vordergrund des Interesses, sondern im Blickpunkt ist die jeweilige politische Lage im Ost-West-Verhältnis, die sich in der Auswahl der ausgestellten Bücher widerspiegelt.

Die Leipziger Buchmesse öffnet am 10. März 1975. Die Zensoren der DDR sind stark gefordert, denn es gilt, nicht linientreue Ideen aus dem kapitalistischen Ausland von den Besuchern der Messe fernzuhalten. Aber auch unerwünschte Bücher über Chinas Maoismus, Trotzkis Werke und Werke von Alexander Solschenizyn gehören nach DDR-Lesart auf den Index und sind daher aus der Buchmesse verbannt. Ebenfalls wird die Pressekonferenz vor der Eröffnung der Buchmesse straff gesteuert, indem den Journalisten aus der DDR vorab bestimmte Fragen aufgetragen werden, damit die DDR international glänzen kann. Gegen unliebsame Erkundigungen westlicher Journalisten schützen sich die Veranstalter, indem die Staatssicherheit im Umfeld der Journalisten mögliche Fragen sammelt und die westlichen Journalisten damit berechenbarer macht.

Die Attraktivität der Leipziger Buchmesse ist trotzdem sehr groß, weil das Publikum auch trotz der rigorosen Zensur einen Zugang zu westlicher Literatur hat. Beeindruckend ist der „Bücherklau", der von den westlichen Messeausstellern mit großer Toleranz hingenommen wird, denn sie wissen, dass die Besucher aus der DDR nur wenige andere Gelegenheiten haben als auf diesem Wege, Bücher aus dem „Nichtsozialistischen Wirtschaftsgebiet" zu erhalten. Der „Hunger auf Unerwünschtes und Verbotenes, auf Unerreichbares" ist groß.[121] Jedoch wirkt die Buchmesse sehr steril. Die im Bewusstsein der Besucher und Aussteller geahnte Allgegenwart der DDR-Überwachung lässt keine ungehemmte Begeisterung oder Offenheit bei Lesungen und Diskussionen aufkommen.

Dagegen herrscht in Frankfurt am Main auf der Buchmesse ab dem 9. Oktober 1975 ein wahrer Zirkus.

Als Star auf der Buchmesse erscheint Muhammad Ali, dessen Buch „Der Größte - Meine Geschichte" allerdings noch nicht auf dem Markt ist. Bei der Präsentation des Buches 1975 zeigt der deutsche Verleger Willy Droemer, mit riesiger, respekterheischender Hornbrille ausgestattet, dem Boxer Muhammad Ali die amerikanische Buch-Version „The Greatest - My Own Story". Muhammad Ali ist überrascht, sein eigenes Buch in der Hand zu halten, ein Buch, das der Ghostwriter Richard Durham „zusammengestellt" hat, wie er seine Tätigkeit umschreibt. Es ist zu vermuten, dass Richard Durham so viel vom Boxen versteht, wie Muhammad Ali von Literatur. Egal, das Geschäft läuft und der „Spiegel" möchte nicht hintanstehen und vermarktet den Boxer auf seiner Titelseite (43/1975) sowie in einem Vorabdruck der „Memoiren".

In die Literatur-Kategorie Sport-Bestseller gehört auch das Memoiren-Werk von Franz Beckenbauer „Einer wie ich" im Bertelsmann-Verlag, das zu üppig kalkulierten 26 Mark zu erwerben ist. „Beckenbauer packt aus" meldet die Fernsehzeitschrift „Hör Zu" und im Buch wird behauptet, es sei „der erste Hintergrundbericht über das härteste Showgeschäft der Welt." Nichts davon entdeckt der Schriftsteller Ludwig Harig in seiner „Spiegel"-Kritik, lediglich „Geschichtchen". Harig sieht in Beckenbauer ein „vermarktetes Individuum", verkennt jedoch, wie erfolgreich sich Beckenbauer selbst vermarktet.[122]

Der Kommerz steht in Frankfurt im Vordergrund, Bestseller werden gemacht, selbst wenn Marcel Reich-Ranicki auf der Buchmesse 1975 eine „Hinwendung zum Künstlerischen in der Literatur", die „Rückkehr zur schönen Literatur" entdeckt. Unter den 43.000 Neuerscheinungen des Jahres 1975 findet sich sicherlich manche Hinwendung zum Künstlerischen, davon aber können die Buchverlage nicht leben. Ganz gezielt werden von den großen Buchverlagen Marketingkampagnen betrieben, um ihre Titel auf die Bestsellerlisten zu bringen. Der S. Fischer-Lektor Hans-Jürgen Schmitt zieht daraus den Schluss, dass unter diesen Marktentwicklungen der Niedergang der großen „bürgerlichen Verlage" und damit auch der „kulturelle Anspruch" vorprogrammiert sei.[123]

Nicht nur kostenintensive Werbekampagnen befördern den Absatz, sondern auch ungesteuerte Entwicklungen im Publikumsgeschmack führen zu Erfolgen. Auf der Buchmesse 1975 stehen Klassiker hoch im Kurs, so die zehntausend Seiten der Jean-Paul-Werkausgabe bei Hanser, die Rilke-Gesamtausgabe im Insel-Verlag, die Kurt-Tucholsky-Ausgabe in zehn Bänden bei Rowohlt oder das „Erzählerische Werk" von Thomas Mann bei S. Fischer.

Insgesamt läuft das Geschäft gut, die Buchverlage rechnen mit einem Umsatzplus von 12 bis 15 Prozent, dem Doppelten der Inflationsrate. Die Buchbranche nimmt es als selbstverständlich hin, dass ihr Geschäft weiterhin vor unliebsamem Wettbewerb geschützt wird. Während seit 1974 aufgrund des Gesetzes gegen Wettbewerbsbeschränkungen Preisbindungen generell unzulässig sind, besteht die Preisbindung für Bücher unvermindert weiter. Allerdings droht der Bundeswirtschaftsminister Hans Friederichs bei der Eröffnung der Frankfurter Buchmesse, diese Ausnahmeregelung in Frage zu stellen, wenn der „Marktzutritt für anspruchsvolle Verlagserzeugnisse" nicht länger garantiert sei. Die Preisbindung gilt heute, fest zementiert, immer noch.

***

1975 wird der Buchmarkt um eine neue Taschenbuch-Serie bereichert. Nach vier Testversuchen erscheint ab Januar 1975 regelmäßig monatlich das „Dagobert Duck Taschenbuch" zum Preis von 1,80 DM. Zweifellos ist Onkel Dagobert die reichste Ente der Welt, vielleicht das reichste Lebewesen überhaupt. Sein Vermögen wird von Wissenschaftlern, den Donaldisten, in unterschiedlicher Höhe angegeben, Einigkeit besteht aber darin, dass es mehrere Fantastilliarden Taler sind und das Kleingeld 16 Kreuzer beträgt.

Dagobert ist ein Monopolkapitalist, der die arbeitende Klasse ausbeutet, entdecken zwei Marxisten.

Seit 1947 belebt Dagobert, im Original Scrooge McDuck, die Literatur in Comic-Heften. Im Laufe der Jahre kann er, vor allem durch extremen Geiz, immer mehr Geld anhäufen, das er, erstaunlicherweise, in Form von Münzen und nicht in Geldscheinen in einem riesigen Geldspeicher hortet. Sein Neffe Donald und seine drei Großneffen Tick, Trick und Track sind im Gegensatz zu Dagobert arme Schlucker und kommen trotz aller Versuche, größeren Wohlstand zu erreichen, nie auf den grünen Zweig.

Die Comic-Figuren bereiten den Lesern, wie an dem andauernden Erfolg der Comic-Hefte zu erkennen ist, großen Spaß. Aber es gibt auch vehemente Auseinandersetzungen mit den Comic-Enten: 1975 erscheint das Buch der Soziologen Ariel Dorfman und Armand Mattelart „How to read Donald Duck: imperialist ideology in the Disney comic". Die Marxisten Dorfman und Mattelart sehen Dagobert als Monopolkapitalisten, der seinen Reichtum durch die Ausbeutung der arbeitenden Klasse angehäuft habe und - so ihre ernst gemeinte Schlussfolgerung - die Darstellung dieser bourgeoisen Welt in den Comics stelle eine große Gefahr für Kinder dar.

***

Die Ära des Schul-Lesebuchs neuen Typs ist zu Ende, kaum dass die neue Zeit begonnen hat. Ein Streit zwischen Eltern, Didaktikern, Kulturpolitikern und politischen Parteien bestimmt 1975 die Diskussion über das angemessene Lesebuch.

Dabei ist es früher ganz einfach gewesen: Ein „Allgemeines Lesebuch für den Bürger und Landmann vornehmlich zum Gebrauch in Stadt- und Landschulen" von Dr. Friedrich Seiler ist in der Bibelanstalt Erlangen 1799 schon in der zehnten verbesserten Auflage zum Preis von „sechs guten Groschen" erschienen. Es ist ein praxisorientiertes Realienbuch vieler Wissensgebiete, beispielsweise über Geografie, Morallehre, Viehzucht und Handel. 1975 werden Lesebücher und deren Inhalte sogar zum Thema in Wahlkämpfen, so in Niedersachsen oder Nordrhein-Westfalen.

„Schweinereien" und „Roter Schmutz" verunzieren die Lesebücher.

Die „Zeit"[124] berichtet im Januar 1975 in einem Artikel von Werner Klose über eine Auseinandersetzung zum Lesebuch „drucksachen", das für die Orientierungsstufe, also 5. und 6. Schuljahr, eingeführt werden soll und zitiert Zeitungsüberschriften hierzu: „Roter Schmutz auf Schulkinder" („Bayernkurier"), „Schweinereien im Lesebuch" („Rheinischer Merkur") oder „Das geht alle Eltern an: Lesebuch verdummt ihre Kinder" („Stadtanzeiger Neuss").

Aber die „Zeit", nicht weiter verwunderlich angesichts der generellen, ja, ideologischen Ausrichtung der Zeitung, wiegelt ab und findet nichts Verwerfliches an auffälligen Zitaten aus dem umstrittenen Lesebuch. So heißt es: „Goethe sprach zu Schiller: Hol´aus dem Arsch ´nen Triller. Schiller sprach zu Goethe: Mein Arsch ist keine Flöte" (über die Dichter-Klassiker Friedrich von Schiller und Johann Wolfgang von Goethe). Eine Sammlung an Schimpfwörtern für Lehrer reicht von „Affentöter" und „Arschgeiger" über „Stupidienrat" bis „Tintenscheißer".

Kritik ist laut „Zeit" nicht angebracht, denn es stelle sich die Frage, „ob denn Laien außerhalb der Schule befugt (seien), an Lehrbüchern Kritik zu üben." Und dann legt die „Zeit" noch in haarsträubender Art nach mit der Bemerkung, dass das „liebe alte Lesebuch, das jahrzehntelang die heile Welt des moralisch Vorbildlichen und poetisch Schönen als Schatzkästlein zwischen Leinendeckeln bewahrte und der Jugend als 'Lebenshilfe' anbot", dazu führte, dass die so erzogenen Generationen zwei Weltkriege führten mit rund 65 Millionen Toten. In der Überschrift zu diesem Zeitungsartikel heißt es übrigens ergänzend: „Die Polemik gegen sie (gemeint sind die Lesebücher) ist oft unfair und ahnungslos." Polemik ist offensichtlich nur unfair, wenn andere sie betreiben.

Gewinnbringend ist es, den „Spiegel" zu diesem Thema zu lesen.[125] Das Magazin berichtet, dass die große Lesebuch-Revision begonnen habe und das „Lesebuch neuen Typs", das die oben zitierten Auswüchse enthält, schon wieder eingestampft wird. So verkürzt der Diesterweg Verlag den Band „Kritisches Lesen 2" um das Kapitel „Sprache und Sexualität", der Klett Verlag zieht sein Sprachbuch „Kaleidoskop" ganz vom Markt zurück.

Wichtiger als diese fragwürdigen Sprachbeispiele aber sind dem „Spiegel" inhaltliche Schiefstellungen, wie zum Thema „Im Betrieb", das ideologisch einseitig behandelt werde. Das Generalthema laute: Ausbeutung der Arbeitnehmer. Es wird ausschließlich die Situation der Arbeiter, nicht die der Angestellten und Beamten in der Berufswelt behandelt. Die lohnabhängigen Arbeiter, deren finanzielle Verhältnisse schlechter werden und über die inhuman verfügt wird, werden lediglich als Produktionsfaktor und damit als Kostenfaktor dargestellt. Der „Spiegel" charakterisiert diese Lesebücher als „Gesinnungs-Lesebücher", die eine marxistische Weltsicht widergeben, „wie sie einem kommunistischen Studentenbund gut angestanden hätte." Der Arbeiter bietet seine Arbeitsleistung als Ware an und erhält im Tausch von den Herrschenden in der Unternehmensleitung einen Preis für seine Arbeitsleistung. Einer der Lesebuch-Herausgeber wird anonym im „Spiegel" zitiert: „Kein Wort über die Tarifpartner, die Bedeutung der Gewerkschaften, die Arbeits- und Sozialgesetzgebung des Bundes."

Die Lesebuch-Verlage wollen die Akzentuierung des Antiautoritären, wie sie in den zitierten Sprachentgleisungen zum Ausdruck kommt, zurücknehmen. Eine inhaltliche Korrektur der einseitigen Darstellung der Arbeitswelt ist nicht geplant.

***

Als „Verderber der Jugend" hat der Mathematiker Leopold Kronecker seinen Schüler, den Mathematiker Professor Georg Cantor bezeichnet. Der Vorwurf beruht darauf, dass Cantor vor hundert Jahren (1874) die Mannigfaltigkeitslehre begründet hat, die später unter dem Namen Mengenlehre bekannt und berüchtigt wird. Dass die Mengenlehre die Jugend verderbe, wie der Vorwurf gegen Cantor lautet, ist zweifellos arge Polemik, aber der Lehrer Kronecker sieht es dem Schüler Cantor nicht nach, wenn der Jüngere größere Erfolge in der Wissenschaft hat, als er, der Ältere.

Die „Neue Mathematik" wird entdeckt, aber auch schnell wieder vergessen.

Die Reform des Mathematikunterrichts in der 1970er-Jahren wird vollmundig als „Neue Mathematik" bezeichnet und gerät unter dem Schlagwort Mengenlehre in die breite Diskussion in den Medien und vor allem bei den Eltern der Schüler, die mit der Mengenlehre beglückt werden. Die Kritik an der Mengenlehre stützt sich auf die Argumente einer zu frühen Abstraktion im Unterricht, auf den übermäßigen Gebrauch von Symbolen und Fachausdrücken und darauf, dass die Lehrerschaft, von der nur ein geringer Teil fachbezogen ausgebildet ist, überfordert ist. Und viele Eltern stehen der neuen Entwicklung kritisch gegenüber, weil sie nicht in der Lage sind, den Kindern bei den Hausaufgaben zu helfen, denn auch die Eltern betreten Neuland.

Medien greifen die Kritik auf und jetzt, 1975, nachdem die Mengenlehre auch in den letzten Bundesländern für Grundschulen obligatorisch ist und neue bunte Schulbücher gedruckt sind, geht es mit der Mengenlehre schon wieder bergab. Aber die Schulbuchverlage können entspannt sein, denn hunderte Bücher sind zum Thema Mengenlehre neu erschienen, für Schüler, Eltern und Lehrer. Bestseller sind die in immer wieder neuen Auflagen erschienenen Bücher von Walter Neunzig und Peter Sorger wie beispielsweise „Wir lernen Mathematik". Einzelne Bundesländer verpflichten die Schulen zu Lehrbüchern, die nur in diesem Bundesland verwendet werden. Die „Mathematik im 1. Schuljahr" (und in den folgenden Schuljahren) von Joachim Arendt und Friedrich Wilhelm Usbeck dominiert schon seit 1969 in Hamburg, ein Lehrbuch dessen Titelseite zwei stilisierte Kinder mit roten Wangen zeigt, die, zwischen roten, blauen und gelben Rechtecken, Kreisen und Dreiecken stehend, offensichtlich über die Neue Mathematik begeistert sind.

Zehn Jahre später ist die Mengenlehre aus den Schul-Richtlinien verschwunden. Jetzt müssen wieder neue Schulbücher gedruckt werden, ohne bunte Kreise, Rechtecke und Dreiecke. Die alte Mathematik muss wieder herhalten. Die Buchverlage erfreut es.

Aber es geht bergab mit den Mathematikkenntnissen: Die Mathematikprüfung für den mittleren Schulabschluss in Berlin und Brandenburg hat nach Ansicht mehrerer Mathematikprofessoren und -lehrern im Jahr 2016 einen neuen Tiefstand erreicht, schreiben sie in der „Frankfurter Allgemeinen Zeitung" und erläutern drei Beispiele.[126] *In einer Teilaufgabe sollen die Schüler in einem Säulendiagramm mit neun Säulen die kürzeste Säule erkennen, wobei auch ein leichtes Danebentippen immerhin nicht als falsche Lösung gewertet, sondern mit einem Punkt bewertet wird. Von ähnlichem Schwierigkeitsgrad ist die Aufgabe, ein Quadrat mit einer Seitenlänge von fünf Zentimetern zu zeichnen oder ein analoges Fieberthermometer abzulesen.*

Die Autoren monieren in der FAZ, die Schulmathematik sei auf Betreiben des von Psychologen geleiteten Instituts für Qualitätsentwicklung im Bildungswesen (IQB) zur reinen Vortäuschung des Rechnens geworden. Das IQB unterstützt die Kultusministerkonferenz (KMK) der Bundesländer bei der Weiterentwicklung von Bildungserträgen im Schulsystem und hilft, länderübergreifende Bildungsstandards zu entwickeln. Im Mittelpunkt der Arbeit stehen laut IQB Schülergruppen mit besonderen Lernbedürfnissen, mit sonderpädagogischem Förderbedarf, mit Zuwanderungshintergrund oder aus sozial benachteiligten Familien, aber auch besonders leistungsstarke Schüler. Letztere kommen offensichtlich zu kurz, wie diese lächerlichen „Mathematik"-Aufgaben auf unterstem Niveau zeigen.

7.3. Neue „Krankheiten"

Ob es an neuen Schulbüchern liegt oder ob andere Ursachen eine Rolle spielen, die zu einer Zunahme an Auffälligkeiten im Verhalten von Schülern und zu absinkenden Fähigkeiten führen, ist offen.

Es ist festzustellen, dass neue Krankheiten die Schüler befallen. Auffallend viele Schüler leiden seit Mitte der 1970er Jahre an heftiger Dyskalkulie (Beeinträchtigung des arithmetischen Denkens) oder an Legasthenie (Lese- und Rechtschreibstörung). Auch die ADHS (Aufmerksamkeitsdefizit-/Hyperaktivitätsstörung) wird zunehmend diagnostiziert. Diese Leiden haben ihre Ursache offensichtlich in der Tendenz, Abweichungen in den Fähigkeiten und im Verhalten von Menschen schnell als krank zu bezeichnen und gerne auch auch mit Wirkstoffen zu behandeln, die die Pharmaindustrie bereitwillig zur Verfügung stellt.

„Messtechnische Kunstprodukte" lassen neue „Krankheiten" erkennen. Man muss nur lange genug suchen.

„Die Dyskalkulie ist für mich eine erfundene Krankheit" konstatiert der Paderborner Professor für Mathematikdidaktik Wolfram Meyerhöfer im Interview mit dem „Spiegel Online" im Jahr 2013, denn die Rechenschwäche wird anhand von konstruierten Tests ermittelt, die einer Standard-Normalverteilung folgen. Unter einem willkürlich festgelegten Wert gilt die Annahme, die Kinder hätten eine Rechenschwäche.[127] Das Angebot von Therapeuten zur Überwindung der Dyskalkulie ist trotz der nüchternen Feststellung Meyerhöfers gewaltig, denn ein lukrativer Markt für die Heilung der Rechenschwäche ist so verlockend, dass die Angst vor der unbekannten Krankheit von Therapeuten munter geschürt wird und Heilung erst nach langwierigen (und teuren) Therapiemaßnahmen in Aussicht gestellt wird.

Auch die Diagnose Legasthenie ist umstritten. So wie die Dyskalkulie ist die Lese-Rechtschreib-Schwäche ein messtechnisches Kunstprodukt ohne klare Konturen, dessen Brauchbarkeit in Frage steht, wie der Heidelberger Wissenschaftler Werner Zielinski nach Untersuchungen der Entwicklung der Lesefertigkeit von Schülern im Jahr 1998 feststellt.[128] Unbestritten ist, dass Kinder sich unterschiedlich entwickeln und dass ein willkürlich festgelegter Anteil mehr Fehler in der Schriftsprache macht als die überwiegende Mehrheit der Kinder, deren Testergebnisse oberhalb dieser Grenze liegen. Diese Erkenntnis ist trivial, aber die unzähligen Verbände für Legasthenie und Berufsverbände von Psychologinnen und Psychologen und die Mitglieder der Verbände finden auf diesem Gebiet ein breites Betätigungsfeld.

Das Verbandswesen erfreut sich auch bester Gesundheit bei einem weiteren Krankheitsbild, das zunehmend bei Schülern diagnostiziert wird: Die Aufmerksamkeitsdefizit-/Hyperaktivitätsstörung (ADHS) soll behandelt werden. Die Bezeichnung ADHS soll verdeutlichen, dass es sich um eine eindeutig definierte Krankheit handele. Das ist aber keineswegs der Fall, denn ADHS ist kaum mehr als ein Hilfswort für eine Kultur fehlender Aufmerksamkeit, deren Ursache in Hirnstörungen, zerrütteten Familienverhältnissen, inkonsequenter Erziehung oder einem niedrigen Sozialstatus gesehen werden kann. Die Liste der möglichen Ursachen lässt sich ohne Schwierigkeiten erweitern.

Es ist normal, psychisch krank zu sein.

Mit einer erstaunlichen Gläubigkeit werden Verhaltens- oder Beziehungsschwierigkeiten schnell in die Rubrik ADHS eingeordnet. Dies ist noch nicht weiter bedenklich, aber die massive Einflussnahme der Pharmaindustrie auf Untersuchungen hinsichtlich der Verhaltensstörungen gibt Anlass, die Studienergebnisse kritisch zu hinterfragen. So berichtet das „aerzteblatt.de"[129] im Jahr 2008, dass mehr als die Hälfte der Autoren des amerikanischen „Diagnostischen und Statistischen Handbuchs Psychischer Störungen", das auch die ADHS behandelt, „Interessenkonflikte mit der Pharmaindustrie hat" und vermutet, „dass die finanziellen Zuwendungen die Objektivität der Autoren getrübt haben könnte."

Das Ärzteblatt fasst auch einen Artikel in der „New York Times" und die drauf bezogenen Leserkommentare mit der Erkenntnis zusammen, dass die Pharmaindustrie Einfluss auf die Diagnose psychiatrischer Erkrankungen nimmt und sei es nur in der Form, dass Definitionen wie etwa zur ADHS so allgemein gefasst sind, dass praktisch jeder darunter falle. Das Ärzteblatt ergänzt: „Es wird auch der Verdacht des ‚disease mongering' geäußert, nach dem bestimmte Erkrankungen ‚erfunden' werden, um Menschen zu behandeln."

Die Pharmaindustrie ist dennoch bester Stimmung. In Deutschland wird den ADHS-Patienten der Wirkstoff Methylphenidat verabreicht, der in dem Medikament Ritalin enthalten ist. In mancher Schulklasse werden regelmäßig mehrere Kinder von den Lehrern mit Ritalin ruhig gestellt. Dass Nebenwirkungen wie Appetitlosigkeit, Kopfschmerzen, Bauchschmerzen, Schlafstörungen oder Depressivität auftreten, wird in Kauf genommen. Das Geschäftsmodell funktioniert.

***

„Es ist ja heute kaum noch möglich, ohne geistige Störung durchs leben zu kommen", zitiert der „Spiegel" den US-Psychiater Allen Frances im Jahr 2012.[130] Und weiter berichtet das Magazin, dass Ärzte und Mitarbeiter von Pharmafirmen Störungen konstruieren, die lediglich Varianten weit verbreiteter unauffälliger Verhaltensweisen sind. Aus der Eigenbrötelei wird die „schizoide Persönlichkeit", Schüchternheit wird zur „sozialen Phobie", schlechte Laune wird „Dystymie" und Trauer wird zur „Anpassungsstörung".

Wer hingegen einen fortdauernd fröhlichen Gemütszustand hat, leide an „generalisierter Heiterkeitsstörung (GHKS)", stellt der Berliner Psychiater Ulrich Streeck in einer Satire fest, die ihm von Kollegen jedoch arg übel genommen wird. Die Genarrten seien offensichtlich an einer „posttraumatischen Verbitterungsstörung" erkrankt, wenn sie sich über seinen Beitrag erregten, erwidert Streeck.

Im Ergebnis stellt der „Spiegel" fest, es sei heute also schon normal, psychisch krank zu sein. Und eine Erkenntnis zur ADHS eröffnet das Magazin auch noch: Der „Entdecker" der ADHS, der Leiter der Psychiatrie am Massachusetts General Hospital in Boston, Leon Eisenberg, erklärt 2009 in seinem letzen Interview vor seinem Tod: „ADHS ist ein Paradebeispiel für eine fabrizierte Erkrankung."

7.4. Zeitungen - Die Qualitätsfrage

Der Bundesverband Deutscher Zeitungsverleger (BDZV) veröffentlicht seit 1954 regelmäßig Daten zur Zahl der verkauften Zeitungen in der Bundesrepublik Deutschland.[131]

1975 gibt es vier überregionale Abonnementszeitungen mit einer Auflage von insgesamt 0,8 Mio. Exemplaren (heute sind es 10 Zeitungen mit einer Auflage von insgesamt 1,5 Mio. Exemplaren bei einer um rund 17 Millionen vergrößerten potentiellen Leserschaft in den östlichen Bundesländern). Die Zahl der lokalen und regionalen Abonnementszeitungen ist von etwa 400 auf jetzt 300 zurückgegangen, allerdings mit einer leichten Auflagensteigerung von etwa 12 Mio. auf 13 Mio. Exemplare. Nach wie vor wird der größte Teil der Zeitungen im Abonnement verkauft, er liegt unverändert bei gut zwei Drittel der verkauften Zeitungen.

Werbung macht froh, vor allem die Zeitungs- und Zeitschriftenverlage. Aber auch der Konsument profitiert von „hemmungslosen" Werbeanzeigen.

Werbeanzeigen haben 1975 einen beträchtlichen Anteil in den Zeitungen. Sie liegen bei etwa der Hälfte des Gesamtumfangs und tragen erheblich mit knapp 70 Prozent zu den Gesamterlösen der Zeitungen bei. Ein Einzelbeispiel in dem Fachbuch „Zeitungslehre II"[132] einer nicht näher bezeichneten Zeitung mit einer Auflage von 180.000 Exemplaren aus dem April 1975 zeigt die Bedeutung der Anzeigen, die in diesem Monat rund

40.000 Annoncen umfasst. Fast 12.000 Inserate betreffen den Automarkt, etwa 3.200 Anzeigen den Immobilienmarkt, gut 5.200 Inserate den Stellenmarkt und 6.400 Anzeigen den Vermietungsmarkt.

Zeitschriften leben ebenfalls zu einem beträchtlichen Teil von der Werbung, wobei eine aufwändige Werbung für Konsumgüter dominiert. In der Rückschau erscheinen viele Werbeanzeigen aus dem Jahr 1975 kurios, wie ein kurzer Blick auf einige Anzeigen verdeutlicht.

So wirbt der Miederhersteller Ski mit dem Hinweis „Es gibt Mieder, die engen ein" und zeigt dazu das Bild einer nackten Frau mit unglücklichem Gesicht, die in eine Holzkiste eingezwängt ist. Daneben erfreut sich eine strahlende Frau an ihrem Mieder („Und es gibt Mieder, die machen frei. Ski"), das allerdings an der Dame wie ein Panzer wirkt. Eigentlich wäre umgekehrt zu erwarten, dass die nackte Dame über ihre Freiheit strahlt und die im Mieder eingezwängte Dame mit verkniffener Miene den Betrachter anblickt. Frei ist auch ein junger Mann, der mit einer abenteuerlich grün-blau-gelb-orangenen Unterhose mit unruhigen Karos bekleidet ist und ein ebenso irritierendes Unterhemd trägt. „Freiheit, die besticht", erklärt der Wäschehersteller Schiesser. Warum der junge Mann in Unterwäsche sich auf einen Degen stützt, bleibt für den unbedarften Konsumenten unerklärlich. Ausgebuffte Werbestrategen werden sicherlich auf unterbewusste Anreize dieser Werbung verweisen. Wenn eine bestimmte Symbolik mit dem Degen angesprochen werden sollte, dürfte dieser Versuch wohl scheitern: Als Lustobjekt taugt der karierte Mann eher nicht.

„Frohes Erwachen mit hildesia-Tapeten", verspricht der Tapetenhersteller und zeigt ein glückliches Paar im Bett, dessen männliche Hälfte mit Schnauzbart und überlangen Koteletten die dazu gehörende Dame mit dem Arm umfasst. Es ist anzunehmen, dass die beiden eine schreckliche Nacht miteinander verbracht haben, denn die Tapete im Schlafzimmer ist von beunruhigender Farbgebung mit rot-violett stilisierten Riesenblumen vor einem hell- und dunkelgrünen Hintergrund, auf dem Blätter angedeutet sind. Albträume müssen diese Tapeten verursachen. Hildesia trägt aber offenbar dazu bei, dass Paare schnell in Stimmung kommen. „Mit hildesia-Tapeten steigt die Stimmung", heißt es in einer anderen Anzeige, die wiederum einen kühn mit Schnauzbart und Koteletten über beide Ohren bis zum Hemdkragen dekorierten Herrn abbildet, der eine Dame eng an sich presst und mit ihr mit Sektgläsern anstößt. Die Dame juchzt offensichtlich vor Vergnügen. An der Tapete im Zimmer kann es nicht liegen, denn die Riesenkreise auf dieser Tapete in einem Dutzend Orangetönen verwirren sehr. Eher dürften die fünf geöffneten Sektflaschen, die im Vordergrund des Bildes stehen, zur gehobenen Stimmung beigetragen haben.

Verwirrend ist die widersprüchliche Werbung für Schiesser-Negligees, für „ilgonetten", den Süßstoff-Ersatz für Zucker, und für Midro-Tee. Während in der Schiesser-Werbung zwei Damen ungehemmt Kuchen essen, aber in ihren Negligees durchaus schlank wirken, warnt eine Midro-Tee trinkende Dame, gekleidet mit einer grotesk anmutenden Bluse, vor Süßigkeiten, denn diese mindern „die Lebenserwartung (von der Liebeserwartung ganz zu schweigen)." Auch eine gezeichnete sehr üppige Dame, mit einer Kaffeetasse in der einen Hand, in der anderen eine Riesenpackung „ilgonetten", erklärt, wieviele Kalorien gespart werden können, wenn statt Zucker im Kaffee „ilgonetten" genommen werden. Vermutlich hat diese Werbefigur gerade erst mit der Sparaktion begonnen, denn sie hat noch eine weite Strecke der Gewichtsreduzierung vor sich.

Ganz verwirrt wird die Zeitschriftenleserin durch eine Werbung des Miederfabrikanten Triumph. Gesucht wird „die fröhliche Dicke", denn die „üppige Frau hat die sinnlichste Haut." Sie schafft es nicht, „sich selbst zu disziplinieren" und ist deshalb „nachsichtig und tolerant." Sie hat eine „unvergleichlich runde, weiche Schulter, den glatten Rücken ohne abstehende Schulterblätter und knochige Wirbel." Ja, und es wird, „wer das Glück hat, eine solche Frau zu lieben, mit vielem belohnt." Womit der Liebende belohnt wird, verrät die Werbung nicht, aber die üppige, in der Werbeanzeige lächelnde Dame mit durchsichtiger Bluse verspricht durchaus sinnliche Freuden.

Nur, was soll die Frau im Jahr 1975 machen? Hemmungslos Kuchen essen oder sich kasteien?

***

Trotz blühender Werbeeinnahmen der Zeitungen kündigt sich schon eine Konzentration der Zeitungsmacht an. Die Vielfalt des Zeitungsmarktes wird durch die Mitteilung des Verlegers der „Neuen Ruhr Zeitung", Dietrich Oppenberg, künftig Anschluss bei der „Westdeutschen Allgemeinen Zeitung" zu suchen, arg eingeschränkt. Damit ist die Presse im bevölkerungsreichsten Bundesland Nordrhein-Westfalen in einer Hand: Die „Westfälische Allgemeine Zeitung" mit 610.000 täglichen Exemplaren, die „Westfälische Rundschau" mit 205.000 und die „Neue Ruhr Zeitung" mit 220.000 Exemplaren. Ziel der Zusammenlegung ist, allerdings unausgesprochen, die Stärkung der SPD-Medienwelt gegenüber den CDU-lastigen Springer-Zeitungen, aber auch die Streichung von Arbeitsplätzen. Drucker, Setzer und Journalisten protestieren heftig gegen den Arbeitsplatzabbau.

Die ersteren, Drucker und Setzer, werden unabhängig von Zusammenlegungen der Zeitungen infolge des technischen Fortschritts ihren Arbeitsplatz verlieren. Die Arbeitsplätze von Journalisten, die noch Qualitätsarbeit abliefern, sind vor allem dadurch bedroht, dass in den nächsten Jahrzehnten eine Reduzierung des Eigenanspruchs an Qualität zu beklagen sein wird und daher „journalistische" Beiträge veröffentlicht werden, die den Mindestanforderungen an Recherchearbeit und Beherrschung der Sprache nicht mehr genügen.

„Journalist" kann sich jeder nennen. Das Ergebnis ist danach.

Allerdings sind seit Mitte der 1970er Jahre große Buch-und Zeitungsverlage bestrebt, die Ausbildung der Journalisten zu professionalisieren. Zu den neu gegründeten renommierten Journalistenschulen gehört die Deutsche Journalistenschule in München (verlagsunabhängig) oder die Hamburger Journalistenschule (getragen vom Verlag Gruner + Jahr). Aber es gibt jährlich nur einige Dutzend Studienplätze, die nach sorgfältiger Auswahl unter den Bewerbern besetzt werden. Im Ergebnis gehören die Absolventen dieser Schulen zur Journalisten-Elite der Bundesrepublik Deutschland.

Die Berufsbezeichnung „Journalist" ist jedoch nicht geschützt und mehrere zehntausend Journalisten sind daher in der Medienwelt tätig, ohne eine qualifizierende Grundlage für ihre Tätigkeit erfahren zu haben. Wenn dann, bei fragwürdiger Qualifikation, auch noch statt einer neutralen Berichterstattung („Sagen, was ist", Rudolf Augstein) der Versuch hinzu kommt, die gesellschaftlichen und politischen Entwicklungen zu beeinflussen, wird die Reputation dieses Gewerbes schnell angenagt.

Die Zielrichtung der politischen Einflussnahme vieler Journalisten liegt darin, ihrem eigenen Weltbild in den Medien Geltung zu verschaffen. Eine viele Jahre später durchgeführte repräsentative Umfrage im Jahr 2005[133] unter Journalisten ergibt, dass rund 9 Prozent der Journalisten der CDU zuneigen, 6 Prozent der FDP und 26 Prozent der SPD. Rund 36 Prozent der Journalisten sehen ihre politische Heimat bei Bündnis 90/Die Grünen. Als keiner Partei zuneigend bezeichnen sich gerade einmal 20 Prozent. Die politische Neigung der Gesellschaft spiegelt diese Verteilung nicht wider. Die Umfrage zeigt auch bei einer anderen Fragestellung eine ausgeprägte Linksorientierung: Befragt nach ihrer politischen Grundhaltung, bei der die Zahl 1 für „politisch links" und die Zahl 100 für „politisch rechts" steht, liegt der Mittelwert bei 38 mit einem unübersehbaren Zeigerausschlag nach links.

***

Ohne politische Orientierung, sondern absolut skrupellos agieren die Journalisten Hildy Johnson und dessen Chef Walter Burns, die sich im Presseraum des Chicagoer Gerichtsgebäudes am Tag vor der geplanten Hinrichtung des geisteskranken Earl Williams mit mehreren Journalisten die Zeit mit Kartenspiel, viel Alkohol und dicken Zigarren vertreiben. Als es Earl Williams gelingt zu fliehen, versteckt Hildy Johnson den Delinquenten im Gerichtsgebäude für ein Exklusivinterview. Ab dem 27. Mai 1975 können die Deutschen diese turbulente Satire unter dem Titel „Extrablatt" im Kino sehen.

Hildebrand „Hildy" Johnson wird dargestellt von Jack Lemmon, Walter Burns von Walter Matthau. Regie in dieser Komödie führt der geniale Billy Wilder, der auch am Drehbuch mitgewirkt hat. Billy Wilder kennt sich in der Zeitungsbranche aus, denn Wilder ist in den 1920er-Jahren Reporter in der Wiener Boulevard-Zeitung „Die Stunde" gewesen, die sich auch durch die Erpressung von Prominenten hervortut, indem sie droht, unvorteilhafte Artikel über sie zu veröffentlichen. Billy Wilders erste Verbindung zum Filmgeschäft ist nicht minder abenteuerlich: In Berlin bietet Billy Wilder dem in Unterhosen aus dem Schlafzimmer einer Nachbarin fliehenden Direktor einer Filmgesellschaft, Maxim Galitzenstein, Unterschlupf, der daraufhin nicht umhin kann, Billy Wilders erstes Drehbuch zu kaufen. So berichtet es jedenfalls der Billy Wilder-Verehrer und Freund Helmut Karasek.[134] Manchmal übertrumpft die Wirklichkeit die Satire. Sicherlich dürfte Galitzenstein mit einem Drehbuch Billy Wilders einen guten Fang gemacht haben.

***

Die „Heiminformationszelle" macht der Zeitung den Garaus.

Die weitere Entwicklung der Zeitungen seit Mitte der 1970er-Jahre wird auch durch technische Fortschritte bestimmt. Nicht nur die Drucker und Setzer sind gefährdet, sondern - auf sehr lange Sicht - das Medium Zeitung selbst. Bereits Mitte der 1970er Jahre sieht der Chefredakteur der „Süddeutschen Zeitung", Hans Heigert, in die Zukunft: „Heiminformationszelle" heißt seine Utopie.

„Die Vision hatte den Namen „Heiminformationszelle. Und mit diesem Aggregat könnte man dann nicht bloß 24 Fernsehprogramme sowie Hörfunk- und Kassettenbeschallung ins Haus bringen, sondern auch Briefe zustellen, Telegramme expedieren, bedruckte Zeitungsblätter herauszaubern, Fragen ans Konversationslexikon oder ans Zeitungsarchiv stellen, die Telefonpartner am Bildschirm sehen, bei der Bank Überweisungen tätigen, im Supermarkt das Nötige ordern und die Kinder im Kindergarten beobachten."[135] Heigerts Vision ist heute Realität, allerdings ohne die Kassettenbeschallung, weil die Kassettenrekorder schon längst verschwunden sind. Telegramme verschickt auch kaum noch jemand.

7.5. Musik - Große Stars

Sinatras „Abschiedskonzerte" dauern fast zwanzig Jahre lang. Da mutet er uns viel zu.

Einer der ganz Großen des amerikanischen Show-Geschäfts kommt nach einer Pause von 14 Jahren im Mai 1975 wieder nach Deutschland: Frank Sinatra. Er ist jetzt 59 Jahre alt und kann nach zahlreichen Niederlagen wieder große Erfolge feiern. 1971 hat er ein beeindruckendes Abschiedskonzert gegeben, nach dem eigentlich anzunehmen wäre, dass die Karriere von Sinatra beendet sei. Nun aber zeigt sich Sinatra wieder präsent und reist mit Konzerten durch die Welt. Es solle keine Skandale geben, hat der Frankfurter Konzertveranstalter Marcel Avram versprochen.

Der „Spiegel" berichtet[136] eine Woche vor Sinatras Auftritt in Deutschland über das zerrüttete Verhältnis des Sängers zur Presse („Nicht nur Ol' Blue Eyes, auch Ol' Troublemaker is back"), der alle Journalisten als Strolche und Parasiten, alle Journalistinnen als Huren diffamiert habe. Nach einer Entschuldigung legt Sinatra nach, der sich bei den Prostituierten entschuldigt, dass er sie mit weiblichen Reportern verglichen habe. Sinatras Aversion gegen die Presse ist leicht nachzuvollziehen, denn von Beginn seiner Karriere an wird er von der Presse immer wieder mit der Mafia in Verbindung gebracht, nicht zu Unrecht, wie sich schon 1962 in einem Bericht des US-Justizministeriums gezeigt hat.

Willie Moore, der Ober-Mafioso in Sinatras Heimatstaat New Jersey hat fast zur Familie gehört. Die Verbindung mit Lucky Luciano, führend in der italo-amerikanischen Cosa Nostra, hat Sinatra auf Befragung als Zufallsbekanntschaft erklärt, eine Zufallsbekanntschaft, der er allerdings eine goldene Zigarettendose mit der Inschrift „To my dear pal Lucky, from his friend, Frank Sinatra" geschenkt hat. Über diese Mafia-Verbindungen und viele weitere, so zu Sam „Momo" Giancana, Joseph und Rocco Fischetti, Vettern von Al Capone, oder zu Joe „The Baron" Barboza berichtet der „Spiegel" vor Sinatras Deutschland-Tournee. Die Journalisten des Magazins dürften aus Sinatras Sicht damit auch zu den verabscheuungswürdigen Strolchen gehören.

Sinatras Auftritt in Deutschland ist für den Sänger und das Publikum enttäuschend. Der Kartenverkauf für die geplanten drei Konzerte verläuft nur schleppend, von den 11.700 Plätzen der Berliner Deutschlandhalle werden nur 2.200 vorverkauft, zu Preisen in der besten Kategorie von großzügig kalkulierten 290 DM gegenüber nur 80 DM bei einer Tournee Liza Minellis, ebenfalls ein Weltstar. Sinatras Arrangeur und Orchesterleiter Don Costa erkrankt angeblich nach dem zweiten Konzert und das dritte Konzert in Berlin wird ganz abgesagt. Die beiden Konzerte in München am 23. Mai 1975 und Frankfurt am 25. Mai 1975 aber werden professionell veranstaltet, mit jeweils fünfzehn Musiktiteln, darunter die Hits „My Way", „The Lady is a Tramp" und „Strangers in the Night".

Der Tourneemanager Marcel Avram hat dann doch noch eine Erklärung für den Misserfolg. Grund für die mangelnde Nachfrage sind nicht die überhöhten Preise, sondern eine Diffamierungskampagne in den Massenmedien. „Einem großen Teil der Presse war jede Verdächtigung und Lüge recht, dem Sänger unter die Gürtellinie zu schlagen", berichtet der „Spiegel" später.

Die Karten für das Open-Air-Konzert Sinatras in Hamburg im Derby-Park kosten am 2. Juni 1993 bei Sinatras letzter Tournee in Deutschland in der einfachen Kategorie 10 DM. Dies ist angemessener Preis, denn zu diesem Zeitpunkt kann Sinatra, der fast 78 Jahre alt ist, kaum noch singen. Aber in einer Open-Air-Veranstaltung fällt dieses Handikap nicht sonderlich auf.

***

Elvis´ Konzert ist gegenüber Sinatras Konzerten geradezu preisgünstig, dafür aber müssen die Fans frieren.

Seit 20 Jahren ist der „King" im Musikgeschäft erfolgreich: Elvis Presley. Elvis hat gerade jetzt in den 1970er Jahren mit technisch und musikalisch perfekten Bühnenauftritten ein großes Publikum begeistert, das hingerissen seinen Auftritten folgt.

1975 ist Elvis in einem Tournee-Marathon durch die USA unterwegs, Ende März zwei Wochen im Hilton Hotel in Las Vegas, die letzte Aprilwoche und erste Maiwoche in Georgia, Florida, Alabama und Tennessee, die ersten zwei Wochen im Juni vor allem in Texas, den ganzen Juli über in Oklahoma, Virginia, New York, Nord Carolina, Ohio und im Dezember wieder zwei Wochen im Hilton Hotel in Las Vegas. Am 31. Dezember 1975 hat Elvis seinen spektakulären Auftritt im Pontiac Silberdome in Pontiac nahe Detroit in Michigan.

Das riesige Football-Stadion ist gerade erst im August 1975 eröffnet worden und jetzt, am Sylvester-Abend 1975, warten mehr als 60.000 Zuschauer auf Elvis. Nancy Fluegge, 47 Jahre alt, steht vorerst mit 27 anderen Damen vor der Toilette und schwärmt in der Warteschlange von Elvis, ja, sie liebt ihn und sie liebt jede Minute dieses Ereignisses, aber: „Ich wünschte, die 60.000 Zuschauer wären nicht alle vor mir", berichtet sie den „Detroit News".[137] Nancy wird wohl eher 6 Dollar für den Eintritt bezahlt haben, die niedrigste Kategorie, und nicht 15 Dollar für die teuersten Plätze. Bevor die Show beginnt, werden die Zuschauer animiert, eine „begrenzte Zahl" von Elvis-Souvenirs zu erwerben, ein Programm mit 12 Fotos für 3 Dollar, Elvis-Schals für 5 Dollar oder - was am besten läuft - Buttons mit Elvis-Bild für einen Dollar.

800.000 Dollar bringt die Show ein, die höchste Summe, die jemals für eine einzelne Show zusammengekommen ist. Für Elvis und seinen Manager „Colonel" Tom Parker bleiben nach Abzug der Kosten 300.000 Dollar. Das Geld ist auch dringend nötig, denn die Rechte der vor 1973 erschienenen Schallplatten sind verkauft worden und die Kosten für das Medienereignis „Elvis" laufen davon. Daher sind die zahlreichen Konzerte in diesem Jahr erforderlich, um wirtschaftlich zu überstehen. „Colonel" Parker hat die Forderung Elvis´, für „schnelles Geld" („quick bucks") zu sorgen, hervorragend erfüllt.

Kurz nach 23 Uhr endlich erscheint Elvis, nachdem die Fans seit mehr als zweieinhalb Stunden von „Anheiz-Musikern" mehr schlecht als recht unterhalten worden sind, denen, wie allen anderen Musikern bei der Kälte im Football-Stadion, „der Arsch abfriert" so (Elvis´ Bass-Gitarrist Jerry Scheff). Elvis kommt auf die Bühne, begleitet von der Musik „Also Sprach Zarathustra" (Richard Strauss, „2001 Odyssee im Weltraum"), quietschend begrüßt von jubelnden in Glitzerzeug und bauschigen Hosen gekleideten Frauen, die sich begeistern lassen von den alten Elvis-Songs wie „All Shook Up", „Don´t Be Cruel", „Heartbreak Hotel" und „Love Me Tender".

Besonderes Entzücken ruft Elvis´ weißes Jumpsuit hervor, das am Gesäß ganz eng geschnitten ist, so eng, dass die Hose während des Konzertes platzt und Elvis die Hose wechseln muss. Das Oberteil ist fast bis zum Bauchnabel ausgeschnitten, die üppige Hüfte wird von einem gut 15 cm breiten Gürtel zusammengehalten, der den animierenden Hüftschwung Elvis´ („Elvis the Pelvis") allerdings ziemlich behindert. Elvis´ Charisma wird deutlich, wenn es ihm immer wieder gelingt, mit einer einzigen sparsamen Geste (insbesondere mit seiner Hüfte), leicht angehobenen Augenbrauen oder mit einem zu einem Grinsen verzogenen Mund anhaltende Begeisterungsstürme hervorzurufen. Die musikalische Darbietung steht dahinter zurück, denn Elvis lässt sich bei vielen Stücken von den „backup singers" tragen, die dafür sorgen, dass seine musikalischen Nachlässigkeiten nahezu unbemerkt bleiben.

Nach dem Countdown zur Mitternacht singen Elvis und die Fans das traditionelle Lied zum Jahreswechsel „Auld Lang Syne" („Nehmt Abschied, Brüder"). Anschließend fliegen Elvis und seine gesamte Entourage nach Memphis, um das Neue Jahr zu Hause in Elvis´ Schlafzimmer zu feiern: Sie sehen sich alte Monty Python Shows an.

Bei diesem Konzert wird deutlich, dass Elvis, der in einer Woche 41 Jahre alt werden wird, seine Wildheit, Kraft und Elan schon sehr eingebüßt hat. Er stellt seine Band in nicht vergehen wollenden zehn Minuten vor, verkürzt seinen elektrisierenden bahnbrechenden Erfolg von 1956 „Hound Dog" dagegen auf magere 45 Sekunden. Der ehemalige „Hound Dog" (Slang für - vorsichtig ausgedrückt - „Frauenheld") ist müde. Dagegen ist es unbedeutend, dass Elvis zum Schluss der Show den Text zu „Wooden Heart" vergisst und schnell übergeht zu „Can´t Help Falling In Love With You".

Ob Nancy Fluegge am Ende des Konzerts immer noch begeistert ist, erfahren wir nicht mehr aus den „Detroit News". Aber sie dürfte zufrieden sein, so wie die vielen Pferdeschwanz tragenden „Teenager" im Alter von 40 Jahren und darüber. Zwei Jahre später wird Nancy trauern: Elvis Presley stirbt am 16. August 1977 in Memphis.

***

Neue Stars finden ihren Weg.

Am 21. November 1975 veröffentlicht die britische Rockgruppe Queen ihr Album „A night at the Opera", dessen Titel von einem gleichnamigen Film der Marx Brothers aus dem Jahr 1935 „entliehen" ist. Leadsänger der Gruppe Queen ist der charismatische Freddie Mercury, der schon seit 1970 die Band prägt und auf diesem erfolgreichen Album als Autor und Sänger auch den Song „Bohemian Rhapsody" beisteuert. Eine aufwändige technische Produktion, ein interpretationsfähiger Text und musikalisch deutlich unterschiedliche Teile dieses Songs, von einem Balladen-Teil über eine Opernanlehnung bis zum Hard Rock, machen vor allem dieses Stück sehr erfolgreich. Etwa fünf Millionen Singles dürften inzwischen verkauft sein, abgesehen von den Verkäufen des ebenfalls gelungenen Albums.

Weihnachten 1975 spielen Queen live im Londoner Hammersmith Odeon neben einigen älteren Songs auch „Bohemian Rhapsody". Das Queen-Konzert wird im Radio und im Fernsehen übertragen. Eine perfekte Show begeistert die Zuschauer mit reichlich Pyrotechnik, Konfetti und Luftballons. Der mitreißende Animateur Freddie Mercury, mit einer etwas verunglückten Prinz-Eisenherz-Frisur geschmückt, legt am Ende der Darbietung seinen Kimono ab, um in kurzer Turnhose nichts zu verstecken. Von da an geht es mit Queen bergauf.

***

Ein weiterer Star, dessen Pop-Präsenz bis heute andauert, ist Elton John, der bereits Mitte der 1970er Jahre zu den erfolgreichsten Musikern gehört. Wie Freddie Mercury changiert Elton John zwischen den Geschlechtern, wie Mercury ist er dem Drogenkonsum nicht abgeneigt. Elton Johns Bühnenauftritte sind - im Vergleich mit denjenigen Freddie Mercurys - bescheiden und zurückhaltend, obwohl auch Elton Johns Outfit gewöhnungsbedürftig ist, vor allem hinsichtlich gewagter Brillen und ebenso gewagter Farbkombinationen seiner Kleidung. Der leicht dickliche Musiker John verströmt eine gewisse Trägheit, während Mercury vor Dynamik kaum zu bremsen ist.

Elton Johns Erfolgsperiode geht 1975 schon fast dem Ende entgegen, nachdem sein bis dahin besonders herausragendes Lied „Candle in the Wind", Marilyn Monroe gewidmet, verklungen ist. Erst ab Mitte der 1980er Jahre geht es für ihn wieder voran - bis heute mit großem Zuspruch der Begeisterten seiner Musik.

***

Seit 1959 werden jährlich von der National Academy of Recording Arts and Sciences in Los Angeles die Grammy Awards, die Musikpreise für die besten Sänger, Komponisten und Musiker vergeben. Jetzt, 1975, findet die 17. Grammy-Verleihung statt.

Glamour, Show und Exzentrik sind der Deutschen Sache nicht.

Die Preisträger gehören, ähnlich wie bei der Oscar-Verleihung im Filmgeschäft, der amerikanischen Elite an, die im Regelfall unter sich bleibt und damit internationale Künstler außerhalb der USA nicht im Blickfeld hat.

Zu den ausgezeichneten Künstlern in diesem Jahr gehören im Pop und Rhythm & Blues-Sektor Barbra Streisand, Stevie Wonder, Olivia Newton-John, Elvis Presley und die Wings (mit Paul McCartney an der Spitze), im

Bereich Jazz die Musiker Charlie Parker, Oscar Peterson und Woody Herman. In der klassischen Musik werden unter anderem Montserrat Caballé und Georg Solti ausgezeichnet. Solti wird im Laufe der nächsten 40 Jahre mit 31 Auszeichnungen, hauptsächlich für Einspielungen mit dem Chicago Symphonie Orchestra, bedacht, ein Beleg dafür, dass vorwiegend heimische Künstler prämiert werden.

Gemessen daran, dass jährlich Preise in 78 Kategorien (2015) vergeben werden, ist die Liste deutscher Prämierter sehr kurz: 29 deutsche Preisträger gibt es seit Bestehen dieser Institution. 1975 ist der Violinist Ulf Hoelscher Bester in der Kategorie „Best Album Notes - Classical" für „The Classic Erich Wolfgang Korngold".

Dass deutsche Musik Pop-Musik keine internationale Beachtung findet, wird deutlich bei der Durchsicht der bestverkauften deutschen Songs: Michael Holm („Tränen lügen nicht") oder Udo Jürgens („Griechischer Wein") finden jenseits der deutschen Grenzen, leicht nachvollziehbar, nur wenige Begeisterte. Anders ist es bei der klassischen Musik.

***

Die „Gottbegnadeten-Liste" wird inzwischen schamhaft verschwiegen, die auf der Liste geführten Künstler aber sind weiter präsent. Wohl zu Recht.

Herbert von Karajan, Karl Böhm oder Eugen Jochum gehören zu den Dirigenten, die über Jahrzehnte auch 1975 noch eine Spitzenposition besetzen. Diese drei Dirigenten sind schon 1944 auf der „Gottbegnadeten-Liste" des Reichsministeriums für Volksaufklärung und Propaganda verzeichnet, der Liste derjenigen rund 1000 Künstler, die von Hitler und Goebbels als für den Nationalsozialismus unersetzlich angesehen werden. Der Österreicher Herbert von Karajan (das „von" ist ihm von den österreichischen Behörden als Künstlername genehmigt worden) agiert als Chefdirigent der Berliner Philharmoniker von 1956 bis 1989.

Zu den international erfolgreichen Pianisten gehört Wilhelm Kempff, der 1975 die Goldene Schallplatte für 250.000 verkaufte Langspielplatten von Beethovens Es-Dur-Klavierkonzert erhält. Auch Kempff steht auf der „Gottbegnadeten-Liste".

Der Erfolg Herbert von Karajans oder Wilhelm Kempffs ragt im Klassik-Genre heraus, die klassische Musikrichtung insgesamt jedoch bleibt nur eine Randerscheinung. In repräsentativen Befragungen zeigt sich, dass eine überwältigende Mehrheit von nahezu neunzig Prozent der Befragten keine Opern- oder Ballettaufführungen besucht, keine Sinfoniekonzerte oder gar Kammermusikkonzerte und Liederabende. Der Anteil der Jüngeren unter 40 Jahre, der in einem klassischen Konzert zu finden ist, geht seit Mitte der 1960er-Jahre (1965: 58 %) kontinuierlich deutlich weiter zurück (2005: 26 %).[138] Festzustellen ist, dass der Besuch von Oper und Konzert schichtenspezifisch ist: Je schlechter die Ausbildung und das Einkommen, desto seltener wird klassische Musik gehört.

Weit zurück geblickt, zeigt sich ein weniger pessimistisches Bild hinsichtlich der heutigen sozialen Vorraussetzungen des Zugangs zur Hochkultur. Rund 150 Jahre vor 1975, etwa um 1820, besuchen lediglich 15 Prozent der Bevölkerung in Preußen eine Schule, auf Hochschulen gehen nur 0,5 Promille, das bedeutet: 5 von 10.000 Personen. Der potentielle Hörerkreis für „schwierige" Musikwerke ist damals also sehr eingeschränkt.[139] Und auch unter diesen potentiellen Musikfreunden dürfte sich der größte Teil eher an Gassenhauern erfreuen als an komplexen Chorwerken. Jetzt, 1975, beträgt der Anteil der Abiturienten schon 23 Prozent eines Jahrgangs, einen Schulabschluss haben etwa 90 Prozent.[140] Die Voraussetzungen zur Akzeptanz klassischer Musik sind in 150 Jahren also besser geworden, ein Nischen-Dasein führt sie aber weiterhin.

Aus der Nische herausgekommen ist allerdings eine spezielle Aufbereitung der klassischen Musik, die den Hörer verfolgt, ob er will oder nicht. Die amerikanische Firma Muzak Inc., 1934 gegründet, beschallt einige hunderttausend Fahrstühle („Fahrstuhl-Mucke"), Hotel-Lobbies und Kaufhäuser. Mitte der 1970er-Jahre erlebt diese Aufdringlichkeit einen Höhepunkt.

***

Adolf spielt ganz nett Klavier und ist auch sonst sehr menschlich.

Die Bayreuther Festspiele eröffnen 1975 mit Wolfgang Wagners Neuinszenierung des „Parsifal". Jedoch findet nicht Richard Wagners Oper die große Aufmerksamkeit, sondern Richard Wagners Schwiegertochter Winifred Wagner, jetzt 78 Jahre alt. Winifred Wagner hat in einem fünfstündigen Dokumentarfilm dem Filmemacher Hans-Jürgen Syberberg Auskunft gegeben über „unseren seligen Adolf", wie der „Spiegel" ätzend zitierend anmerkt.[141]

Auch dreißig Jahre nach dem Ende des „seligen Adolf" weiß Winifred Wagner nur Gutes über Hitler zu berichten, der „ganz rührend" zu den Kindern war („Onkel Wolf"), der „österreichischen Herzenstakt und Wärme" verbreitet und „auch ganz nett Klavier gespielt hat." Konsequent äußert sich Wagners Schwiegertochter dann auch: „Wenn der Hitler heute hier zur Tür reinkäme, ich wäre genauso fröhlich und glücklich, ihn hier zu sehen und zu haben, als wie immer. Und alles, was ins Dunkle geht bei ihm, ich weiß, dass es existiert, aber für mich existiert es nicht, weil ich diesen Teil nicht kenne." Und weiter erklärt sie: „Das, was ich für gut und menschlich an dem Mann gehalten habe, das lasse ich mir einfach nicht nehmen.... Er war eine derart einzigartige Persönlichkeit, dass ich diese Erfahrung nicht missen möchte." Ja, Winnie und Wolf mochten sich, wie aus jeder Äußerung dieser verbohrten Frau über Hitler hervorgeht, einer Frau, die alle Gräuel und Verbrechen des nationalsozialistischen Diktators beiseite wischt.

Übrigens: René Kollo singt unter der Leitung von Horst Stein den Parsifal. Regie führt Wolfgang Wagner, der auch für das Bühnenbild verantwortlich ist. Die Premiere der Oper verläuft im Vergleich der öffentlichen Wahrnehmung des Dokumentarfilms fast unbeachtet von den Medien. Hitler und Winifred Wagner sind - in Anbetracht der geäußerten Ungeheuerlichkeiten von Winifred Wagner verständlich - sehr viel interessanter. Aber auch ohne Ungeheuerlichkeiten gilt: Hitler und Wagner gehen immer.

***

Dem Jazz ergeht es schlecht.

Vorbei sind die Zeiten, als Tausende Zuhörer riesige Konzertsäle füllten, als „Mega"-Stars des Jazz weltweit Erfolge feiern konnten. Viele dieser Jazzmusiker aus der großen Zeit des Jazz sind 1975 nicht mehr am Leben, viele derjenigen, die noch in Konzerten Musik machen, haben den Höhepunkt ihrer Schaffenskraft weit hinter sich gelassen.

Nicht mehr am Leben Mitte dieses Jahrzehnts sind Louis Armstrong (gestorben 1971), Duke Ellington (gestorben 1974), Charlie Parker (gestorben 1955), John Coltrane (gestorben 1967), Coleman Hawkins (gestorben 1969), Ben Webster (gestorben 1973) oder Sidney Bechet (gestorben 1959), um nur einige Namen berühmter Jazz-Musiker zu nennen.

Noch aktiv, aber weniger inspirierend als in seiner Blütezeit, ist beispielsweise der Pianist Dave Brubeck, der mit seinem Quartett Ende der 1950er-/Anfang der 1960er-Jahre große Erfolge mit Musikstücken eigenwilliger Taktarten, wie 7/4-Takt oder 9/8-Takt, gefeiert hat. Das von Paul Desmond komponierte „Take Five" (5/4-Takt) wird, vom Dave-Brubeck-Quartett gespielt, zum Welterfolg, zur bestverkauften Jazz-Single. Nach der Auflösung des Quartetts versucht Brubeck an die früheren Erfolge mit einer neuen Formation, in der auch drei seiner Söhne mitspielen, anzuknüpfen. Es gelingt nur sehr bedingt, der „Drive" der vergangenen Jahre ist weg.

Ella Fitzgerald ist Mitte der 1970er-Jahre schon 35 Jahre mit ihrem Gesang erfolgreich, aber die große Zeit liegt hinter ihr. Zehn Jahre zuvor, 1964, hat sie die sich über acht Jahre erstreckenden großartigen Schallplatten-Aufnahmen der klassischen Songbooks der wichtigsten amerikanischen Komponisten, wie Cole Porter, Irving Berlin oder George und Ira Gershwin, abgeschlossen. Aber je weiter die Zeit voranschreitet, desto mehr überwiegt die Unterhaltungsmusik in ihrem Repertoire, die Streicher werden in den Schallplatten-Aufnahmen mit ihren Geigen immer aufdringlicher, die bis dahin immer junge Stimme Ella Fitzgeralds wird matter. Die unüberhörbare Kommerzialisierung ist vielleicht der Tatsache geschuldet, Geld verdienen zu müssen. Mit Jazz wird jetzt kaum noch jemand reich, wenn es denn jemals überhaupt eine nennenswerte Anzahl wohlhabender Jazz-Musiker gegeben haben sollte. Bei Ella Fitzgeralds

Tod 1996 aber schreibt die Zeit: „Doch, doch, sie war die Größte in ihrem Metier. Wie schön, daß ihr Gesang bei uns auf Erden bleibt."[142]

Chet Baker, in den 1950er-Jahren ein weltbekannter begnadeter Trompeter und Sänger mit einer weichen, dennoch eindringlichen Stimme, verfällt in dieser ersten überwältigend erfolgreichen Zeit dem Heroin. Versuche Chet Bakers, vom Heroin loszukommen, scheitern. Aber nach mehreren Entziehungskuren und einem Gefängnisaufenthalt kommt Mitte der 1960er Jahre ein neuer musikalischer Höhepunkt mit der Schallplatte „Chet Is Back!". Danach geht es musikalisch und - aufgrund seiner Heroinsucht - gesundheitlich bergab. 1975 ist er ein verwüsteter, verkommener, uralter Mann von 46 Jahren.

7.6. Theater - Die kaputte Bühne

„Heute ist die Bühne doch reiner Selbstzweck. Da ist doch nichts mehr normal. Die Herren machen irgend etwas Verrücktes, vielleicht ein halbes geschlachtetes Kalb auf die Bühne hängen, und darüber wird dann lang in den Zeitungen geschrieben. Die Leute sind nicht imstande, die Bedingungen zu erfüllen, die die Werke stellen. Oft kennen sie sie überhaupt nicht", sagt Herbert von Karajan im „Spiegel"-Interview über das moderne Regietheater auf die Frage, ob das moderne Regietheater Scharlatanerie sei.[143]

Die Scharlatanerie feiert fröhliche Urständ im Theater. Kostümfreie Darbietungen sind bei fortschrittlichen Regisseuren sehr beliebt.

Karajan spricht über das Musiktheater, aber auch im Sprechtheater ist seit einigen Jahren eine Entwicklung zum Regietheater erkennbar, das nicht den Komponisten oder den Autor als bedeutsam für eine Oper oder ein Theaterstück ansieht. Stattdessen dominieren die Einfälle des Regisseurs die Aufführung. Die Regie ist wichtiger als das Stück und die Darsteller.

Damit die Regisseure gebührende Aufmerksamkeit im Feuilleton erhalten, müssen sie sich im Wettbewerb absurder Ideen gegenseitig immer weiter überbieten. Das kann dann dazu führen, dass „‚Hamlet' als Vorwand für Pornographie in einer psychiatrischen Klink mutiert oder ‚Die Räuber' mit nackten Darstellern als blut-, kotze- und spermaverschmiertes Vehikel zur Gesellschaftskritik dienen", wie Christian Springer in seinem Buch „Regietheater und Oper - Unvereinbare Gegensätze?" befindet.[144] Auch Darsteller in SS-Uniformen sind im Regietheater sehr beliebt. Noch besser ist es, wenn die Mimen erst SS-Uniformen tragen und sie sich diese dann vom Körper reißen, um blank zu ziehen.

Die „Bild"-Zeitung enthüllt am 24. Januar 1975 einen Theater-Skandal in Hamburg: „Theater-Skandal in Hamburg - Schauspielerin will nicht nackt spielen: Gekündigt!". In einer Szene lesbischer Liebe lehnt Renate Pichler es ab, in dem Asozialen-Stück „The Family III" des Autors Lodewijk de Broers den Busen ungehemmt bloßzulegen, wie es der „Spiegel" mit offensichtlichem Vergnügen berichtet.[145] Und weiterhin stellt das Magazin fest, dass die kostümfreie Darstellung an Deutschlands Subventionsbühnen inzwischen akut sei und das Engagement des Mimen nicht selten davon abhänge, alles abzulegen.

Wenn Klassiker noch als Klassiker erkennbar inszeniert werden, dann jammert das Feuilleton einschlägiger Gazetten entsetzt auf. Im Hamburger Deutschen Schauspielhaus wird Friedrich Schiller angeblich „gemordet", denn der „Don Carlos" bringe keine „Peinlichkeiten". Das beklagt der Theaterkritiker der „Zeit", Benjamin Henrichs, denn Werktreue, lernen wir, ist Werkverrat.[146] Am nächsten Abend tut sich Henrichs noch einmal den „Carlos" an, diesmal im Berliner Schiller-Theater und findet einen „traurigen medizinischen Fall", denn auch hier sucht er wie in Hamburg das Regietheater vergebens. Henrichs Erklärung für die „gestorbene" Darbietung ist, dass der Regisseur Hans Lietzau wohl eine tiefe private und künstlerische Krise durchmache. Da kann der „maßgebende Kritiker" Benjamin Henrichs (Wikipedia) folgerichtig nur zu dem Ergebnis kommen: „Ein Desaster". Noch gute 20 Jahre lang schreibt Henrichs für die

„Zeit", dann wird der „Edelautor Henrichs"[147] von der Ressortleiterin Sigrid Löffler („Endlich!", mag man ausrufen) entlassen.

1975 ist noch nicht zu ahnen, welche Entwicklung das Regietheater in den nächsten Dekaden machen wird. Dreißig Jahre später berichtet der Schriftsteller Joachim Lottmann von seinen aktuellen Theaterbesuchen in Düsseldorf, Hamburg und Frankfurt.[148]

In Düsseldorf hat Jürgen Gosch Shakespeares „Macbeth" inszeniert, alle Darsteller sind nackt, lediglich der König trägt eine Papierkrone auf dem Kopf. Drei Darsteller pinkeln auf die Bühne, dann furzen sie, um schließlich zu scheißen. Die Inszenierung gilt als eine der zehn besten in dieser Saison.

In Hamburg wird Horváths Stück „Zur schönen Aussicht" gegeben: „Ein dicker Mann zieht sich aus, stellt sich nackt und breitbeinig mit gezogenem Glied vor den Kopf einer liegenden jungen Frau, schreit sie an, sie solle seinen Pimmel in den Mund nehmen und so weiter, steigert sich dabei in einen Schreikrampf, und das als ‚verklemmt' bekannte Hamburger Publikum buht", schreibt Joachim Lottmann.

In Frankfurt im sprachverhunzenden Theater mit dem hirnrissigen Namen „schauspielfrankfurt" wird Goethes „Egmont" in bearbeiteter Form dargeboten, indem der Text gekürzt, Goethe (vermutlich) als latenter Nazi entlarvt wird und die Darsteller „patriotische" Stellen anderer Autoren in den Saal brüllen. Aber auch hier wird freudig auf der Höhe der Zeit inszeniert, denn Klärchen zieht sich aus und Egmont zieht sich aus. Wilhelm von Oranien isst einen Joghurt des Milchkonzerns Ehrmann, die Kalaschnikow fällt aus einem Koffer und Pink Floyd spielt die Musik dazu.

Der Münchner Regisseur Kurt Wilhelm wird schon 1997 im „Spiegel" zum Stichwort „Regietheater" zitiert: „Dabei funktioniert ein Ringverein von Fachkritikern zuverlässig als Proselytenmacher (Anm.: aufdringliche Werbung für einen Glauben) für eine kleine Clique skrupellos geschäftstüchtiger Regisseure, lobt sie hoch, wie die betrügerischen Stoffwirker in Andersens Gleichnis ‚Des Kaisers neue Kleider', und verkündet: je absurder die Regie, desto genialer der Künstler. Wir – als Kenner mit grandio-

sem Geschmack – entscheiden das. Das blöde Publikum versteht eh nix."[149]

7.7. Sport - Das große Geschäft

Cassius Clay, oder Muhammad Ali, wie er sich neuerdings nennt, ist nicht nur Boxweltmeister, sondern auch bestbestallter Sportler in der Verdienstliste mit umgerechnet rund 14 Millionen Mark jährlich. Zwar sind die meisten Einkommensmillionäre Amerikaner, aber die deutschen Profisportler holen kräftig auf. Franz Beckenbauer, Fußballspieler, hat ein Jahreseinkommen von 1,2 Millionen Mark und Günter Netzer, ebenfalls Fußballspieler, derzeit bei Real Madrid im Sold, erreicht auch ein Einkommen von einer Million Mark. Mit diesen Einkommen ist die gegenwärtige Situation bezeichnet, aber „im Sport scheinen die Grenzen des Wachstums noch nicht in Sicht zu sein", bemerkt der „Spiegel" maliziös über die neuen Entwicklungen im Profi-Sport.[150]

Die Feststellung, dass Fußballstars zu den Einkommensmillionären gehören, kann nicht verwundern, denn in dieser Branche gewinnt die professionelle wirtschaftliche Orientierung zu Lasten der sportlichen Ausrichtung schon seit Jahren breiten Raum. Zunehmend wird die Werbung in Fußballstadien akzeptiert und vom Deutschen Fußballbund eine zweite Bundesliga zur Saison 1974/1975 beschlossen, um das Erlösgefälle zwischen der Bundesliga und den Regionalligen, die nur etwa ein Zehntel der Zuschauer gegenüber der Bundesliga als zahlende Besucher haben, zu verringern. Auch die Spielergehälter und die Ablösesummen beim Spieler-Transfer werden freigegeben. Die Gehälter der Fußballspieler liegen in der Folge der Freigabe 1975 in der Spitze um jährlich eine halbe Million Mark, die Ablösesummen erreichen beinahe eine Million Mark.

Die öffentliche Hand gibt gerne - auch für die Einkommensmillionäre im Fußball.

Die Profiklubs geraten durch die exorbitante Gehaltsentwicklung und die extrem steigenden Ablösesummen, wenn ein Spieler den Arbeitgeber wechselt, in finanzielle Schieflagen. Die öffentliche Hand jedoch gibt bereitwillig, um die Not zu lindern. Nicht nur sind zahlreiche Fußballstadien zur Weltmeisterschaft 1974 grundlegend modernisiert worden. Jetzt drängen die Profivereine, die nicht von dieser Modernisierung profitieren konnten, ihre Kommunen, auch andere Stadien auf Kosten der Öffentlichkeit zu sanieren. Die öffentliche Finanzierung hat damit aber noch nicht ihre Grenzen gefunden, denn mit dem Erlass von Pachtzahlungen für Sportstätten oder subventionierte Darlehen, aber auch mit direkten Zahlungen aus Mitteln des Lottos wird den Profivereinen unter die Arme gegriffen.

Wenn selbst diese üppigen Subventionierungen nicht reichen, werden Spiele „verschoben". Vor dem Landgericht in Essen wird Ende 1975 ein Fußballspiel aus dem Jahr 1971 näher beleuchtet, das der FC Schalke 04 sensationell mit 0:1 gegen die vom Abstieg bedrohte Arminia Bielefeld verloren hat. 40.000 Mark hat der Sieg der Arminia gekostet, rechtzeitig in der Pause des Spiels bar bezahlt, damit in der zweiten Halbzeit das gewünschte Ergebnis erzielt wird. Jahrelang hat sich dieser Prozess hingezogen, bei dem schließlich am 22. Dezember 1975 acht wegen Meineids angeklagte Schalker Profispieler erstaunlicherweise lediglich erträgliche Geldstrafen zahlen müssen, aber nicht im Gefängnis landen, wie es eigentlich das Strafgesetzbuch bei diesem Verbrechen der Falschaussage unter Eid mit dem Mindestmaß einer Freiheitsstrafe von einem Jahr vorsieht. Für den Fußball gelten offensichtlich andere Gesetze.

Damit findet ein Fußballskandal sein gerichtsdokumentiertes Ende, ein Skandal, in den insgesamt 60 Spieler und zehn Erstligaclubs verstrickt sind, die fast jedes für den Abstieg bedeutsames Spiel manipuliert haben.[151]

***

Die brutale Schlägerei beim „Thrilla in Manila" ist gut fürs Geschäft. Eine kriminelle Karriere geht hier in die nächste Runde.

Die gewöhnliche berufliche Tätigkeit von Muhammad Ali (neben seiner schriftstellerischen Beschäftigung) fällt unter die Rubrik Boxsport. Bei diesem Sport tritt der sportliche Faktor allerdings häufig in den Hintergrund und es dominieren die Show und die Aussicht auf das große Geld. So hat der Kampf zwischen den Schwarzen Muhammad Ali und Joe Frazier am 1. Oktober 1975 in Manila, der Hauptstadt der Philippinen, ebenfalls weniger sportliche Aspekte als vielmehr einen pekuniären Hintergrund. Der Boxkampf artet, wie so viele andere Kämpfe, zu einer brutalen Schlägerei aus.

Es ist der dritte und letzte Boxkampf zwischen Muhammad Ali und Joe Frazier, ein Kampf, der als „The Thrilla in Manila" in die Boxgeschichte eingeht, obwohl viele andere Boxkämpfe ebenfalls von vergleichbarer Brutalität gekennzeichnet sind. Legendär in der Erinnerung bleibt vor allem dieser dritte Kampf zwischen Ali, dem charismatischen Boxer und Frazier, dem Kräftigeren von beiden, der mit dem Kampfnamen „Smokin´ Joe" (etwa: Volldampf-Kämpfer) benannt wird, aber eine deutlich geringere Ausstrahlung zeigt als sein Kontrahent. Ali ist der politische Mensch, der für die Rechte der Schwarzen kämpft, Frazier verhält sich hingegen eher unpolitisch. Ali nennt Frazier deshalb „Onkel Tom", Box-Champion der Weißen. Frazier bezeichnet Muhammad Ali im Gegenzug immer wieder mit dessen Geburtsnamen Cassius Clay, den Ali mit seinem Eintritt in die amerikanische religiös-politische Organisation „Nation of Islam" abgelegt hat, um seine neue religiöse Erweckung zu verdeutlichen. Unter diesem Namen konvertiert Ali 1975 zum sunnitischen Islam.

Die Sportwetten stehen 8 zu 5 für Ali. Zu Beginn des Kampfes erfüllt Ali die Erwartungen, denn er bedrängt Frazier mit seiner Beweglichkeit und Schnelligkeit und legt seine ganze Kraft in gut gezielte Schläge. Er beherrscht die Mitte des Rings und drängt Frazier an die Seile. Aber nach den ersten drei Runden des Kampfes lässt seine Kraft nach und Ali wirkt ermüdet, kein Wunder bei einer Temperatur von fast 40 Grad Celsius im mit 27.000 Zuschauern ausverkauften Stadion.

In der vierten Runde beginnt Fraziers dominierende Phase, die Ali zu überstehen versucht, indem er den Gegner immer häufiger klammert. Dennoch kann er nicht verhindern, dass er über eine lange Strecke fortwährend Schläge gegen seinen Körper ertragen muss. Diese Etappe des Kampfes ermüdet die Kämpfer, aber auch die Zuschauer, die kaum aufregende Szenen erleben. Die kommenden Runden (bis zur 14. Runde) werden von den drei philippinischen Schiedsrichtern dennoch Ali zugeschrieben, zwei Sportreporter der New York Times hingegen, sehen Frazier führend, der acht der ersten dreizehn Runden stärker gewesen sei. Denkbar ist, dass die Kampfrichter den raffinierten Showeinlagen Alis erlegen sind, der jede neue Runde mit einer Serie von Schlägen beginnt und herum tänzelt, suggerierend, dass er die Szene voll beherrsche. Brisantes passiert in diesen Runden nicht.

Ab der 12. Runde deutet sich allerdings eine Entscheidung an. Frazier zeigt Zeichen der Erschöpfung. Zudem ist Frazier stark gehandikapt. Sein linkes Auge ist seit längerem fast blind und in der Runde 13 muss er zudem einen Schlag auf dieses Auge einstecken. Zu allem Übel trifft Ali auch noch Fraziers rechtes Auge, das schnell anschwillt. Ali versucht jetzt mit aller Kraft aus der Mitte des Rings heraus mit kräftigen Schlägen den Kampf zu seinem Gunsten zu beenden. Aber noch ist der Kampf nicht entschieden. Runde 14 beginnt.

In den ersten zwei Minuten dieser Runde kann keiner der Kontrahenten eine Entscheidung herbeiführen. In der letzten Minute jedoch landet Ali sieben kräftige Schläge ohne Gegenwehr, aber Frazier wankt nicht. Die Erschöpfung der Boxer ist unübersehbar. Das Publikum wird immer lebhafter. Die Zuschauer schreien wild durcheinander. Wenige Sekunden vor dem Läuten der Glocke gelingen Ali zwei gut platzierte Schläge auf Fraziers Kiefer. Frazier fällt immer noch nicht. Die Glocke beendet die Runde Nummer 14. Beide Kämpfer wanken in ihre Ecke.

Der Kampf ist jedoch zu Ende. Joe Fraziers Trainer Eddie Futch erkennt, dass Frazier jetzt nahezu blind ist und den Schlägen des Gegners nicht mehr ausweichen kann. Gegen den Widerstand Fraziers nimmt Futch ihn aus dem Kampf, weil er befürchtet, Frazier könne keine weitere Runde in diesem Zustand überstehen. Ali ist Weltmeister durch technischen KO, allerdings ein Weltmeister, der nach der Verkündigung des Urteils im Ring aufgrund einer Kreislaufschwäche zusammenbricht. „Todesnah" habe er sich gefühlt, sagt Ali später.

Ali ist jetzt Weltmeister der Boxverbände WBA und WBC (World Box Association und World Boxring Council). Daneben vergibt noch ein gutes Dutzend weiterer Boxverbände Meistertitel, so der NYSAC, WBU, IBF, WBO, OPBF und viele, viele weitere Verbände. Alle mischen im großen Boxgeschäft mit, einem Geschäft, das manches Mal deutlich jenseits der Grenzen eines korrekten Geschäftsgebarens liegt.

Der Kampf in Manila beispielsweise wird vom Box-Promoter Don King mit veranstaltet. Don King hat vor Jahren zwei Menschen getötet, im ersten Fall, einem Schuss in den Rücken eines Räubers, wird er wegen Notwehr freigesprochen. Im zweiten Fall prügelt er einen Mitarbeiter zu Tode, der ihm 600 Dollar schuldet. Hierfür zu lebenslanger Haft verurteilt, wird er nach knapp vier Jahren Haft aufgrund einer Absprache zwischen seinem Anwalt und einem Richter auf Bewährung freigelassen.

Don King gelingt es, den philippinischen Diktator Ferdinand Marcos zur Finanzierung des Kampfes in Manila mit dem Angebot heranzuziehen, sein Land im rechten Licht des live im Fernsehen übertragenen Kampfes erscheinen zu lassen. Marcos ist zwar Diktator, aber er ist „unser" Diktator, der gerade Mitte der 1970er Jahre das Militär um das Vierfache auf 270.000 Soldaten aufstockt, um einer vermuteten kommunistischen Bedrohung entgegenzuwirken. Don King gehört zu den Freunden Jimmy Carters, 1975 Gouverneur in Georgia, der im nächsten Jahr zum Präsidenten der USA gewählt werden wird. Carter signiert ein Foto der beiden Freunde: „To my Great friend Don King, Jimmy Carter". Der Kleptokrat Marcos (englischsprachige Wikipedia) und Don King arbeiten kontinentübergreifend gut zusammen.

In Deutschland fristet der Boxsport 1975 lediglich ein Nischendasein. Gerade einmal zwei Kämpfe finden in diesem Jahr statt: Am 30. Mai in der Hamburger Ernst-Merck-Halle und am 24. Juni in der Berliner Deutschlandhalle mit jeweils nur wenigen tausend Zuschauern. Erst im nächsten Jahr kommt Muhammad Ali in die Olympiahalle nach München, in der sich dann 9.000 Zuschauer zusammenfinden.

***

Das Bundesinstitut für Sportwissenschaft (BISp) mit Sitz in Bonn macht sich verdient um die Leistungssteigerung der Spitzensportler der Bundesrepublik, das Leipziger Forschungsinstitut für Körperkultur und Sport (FKS) sorgt für Erfolge der DDR-Sportler. Beide Institutionen setzen dabei auch auf systematisches Doping der Sportler.

Sportliche Wettkämpfe finden nicht nur in Sportstadien statt. Auch die Dopinginstitute kämpfen um die wirkungsvollsten Dopingmittel.

Die Universität Freiburg beherbergt das „führende" Doping-Institut in der Bundesrepublik. Das Institut für Sport und Leistungsmedizin der Universität arbeitet unter der Leitung von Herbert Reindell unter anderem an der weiteren Entwicklung von Anabolika. Reindell wird (zusammen mit seinem Schüler Joseph Keul) vom Bundesinnenministerium über das Bundesinstitut für Sportwissenschaft (BISp) jahrelang unterstützt, um mit Anabolika die Leistungsfähigkeit bei Kraftübungen zu fördern. Auch die Dauerleistungsfähigkeit von Spitzensportlern soll erhöht werden, indem den Sportlern Insulin im Zusammenspiel mit somatropen Hormonen (Wachstumshormonen) verabreicht wird.[152]

Während das Bundesinnenministerium den Spitzensport fördert, bemerkt der Bundeskanzler Helmut Schmidt in der Versammlung des Deutschen Sportbundes (DSB) 1975 in der Frankfurter Paulskirche, sehr zum Missfallen der versammelten Funktionäre, die Anzahl von Medaillen sage nichts aus über die Freiheit und die Gerechtigkeit in einer Gesellschaft. Der Bundeskanzler empfiehlt, sich nicht der Kampfideologie kommunistischer Gesellschaftsordnungen zu unterwerfen und nicht der Medaillenhysterie anheim zu fallen. Ob die 800 Abgesandten des deutschen Sports den Kanzler verstehen, ist nicht ausgemacht, denn die „intellektuelle Infrastruktur" des DSB reiche nicht weit, wie die „Zeit" unter der Überschrift „Kerniges in der Paulskirche" notiert.[153] Die Rede des Kanzlers bleibt, ob mit oder ohne intellektuelle Infrastruktur der Hörer, ohne Folgen, indem der Deutsche Sportbund und ebenso zielstrebig der Deutsche Olympische Sportbund (DOSB) auch unter Einsatz von Dopingmitteln auf Medaillen-Jagd gehen.

Der Ruderer Peter-Michael Kolbe ist einer der Geförderten dieser Sportpolitik. 1975 wird Kolbe Weltmeister der Einer-Ruderer. Nach seiner ersten Weltmeisterschaft, der noch vier weitere Weltmeistertitel folgen, wählen ihn die deutschen Sportjournalisten sogar zum Sportler des Jahres 1975. Aber nicht wegen seiner sportlichen Erfolge, sondern wegen der nach ihm benannten „Kolbe-Spritze" ragt er in den Analen der Sportgeschichte (oder besser: Dopinggeschichte) heraus.

Bekannt wird diese Spritze nach Kolbes „nur" zweitem Platz im olympischen Endlauf der Einer-Ruderer in Montreal 1976. Die Goldmedaille habe er nicht erhalten, weil er zwei Stunden vor dem Finale eine Injektion der deutschen Ärzte erhalten habe, die zu einem Leistungseinbruch während des Rennens geführt habe. Nach dieser Erklärung bricht ein heftiger Streit aus zwischen Befürwortern einer „Leistungsstabilisierung", so der Mannschaftsarzt des Olympiateams der Bundesrepublik, Josef Nöcker, und Gegnern dieser Methoden. Der Mannschaftsarzt der Ruderer, Paul Nowacki, findet die Bezeichnung „peripheres Doping" und bezeichnet die medizinische Leistungssteigerung als „sportmedizinischen Kunstfehler". Da ist der Vorwurf gegenüber dem abtrünnigen Nowacki naheliegend, es fehle ihm an wissenschaftlicher Sachlichkeit, wenn er Doping ablehne.

Im Ergebnis der Auseinandersetzungen zwischen Pro und Contra Doping setzen sich die Befürworter durch, die für die „Chancengleichheit" plädieren. Im „Sport-Krieg" müsse man „ja sagen, wolle man nicht von den Ländern des Ostblocks lächerlich gemacht werden."[154]

Ob mit oder ohne Doping-Hilfe, ein „Riesenjubel um den Silber-Michel" bricht aus. „Mit Pankokenkapelle, Männerchor, Freibier und viel Prominenz aus der Hamburger Politik feierte der Hammerdeicher Ruderverein seinen Silber-Jungen, seinen Peter-Michael Kolbe", begeistert sich kritiklos die „Hamburger Morgenpost".

Ob die Tätigkeit Reindells hinsichtlich einer Förderung von Dopingmitteln je vollständig aufgeklärt wird, ist offen. Aus einem 224-seitigen Gutachten der Universität Freiburg aus dem Jahr 2016, dessen Veröffentlichung mit heftigen Querelen zwischen den Gutachtern verbunden ist, ergibt sich die vage Formulierung, Herbert Reindell könne „nicht als völlig unbelastet im Zusammenhang mit der Dopingproblematik der bundesdeutschen Sportmedizin angesehen werden." Wie diese Erkenntnis zur einleitenden Eloge passt, Reindell zähle „ohne Zweifel zu den bedeutendsten Sportmedizinern in der Geschichte des 20. Jahrhunderts", erschließt sich dem unvoreingenommenen Leser nicht, es sei denn, er folgt der augenzwinkernden Argumentation der Gutachter, die feststellen, „Forschung zum Komplex pharmakologische Leistungssteigerung (sei) nämlich nicht per se gleichzusetzen mit Doping oder einer dopingfreundlichen und ‚anwendungsorientierten' Zielsetzung."[155]

Peter-Michael Kolbe wird im Jahr 2016 mit großem Jubel in der „Hall of Fame des Deutschen Sports" der Deutschen Sporthilfe aufgenommen. Er ist das „Skuller-Phänomen", begeistert sich die Deutsche Sporthilfe. Im Porträt des Ruderers erwähnt die Sporthilfe auch die „Kolbe-Spritze", die zu einer Vitaminspritze mutiert ist. Die Idee der „Hall of Fame des Deutschen Sports" ist es, ein Forum der Erinnerung an Menschen zu schaffen, „die durch ihren Erfolg im Wettkampf oder durch ihren Einsatz für Sport und Gesellschaft Geschichte geschrieben haben" (Deutsche Sporthilfe). Geschichte hat Peter-Michael Kolbe tatsächlich geschrieben. Eine Auseinandersetzung darüber, in welcher Weise die Geschichtsschreibung erfolgt ist, muss allerdings unterbleiben, denn der Leitgedanke der „Hall of Fame des Deutschen Sports" ist, dass sie „als Forum für wissenschaftliche Auseinandersetzungen nicht geeignet" ist. Da feiert die Verlogenheit Triumphe.

***

Die Aufklärung über Doping-Methoden in der DDR wird im Vergleich zur Aufklärung in der Bundesrepublik mit größerem Erfolg betrieben, allerdings erst nach der Wiedervereinigung der beiden deutschen Staaten im Jahr 1990. In mehreren Doping-Prozessen gegen die verantwortlichen

Chef-Doper des DDR-Spitzen-Sports wird vor allem in den Jahren 1998 und 2000 Licht in die Doping-Praxis der DDR gebracht.

Sportärzte und Trainer haben minderjährige Schwimmerinnen mit „Vitaminpillen" gedopt, die statt angeblich leistungssteigernder Vitamine jedoch Hormone enthalten, wie z.b. Oral-Turinabol, das zu Herzschäden, Leberschäden und darüber hinaus bei den Sportlerinnen sogar zu Fehlgeburten oder behinderten Kindern führen kann. Einer der Hauptverantwortlichen im DDR-Dopingsystem, Manfred Höppner, hat die Folgen der Anwendung anaboler Hormone in einem Bericht an die Staatssicherheit als „irreversible Schäden" beschrieben, was ihn aber nicht gehindert hat, das „Staatsplanthema 14.25", das flächendeckende Zwangsdoping von nahezu 12.000 Sportlern, systematisch voranzutreiben. Jedoch sollen die maskulinen DDR-Schwimmerinnen mit ihrer entsprechend männlichen Stimme bei Interviews nicht mehr in den Vordergrund gestellt werden, heißt die zynische Anordnung der Verantwortlichen, um das Doping nicht allzu deutlich erkennen zu lassen.

Das „Staatsplanthema 14.25" gehört zum jährlichen Volkswirtschaftsplan der DDR. Der Staatsplan stellt darauf ab, die Erforschung und Anwendung des Dopings voranzutreiben. Vor allem soll verhindert werden, dass die wesentlich verbesserten Nachweismethoden für Doping die Dopingpraxis der DDR ans Tageslicht bringen könnte und das internationale Ansehen des Staates dadurch beschädigt würde. Entscheidender Organisator des Dopings in der DDR wird Manfred Ewald, Mitglied des Zentralkomitees der SED, Präsident des Nationalen Olympischen Komitees der DDR und Präsident des Deutschen Turn- und Sportbunds. Manfred Ewald erfüllt seine Aufgaben ganz im Sinne der Partei und „beweist" die Überlegenheit der sozialistischen Ideologie gegenüber dem Klassenfeind.

Das Leipziger Forschungsinstitut für Körperkultur und Sport (FKS) vergibt im Jahr 1975 mehrere Aufträge an den VEB Jenapharm und das Arzneimittelwerk Dresden zur Entwicklung und Herstellung anaboler Steroide für Hochleistungssportler. Es besteht die Hoffnung, den Vorsprung, den die Freiburger Sportmediziner gegenüber der DDR haben, aufzuholen. Die Startvoraussetzungen in der Doping-Entwicklung sind in der DDR gegenüber denjenigen in der Bundesrepublik weitaus schlechter, denn im Westen kann nahtlos, auch unter dem Aspekt der personellen

Kontinuität, auf die maßgebliche Grundlagenforschung während der NS-Zeit aufgebaut werden, schreibt Klaus Blume in seinem Buch „Die Dopingrepublik: Eine (deutsch-)deutsche Sportgeschichte".[156]

Die Doping-Praxis der DDR wird in einem Revisionsurteil des Bundesgerichtshofs (BGH) im Jahr 2000 plastisch beschrieben.[157] Im Urteil heißt es: „Doping wurde in jener Zeit (ab 1975) im zentral gelenkten DDR-Sport systematisch zur Leistungssteigerung bei Hochleistungssportlern eingesetzt, um verstärkt Weltklasseleistungen und Erfolge des DDR-Sports bei internationalen Wettbewerben, insbesondere Olympischen Spielen sowie Welt- und Europameisterschaften, zu ermöglichen. Mit der zentralen Organisation des Dopings wurde das Ziel möglichst effektiver Steigerung der körperlichen Leistungsfähigkeit der Sportler durch Verabreichung pharmakologischer Mittel, zumeist Anabolika - als ‚unterstützende Mittel' bezeichnet -, in systematischer, straff gelenkter Vorgehensweise verfolgt. Gleichermaßen war man bestrebt, diese Verfahrensweise, insbesondere vor den Kontrollen bei internationalen Wettkämpfen, wirksam zu verschleiern."

Das DDR-Doping bezeichnet der Bundesgerichtshof als „schwerwiegende Rechtsbrüche" und die minderjährigen Sportlerinnen, deren Missbrauch in diesem Urteil behandelt wird, nennt der BGH „Opfer des Systems". Aber das Gericht relativiert auch, denn „der Senat verkennt nicht, daß der Einsatz von Dopingmitteln im Hochleistungssport keine Besonderheit ist, die ausschließlich für totalitäre Unrechtssysteme kennzeichnend wäre." Diese Bemerkung bedeutet vermutlich, dass das in der DDR begangene Unrecht nicht allzu gravierend ist, weil auch in der Bundesrepublik gedopt wird. Hier findet der BGH eine sehr befremdliche Argumentation, die einem Rechtsbruch nahekommt.

***

Der „Chef-Doper" Manfred Höppner („Tagesspiegel"), 1975 zum Leiter der Arbeitsgruppe „Unterstützende Mittel" in der DDR berufen, wird im Jahr 2000 wegen Beihilfe zur Körperverletzung in zwanzig Fällen zu einer Freiheitsstrafe von 18 Monaten auf Bewährung verurteilt. Der staatliche Organisator für das Doping, Manfred Ewald, wird wegen Beihilfe zur Körperverletzung von zwanzig Hochleistungssportlerinnen zu einer Freiheitsstrafe von 22 Monaten auf Bewährung verurteilt. Die Opfer, nicht nur die zwanzig, deren Schicksale vor Gericht verhandelt werden, leiden lebenslang unter den Folgen des Staatsdoping. Sportwissenschaftler rechnen mit bis zu zwei Prozent auf Doping zurückzuführender Todesfälle und Spätschäden bei mindestens 1000 gedopten Leistungssportlern der DDR.[158] Während sich Manfred Höppner bei den Opfern entschuldigt, (was allerdings eine sehr einseitige Angelegenheit ist, denn allenfalls könnte er sie um Entschuldigung bitten), zeigt Manfred Ewald „keinerlei Reue", schreibt der „Spiegel".[159]

8. Beruf und Wirtschaft

8.1. Bildungspolitik

Die Bildungspolitik der SPD-geführten Bundesregierung sowie die Bildungspolitik der Bundesländer führen seit 1969 zu einem starken Anstieg der Studentenzahlen. Dieser Zuwachs aber bereitet Probleme.

Karikaturisten sind gefragt, Universitätsabsolventen eher nicht.

Die Karikaturistin Marie Marcks zeichnet eine Karikatur, die die „Süddeutsche Zeitung" am 1. März 1975 veröffentlicht: Der Schulrat besucht eine Schulklasse anlässlich der Zeugnis-Vergabe. Im Hintergrund sitzen die Schüler der Klasse in ihren Schulbänken, im Vordergrund schüttelt der Schulrat einem ziemlich ratlos dreinblickenden Schüler die Hand. Die hinter dem Schulrat stehende Lehrerin erklärt freudestrahlend: „Das ist unser Klassenletzter!", ein Hinweis, der den Schulrat veranlasst zu bemerken: „Brav, brav! Nehmt Euch ein Beispiel, Kinder, der verzichtet schon heute auf seinen Studienplatz!"

Lehrer gibt es im Übermaß. Einen weiteren von Marie Marcks gezeichneten Kommentar zur Lehrerschwemme veröffentlicht die „Süddeutsche Zeitung" am 5. Juni 1975: Der Arbeitsvermittler für offene Stellen sitzt hinter dem Schalter des Arbeitsamtes und ruft: „Lehramtskandidaten, alle mal herhören! In Hinterkleinneudorf soll durch Todesfall eine Stelle freigeworden sein, Heimatkunde oder sowas…". Darauf stürzen mehr als ein Dutzend Lehramtskandidaten, die vor dem Schalter gewartet haben, zur Tür, sich gegenseitig auf dem Weg zur neuen Stelle hindernd. Einer ruft: „Wo liegt denn das?", ein anderer antwortet: „Ist doch egal". Die erwartbare Misere der angehenden Lehrer ist offensichtlich, viele von ihnen werden künftig nicht in der Schule ihr Können unter Beweis stellen, sondern durch besondere Ortskenntnisse als Taxifahrer glänzen müssen.

Rund 835.000 Studierende zählt das Statistische Bundesamt 1975 in der Bundesrepublik, davon ein Drittel weibliche Studierende. (Zum Vergleich 2014: Rund 2.700.000 Studierende, davon 48 Prozent weiblich). Von den Schülern der Geburtsjahrgänge 1960 bis 1970 haben etwa ein knappes Drittel die Hochschulreife (einschließlich Fachhochschulen), etwa 40 Prozent der Schüler dieser Jahrgänge haben einen mittleren Abschluss und etwa ein Viertel einen Hauptschulabschluss. Ohne allgemeinbildenden Abschluss bleiben etwa 4 Prozent der Schüler dieser Geburtsjahrgänge. Der Anteil der Menschen mit einem Schulabschluss der Hochschulreife wächst seit 1945, derjenige Anteil mit einem Hauptschulabschluss sinkt dagegen.

Wie es mit der Chancengleichheit in der Bundesrepublik Deutschland bestellt ist, hat der Karikaturist Hans Traxler in einer Karikatur in der Zeitschrift „betrifft erziehung" im Juli 1975 versucht darzustellen. Traxlers Zeichnung ist sehr erfolgreich, sie wird danach immer wieder in Nachdrucken veröffentlicht. Aber der Karikaturist wird mißverstanden, wie er später ausführt.[160] Traxler schreibt, er erinnere sich, im Sommer 1975 einen Text illustrieren zu sollen, in dem es um Ausdrücke wie Lernzielkontrolle, KMK, NC und Normenbücher gehe. Er will also eine Karikatur zeichnen, in der „sich doch nichts anderes verbarg, als die dumpfe These, dass die Menschen eben nicht mit den gleichen Anlagen auf die Welt kommen." Aber da „erhebt sich schnell eine evangelische Braue" und er wird als Biologist beschimpft, denn er entspricht nicht dem Zeitgeist.

Und das ist auf Traxlers Karikatur zu sehen: Der Lehrer sitzt mit schwarzem Anzug gekleidet hinter einem Tisch in einer weiten Ebene, auf der ein dicker Baum steht. Er sagt: „Zum Ziele einer gerechten Auslese lautet die Prüfungsaufgabe für Sie alle gleich: Klettern Sie auf den Baum." Die Prüfungskandidaten stehen aufgereiht vor dem Baum: Ein Rabe, ein Affe, ein Flamingo, ein Elefant, ein Goldfisch in einem Glas, eine Robbe und ein Hund. Mancher der Prüfungskandidaten dürfte Probleme haben, die Kletter-Prüfung erfolgreich zu bestehen.

Das Thema Chancengleichheit hat in der Bildungspolitik eine große Bedeutung. Da wird das Bundesministerium für Bildung und Wissenschaft gegründet, die Bund-Länder-Kommission verabschiedet einen Bildungsgesamtplan und die Hochschulen werden ausgebaut. Trotz aller Betriebsamkeit bleibt die angestrebte Chancengleichheit Illusion, zum einen, weil sie weitgehend Ideologie ist, wie Traxler, möglicherweise ungewollt, mit seiner Karikatur gezeigt hat, die die unterschiedlichen Fähigkeiten von Rabe, Affe oder Goldfisch herausstellt. Da hilft alle Förderung nichts, denn die Prüfungskandidaten, und nicht nur sie, sind von Natur aus unterschiedlich befähigt. Zum anderen scheitert die angestrebte Chancengleichheit aus ganz trivialen Gründen, weil die finanziellen Möglichkeiten zur Bewältigung des Zustroms der Studenten angesichts der Finanz- und Konjunkturkrise begrenzt sind.

8.2. Wachstum

Die Erwartung und die Akzeptanz fortwährenden wirtschaftlichen Wachstums schwinden langsam in den 1970er Jahren. Während im vorangegangenen Jahrzehnt rauchende Kamine noch als Symbol industrieller Dynamik angesehen worden sind, stößt die hemmungslose Wachstumseuphorie jetzt an Grenzen. Der ehemalige Bayerische Kultusminister Hans Maier beschreibt in einem Aufsatz in den „Vierteljahresheften für Zeitgeschichte"[161] im Jahr 2008 die Unterrichtsfilme des „Instituts für Film und Bild in Wissenschaft und Unterricht (FWU)" aus den sechziger Jahren mit diesen typischen Bildsequenzen: „Hohe Kamine werden gezeigt, die plötzlich explosionsartig zu rauchen anfangen und mit ihrem schwarzen Ausstoß den Himmel verdunkeln. Das wird keineswegs kritisch, sondern beifällig vermerkt, wie die begleitenden Kommentare zeigen." Maier beschreibt auch die Reaktionen der Schüler bei der Vorführung der Filme, die „Beifall, ja Begeisterung" gezeigt haben, weil die qualmenden Schlote ein bündiges Zeichen der Zeit gewesen sind.

Dieses Zeichen der Zeit schmückt auch die Broschüren und Geschäftsbriefe der Hamburgischen Electricitäts-Werke AG, deren Logo die vier in einer Linie stehenden Schornsteine des Kohlekraftwerks Tiefstack zeigen, eines Kraftwerks, das „ein technisches Denkmal von großer Aussagekraft und Ästhetik und wohl auch von nationaler Bedeutung" gewesen ist.[162] Mitte der 1970er Jahre hat das jahrzehntelang selbstbewusst gezeigte Zeichen industrieller Stärke als Logo ausgedient.

In dieser Zeit Mitte der 1970er Jahre werden auch die FWU-Filme von den Schülern ganz anders wahrgenommen, als noch einige Jahre zuvor. Hans Maier bemerkt, dass die Zuschauer bei dem Knall und der plötzlichen Rauchentwicklung der Schlote in Gelächter ausbrechen, das Ganze wirkt nun komisch, künstlich, übertrieben. Und die Schüler zischen und protestieren.

Wirtschaftswachstum wird verteufelt, vor allem vom „Club of Rome", der selber mit seinen Angstkampagnen glänzend gedeiht.

Es hat sich ein grundlegender Wandel vollzogen. Das Wachstum der Wirtschaft kann offensichtlich nicht unbegrenzt weiter gehen, meint eine wachsende Zahl von Skeptikern. Tatsächlich gehen die Produktionszahlen in manchen Branchen zurück. Ganze ehemals florierende Wirtschaftsbereiche haben Schwierigkeiten, wie die Textilindustrie, der Schiffbau oder der Bergbau. Lediglich mit immer weiter ausufernden Subventionen werden notleidende Branchen zumindest für einige Jahre kostspielig zu Lasten des Steuerzahlers am Leben erhalten, obwohl bei nüchterner Betrachtung schnell hätte erkannt werden können, dass ein längeres Dahinsiechen das Ende der angeschlagenen Industrien schließlich auch nicht vermeidet.

Der „Club of Rome", ein weltweiter Zusammenschluss von Experten verschiedener Disziplinen ruft 1972 die „Grenzen des Wachstums" aus. Weltweit werden im Laufe der nächsten Jahre neue Dependancen des Clubs gegründet, so 1978 die Deutsche Gesellschaft Club of Rome im Haus Rissen in Hamburg. Fast im Jahresrhythmus erscheinen neue Berichte des Clubs mit der immer wiederholten grundlegenden Botschaft, dass das Ende des Wirtschaftswachstums erreicht sei und die Menschheit sich im Krisenstatus befinde.

Der erste Bericht aus dem Jahr 1972 mit dem deutschen Titel „Die Grenzen des Wachstums" erreicht bis heute eine Auflage von etwa 30 Millionen Exemplaren. 1974 sieht der Club die „Menschheit am Scheideweg", 1976 berichtet der Wirtschaftswissenschaftler Jan Tinbergen über „Reshaping the International Order" (deutsch etwa: „Neugestaltung der internationalen Ordnung"), 1979 wird mit „Energie: The Countdown" das Gespenst einer katastrophalen Energiekrise als Bedrohung für die menschliche Gesellschaft erkannt. Ein globales Desaster würde schon bis zur Jahrtausendwende eintreten, diagnostiziert der Club of Rome, die wichtigen Rohstoffe wären verbraucht oder extrem teuer, die Erde würde übervölkert sein und die Menschheit in Folge von Nahrungsmittelknappheit und Umweltverschmutzung zugrunde gehen. Der Verbrauch an Rohstoffen, Nahrungsmitteln und Energie lässt menschliches Leben auf der Erde kaum noch möglich erscheinen, weil die industrielle Produktion aus erwartbarem Mangel an Rohstoffen zusammenbricht und aufgrund der Nahrungsmittelknappheit desaströse Hungerkatastrophen die Menschheit dezimieren. Der Energiemangel bedeutet dann das Ende der Zivilisation.

Das vom Club of Rome in allen Schriften immer wieder identifizierte Übel der Welt liegt in der Marktwirtschaft, dem Massenkonsum und im Wirtschaftswachstum, also dem kapitalistischen System begründet. Heilung findet die Welt allenfalls bei staatlicher Planung der Wirtschaft und ihrer Steuerung durch internationale Behörden. Das ist das Modell des „real existierenden Sozialismus", das allerdings 1989 mit dem wirtschaftlichen und politischen Zusammenbruch des Ostblocks begraben werden wird.

Die Prognosen des Club of Rome leiden an den gleichen Denkmustern, die auch andere Zukunftsforscher haben scheitern lassen. Zukunftsforscher gehören zu einer Spezies mit widersprüchlicher Tätigkeit, sie forschen, wollen also Realitäten verstehen und sie betreiben Spökenkiekerei, wollen also als eine Art Geister-Seher in die Zukunft blicken. Dieses Unterfangen, unvereinbare Tätigkeiten in Einklang zu bringen, ist schwerlich mit Erfolg zu krönen.

Einer der Gurus der Futurologen ist Herman Kahn. In seinem 1967 mit großem Erfolg veröffentlichten Buch „The Year 2000" (deutsch: „Ihr werdet es erleben") hat er trotz des ihm zugeschriebenen Intelligenzquotienten von 200, also 50 Punkte oberhalb der Genie-Grenze, den Fehler gemacht, voller Zuversicht auf die lineare Weiterentwicklung technischer Lösungen zu hoffen. Kahn hat darauf gesetzt, auch dynamische Systeme berechenbar zu machen und bis zu einem bestimmten Zeitpunkt festgestellte Entwicklungen schlicht zu extrapolieren. Das ist gründlich schief gegangen, wie wir schnell erfahren haben.

„Image ist alles, Fakten stören nur".

Auch der Club of Rome liegt mit seinen Prognosen arg daneben. Die vorausgesagten Hungertoten in Südasien, eine Milliarde Menschen, sind nicht zu beklagen, die Region Südasien zählt heute mit klassischem Wirtschaftswachstum zu den erfolgreichen Regionen der Welt. Die wichtigsten Rohstoffe sind keineswegs erschöpft, die Preise nicht exorbitant gestiegen. Neu entdeckte Erdölvorkommen und neue Fördertechniken haben beispielsweise zu einem Überangebot an Rohöl mit deutlich gesunkenen Preisen geführt. Die Dynamik technischer Entwicklungen ist nicht einfach ausgeblendet worden, sondern die Zukunftsforscher haben „keine Möglichkeit" gesehen, „die dynamischen Wirkungen technologischer Entwicklungen generell zu formulieren und festzulegen." Dann hätten sie besser geschwiegen und auf ihr „hohles und irreführendes Werk" (The New York Times Book Review) verzichtet.

Der Club of Rome lässt sich von seinen Fehlprognosen der Vergangenheit nicht beeindrucken. Ein neuer „Global Marshall Plan" muss her. „Es ist mehr oder weniger wieder das Gleiche: Die Welt soll unter der weisen Führung einer erleuchteten Elite gerettet werden. Neu ist lediglich, dass zur üblichen antikapitalistischen Rhetorik diesmal noch ein besonderes Verständnis für Islamisten hinzukommt, denn es gelte, die Arroganz des Westens zu beenden. „Der 11. September 2001 (mit dem islamistischen Terror-Anschlag in New York und Washington) hat die Chancen für ein ökosoziales Modell verbessert", schreibt Club-Mitglied Franz Josef Radermacher, denn der Anschlag habe gezeigt, dass die westliche Zi-

vilisation auf dem falschen Weg sei. Das kann man nur noch fassungslos zur Kenntnis nehmen, wie der Autor Michael Miersch in der schweizerischen „Weltwoche" resignierend feststellt.[163]

Allerdings zeigt Miersch in seinem kritischen Artikel auch Bewunderung für den Club of Rome: „Wie kann es sein, dass eine Vereinigung, die immer das Falsche vorausgesagt und die aberwitzigsten Rezepte empfohlen hat, einen tadellosen Ruf geniesst? Das gehört zu den Geheimnissen der modernen Mediengesellschaft, die es fertigbringt, Che Guevara zum Popstar und Al Gore zum Nobelpreisträger zu machen. Image ist alles, Fakten stören nur." Zum Zeitpunkt der Veröffentlichung dieses Zeitungsartikels im Jahr 2007 ist das „Postfaktische Zeitalter" der Jahre 2016 ff. noch nicht angebrochen.

***

„Grenzenloses Wachstum" ist in der Bundesrepublik Deutschland Mitte der 1970er Jahre tatsächlich kein Problem. Die Herausforderungen sind groß und von gegenteiliger Art: Es gibt so gut wie kein Wachstum.

Die Bauwirtschaft befindet sich 1975 in einer Strukturkrise katastrophalen Ausmaßes. In diesem Jahr werden nur noch 437.000 Wohnungen fertig gestellt, drei Jahre zuvor sind es noch 769.000 Wohnungen gewesen. 360.000 Bauarbeiter haben ihren Arbeitsplatz in den letzten zwei Jahren verloren, noch einmal 200.000 bis 250.000 Beschäftigte könnten ihren Arbeitsplatz innerhalb des nächsten Jahres verlieren, befürchtet Albert Vietor, Chef der gewerkschaftseigenen Neuen Heimat, dem großen Immobilienkonzern mit Sitz in Hamburg. Um einen weiteren Arbeitsplatzverlust zu verhindern, müssten zusätzlich 100.000 Sozialwohnungen für Bedürftige errichtet werden, meint Albert Vietor. Die Kosten für den Bau dieser Wohnungen sind vom Staat zu übernehmen, denn wenn die Staatshilfe ausbleibe, drohe nach Aussage Vietors „auch seriösen Firmen der Bauindustrie der Konkurs."[164]

***

Für Einlassungen über die Seriosität von Unternehmen ist Albert Vietor ein ausgemachter Experte. Seit 1967 hat Vietor, versteckt hinter Strohmännern in diversen Firmen, mit denen die Neue Heimat in Wirtschaftsbeziehungen steht, in die eigene Tasche gewirtschaftet. Bis Februar 1982 kann er sein Unwesen treiben, dann deckt der „Spiegel" die mafiösen Verhältnisse in dem gewerkschaftseigenen Unternehmen auf. Vietor hat es verstanden, sich zu Lasten der Neuen Heimat um unvorstellbare 105 Millionen DM zu bereichern, wie die Wirtschaftsprüfungsgesellschaft Treuarbeit in einem 1983 veröffentlichten Gutachten nach dem Ende der unsäglichen Bereicherungsaktivitäten feststellt.

Die „Spiegel"-Titelgeschichte vom 8. Februar 1982 „Neue Heimat - die dunklen Geschäfte von Vietor und Genossen" deckt die jahrelangen Machenschaften in diesem größten europäischen Baukonzern mit rund 400.000 Wohnungen und fast 6.000 Mitarbeitern sowie etwa 100 Tochtergesellschaften im In- und Ausland auf.

Informant des „Spiegel" ist der frühere Pressesprecher der Neuen Heimat, John Siegfried Mehnert, der die Privatgeschäfte der Führungsmitglieder des Neue Heimat-Konzerns nach seiner vorzeitigen Entlassung aus dem Unternehmen dokumentiert und dem Magazin zur Verfügung stellt. Schon in den 1960er Jahren gründen Vietor und Genossen eine Firma, die Häuser billig aufkauft und teuer an die Neue Heimat verkauft. Der Gewinn verbleibt bei den Hintermännern. Auch hinter der Kommanditgesellschaft teletherm (Lübeck) Gesellschaft für Fernwärme mbH & Co. stehen Vorstände der Neuen Heimat sowie führende Gewerkschafter, wie zum Beispiel Walter Hesselbach, Mitglied im Aufsichtsrat der Neuen Heimat, zum Zeitpunkt seines Einstiegs bei der teletherm Chef der gewerkschaftseigenen Bank für Gemeinwirtschaft. Die von der teletherm gelieferte Fernwärme wird an die Mieter der Neue Heimat-Wohnungen berechnet, zu Preisen die maßlos gegenüber den Marktpreisen überhöht sind.

Insgesamt kann Vietor und Genossen eine beachtliche kriminelle Energie bescheinigt werden. Aber stilvoll fliegen sie selbst zu ihrer Entlassung durch den Aufsichtsrat am Wochenende nach der „Spiegel"-Veröffentlichung von Hamburg nach Frankfurt: „First class", wie der Vorstandsvor-

sitzende der Bank für Gemeinwirtschaft, Thomas Wegschneider, hinterher berichtet. Die Aufsichtsräte fliegen „Holzklasse".[165]

Walter Hesselbach wird später dadurch geehrt, dass in Frankfurt eine Straße nach ihm benannt wird. In einem Nachruf nach Hesselbachs Tod im Jahr 1993 stellt der Vorstandsvorsitzende der gewerkschaftseigenen Beteiligungsgesellschaft BGAG, Hans Matthöfer, fest, dass Hesselbach mit „beispielhaftem Pflichtgefühl (und) Zuverlässigkeit" gehandelt habe und für die SPD „stets eine freigiebige Hand" (!) gehabt habe. Verdächtigungen im Zusammenhang mit der Neuen Heimat seien „aus trüben Quellen" gekommen.[166]

Die Aufsichtsräte, aus den Führungsetagen der Gewerkschaften rekrutiert, geben sich ahnungslos über die Machenschaften derjenigen, die sie beaufsichtigen sollen. Der „Spiegel" fragt: „Und die vielen Aufsichtsräte - haben sie alle nichts gewusst oder vermutet? Auch der Vorsitzende des Aufsichtsrats, der DGB-Chef Heinz Oscar Vetter nicht? Oder warum sagte Aufsichtsrat Walter Hesselbach nichts, langjähriger Chef der gewerkschaftseigenen Bank für Gemeinwirtschaft?" Diese Fragen werden als Versuch hingestellt, die Gewerkschaften zu desavouieren.

Helmut Schmidt jedoch spricht Klartext, allerdings erst im Jahr 2011 im Gespräch mit Peer Steinbrück: „Was ich auch nicht vergessen kann, ist der Umstand, wie einige hochgestellte Gewerkschaftsfunktionäre die ihnen anvertrauten Unternehmen ruiniert haben: zuerst die Bank für Gemeinwirtschaft."[167] *Da stimmt allerdings nicht die Reihenfolge der ruinierten Unternehmen: Zuerst ist die Neue Heimat an der Reihe, die anderen folgen bald danach. In der Sache hat Helmut Schmidt recht.*

Die Neue Heimat wird 1986 für eine Deutsche Mark an den Berliner Bäcker Horst Schiesser verkauft, mit Verbindlichkeiten des Unternehmens von 16 Milliarden DM. Im weiteren Verlauf muss der Verkauf rückabgewickelt werden und die regionalen Bestandteile der Neuen Heimat werden von einzelnen Bundesländern übernommen. Die Bank für Gemeinwirtschaft wird ab 1987 in Teilen an die Aachener und Münchener Beteiligungsgesellschaft verkauft. 1988 geht auch die Volksfürsorge mit der Mehrheit der Aktien an die Aachener und Münchener Beteiligungsgesellschaft. 1989 ist das Ende des Handelsunternehmens co op AG nach Bi-

lanzmanipulationen und Vermögensverschiebungen erreicht. Später übernehmen Käufer auch das Beamtenheimstättenwerk und die Hypothekenbank Rheinboden. Von den Gewerkschaftsunternehmen bleibt vor allem infolge der Misswirtschaft in der Neuen Heimat, die niemand aus den Aufsichts- oder Gesellschaftergremien zur Kenntnis nehmen wollte oder konnte, nicht mehr viel übrig.

***

Das Resümee Vietors im Jahr 1975 zur Krise in der Bauwirtschaft zitiert die „Zeit": Für die Männer am Bau sei „kein Lichtblick zu erkennen." Im Gegenteil, wenn die Regierung in Bonn notwendige Maßnahmen zu lange vor sich hin schiebe, laufe die ehemals leistungsfähige Branche „mit offenen Augen in eine Katastrophe hinein." Vietor hat mit der Wohnungsbau-Politik der Neuen Heimat zur Katastrophe wesentlich beigetragen.

Großsiedlungen aus Waschbeton werden zu „Zitadellen städtischen Lebens" empor gejubelt.

Bis etwa zur Mitte der 1970er-Jahre werden Großwohnsiedlungen unter wesentlicher Beteiligung der Neuen Heimat gebaut. Das Beispiel Hamburg-Steilshoop, eine Großsiedlung, die 1975 fertig gestellt wird, zeigt typisch die Probleme dieser Siedlungen. Hier leben 19.000 Menschen in etwa 8.600 Wohnungen in Hochhäusern mit bis zu 13 Geschossen auf engem Raum zusammen. Schnell entwickelt sich diese Siedlung zu einem sozialen Brennpunkt mit Bewohnern, von denen etwa die Hälfte einen Migrationshintergrund hat. Eine deutlich erhöhte Arbeitslosenquote gegenüber dem übrigen Hamburger Stadtgebiet verdeutlicht die soziale Zusammensetzung der Bevölkerung. Sozial gut gestellte Familien verlassen die Siedlung, der äußere Zustand der Häuser zeigt den Verfall. Das in den 1960er und 1970er Jahren propagierte Leitbild „Urbanität durch Dichte" kann rückblickend als gescheitert klassifiziert werden.

Das Projekt Steilshop wird fatalerweise verwirklicht, ein viel spektakuläreres Projekt der Neuen Heimat in Hamburg kann 1973 gerade noch verhindert werden. Wenn nicht rechtzeitig die Vernunft im Senat der Freien und Hansestadt Hamburg gesiegt hätte, wäre in der Mitte der Siebziger Jahre des vorigen Jahrhunderts ein gesamter Stadtteil mit umfangreichem Altbau-Bestand, St. Georg, abgerissen worden und Neu St-Georg mit fünf riesigen miteinander verbundenen Hochhausklötzen mit bis zu 63 Stockwerken entstanden. 1975 soll alles fertig werden: „Das Projekt St. Georg soll beispielgebend für die Zukunft sein", wie der Neue Heimat-Chef Albert Vietor erklärt, unterstützt vom „Spiegel", der entdeckt, dass Raum wäre „für jene Zitadelle städtischen Lebens (…), die auch den Wohn-Wünschen der kommenden Jahrtausendwende noch genügen könnte."[168] Der „Spiegel" begeistert sich über die sensationelle architektonische, städtebauliche Konzeption sowie über deren nicht minder sensationelle Finanzkonstruktion. Der sonst sehr bodenständige vernünftige Hamburger Erste Bürgermeister, Herbert Weichmann, wird im Magazin mit den Worten zitiert: „Die Hansestadt würde es begrüßen, wenn die Durchführung sich realisieren ließe."

Heute trauert wohl niemand mehr der „Zitadelle städtischen Lebens" in Waschbeton hinterher, die im letzten Moment durch Einsicht des Senats der Freien und Hansestadt Hamburg verhindert worden ist.

Überall, wo die Neue Heimat tätig ist, aber nicht nur sie, überkommt diejenigen, die einen bescheidenen Rest an ästhetischem Empfinden für gelungene Architektur kultiviert haben, ein unbeschreibliches Gefühl an Tristesse. Es stellt sich die Frage, ob der Bombenterror im 2. Weltkrieg größeren Schaden in den Städten angerichtet hat als das hemmungslose Zubetonieren der Städte durch die Neue Heimat und anderer Bau-Konzerne.

Eines dürfte deutlich sein: Wenn die Betonmonumente Ausdruck der Geisteshaltung der Gesellschaft sein sollten, ist es mit dieser Geisteshaltung in den 1970er Jahren nicht allzu weit her.

8.3. Arbeitslosigkeit - Die Rolle der Gewerkschaften

Nicht nur die Bauwirtschaft steckt 1975 in der Krise.

Im Februar 1975 sind 1.184.000 Menschen arbeitslos gemeldet, so viele wie niemals zuvor in der Bundesrepublik Deutschland seit dem Wirtschaftswunder in den 1950er Jahren. Die Arbeitslosenquote liegt 1975 bei 4,7 Prozent, nachdem 1970 noch Vollbeschäftigung mit einer Arbeitslosenquote von 0,7 Prozent geherrscht hat. Kaum jemand ahnt, dass die Vollbeschäftigung der vergangenen Jahre nicht wieder erreicht wird, im Gegenteil, denn 1982 sind zwei Millionen Menschen arbeitslos. Die Zahlen steigen danach weiter.

Zwar zahlt die Arbeitslosenversicherung 1975 für die Betroffenen ein Jahr lang ein Arbeitslosengeld von 68 Prozent des letzten Nettoeinkommens, etwa 930 DM im Durchschnitt. Der aktive „Durchschnitts-Arbeitnehmer" erhält 1975 etwa 1.400 DM pro Monat. Aber die Belastung für den Sozialstaat ist riesig und trägt zu den Defiziten im Haushalt der Bundesrepublik kräftig bei.

Eine nüchterne Analyse der Situation ist nicht gefragt. Wie das „Handelsblatt" später im Rückblick feststellt[169], habe die Prognose des FDP-Wirtschaftsministers, dass die Zahl der Arbeitslosen auch nach einem Aufschwung nicht sinken werde, auf Anordnung des FDP-Parteichefs Hans Dietrich Genscher im Giftschrank zu verschwinden. Auch das Gutachten des Forschungsinstituts Prognos über künftig steigende Arbeitslosenzahlen stieß auf Empörung des FDP-Wirtschaftsministers Otto Graf Lambsdorff. Die Realität wird ausgeblendet und macht dem Wunschdenken Platz. Und die Wähler werden für dumm gehalten.

***

Eine wesentliche Ursache für die steigende Arbeitslosigkeit ist in der aggressiven Lohnpolitik der Gewerkschaften zu finden, aber auch in der nur unzureichend ausgeprägten Standhaftigkeit vieler Politiker. Ihren Anfang aber nimmt die wirtschaftliche Talfahrt nicht nur der Bundesrepublik Deutschland, sondern weltweit, in der Ölpreiskrise des Jahres 1973.

Die hemmungslose Klientelpolitik der Gewerkschaften trägt zur Konjunkturkrise mit gewaltigen Arbeitslosenzahlen maßgeblich bei.

Ende 1973 sind die Energiepreise in Folge der Ölkrise deutlich angestiegen. Dies ermutigt die Gewerkschaften, satte Lohnerhöhungen zu fordern, weil den Menschen durch höhere Energiepreise Kaufkraft entzogen werde. Die Konjunkturkrise mit stagnierendem Bruttosozialprodukt im Jahr 1974 und sinkendem Bruttosozialprodukt im Jahr 1975 (minus 1 Prozent) beeindruckt die Gewerkschaften überhaupt nicht.

Jenseits aller ökonomischen Vernunft ist die Tarifpolitik der Gewerkschaft für den Öffentlichen Dienst, der ÖTV (Gewerkschaft Öffentliche Dienste, Transport und Verkehr). Vorsitzender der Gewerkschaft ist Heinz Klunker, Sozialdemokrat, dem es nach einem Streik im Öffentlichen Dienst 1974 gelingt, eine Lohnerhöhung von 11 Prozent als Verhandlungsergebnis mit den öffentlichen Arbeitgebern zu erzielen. Bundeskanzler Willy Brandt hat vor den Folgen dieser Lohnpolitik gewarnt, das Wirtschafts-Wachstum könne gegen Null gehen. Der Bundeskanzler kann sich jedoch nicht durchsetzen, weil die ÖTV sich einem „Lohndiktat" der Regierung nicht beugen werde.

Heinz Klunker hat mit der Gewerkschaft ÖTV wesentlich dazu beigetragen, dass eine Lohn-Preis-Spirale in Gang gesetzt wird, mit der Folge einer lang anhaltenden Stagflation, einer wirtschaftlichen Situation, in der Stagnation und Inflation miteinander einhergehen. Die anderen Gewerkschaften lassen sich durch einen drohenden Rückgang des Wirtschaftswachstums und steigender Arbeitslosenzahlen ebenfalls nicht vom Kurs exorbitanter Lohnerhöhungen abbringen.

Der Verhandlungsabschluss im Öffentlichen Dienst ist jedoch von besonderer Bedeutung, da der Staatsapparat mit der SPD-Regierungsverantwortung immer weiter ausgebaut wird. Die Staatsausgabenquote (einschließlich der Sozialausgaben) beläuft sich 1975 auf fast 45 Prozent des Bruttosozialprodukts und wird fatalerweise jahrzehntelang in dieser Größenordnung bleiben. Fünf Jahre vorher hat die Staatsquote noch bei 37 Prozent gelegen.

Willy Brandts Befürchtung eines zurückgehenden Wirtschaftswachstums wird im Jahr 1975 Realität. Das Minus beim realen Bruttosozialprodukt der Bundesrepublik Deutschland errechnet die Deutsche Bank mit 3,4 Prozent und konstatiert, dass der Rückgang selbst pessimistische Voraussagen übertreffe.[170]

Damit sind wesentliche Ziele der Wirtschaftspolitik der Bundesrepublik verfehlt. Nicht nur das Ziel eines angemessenen Wirtschaftswachstums ist außer Sicht geraten, sondern auch die angestrebte Geldwertstabilität wird nicht annähernd erreicht. Die Lebenshaltungskosten und die Industriellen Erzeugerpreise steigen 1975 um rund 6 Prozent und die Vollbeschäftigung ist von jetzt an Utopie. Wenn auch weltweit die Industriestaaten wirtschaftliche Rückgänge verzeichnen müssen, ist doch die Misere in der Bundesrepublik trotz der unbeeinflussbaren Ölpreiskrise im wesentlichen hausgemacht.

Entscheidend für den Zustand der Volkswirtschaft im Jahr 1975 sind die maßlosen Lohnerhöhungen, die weit über dem Fortschritt der Produktivität liegen. Die damit verbundene Kosteninflation muss von der Bundesbank mit einer Restriktionspolitik beantwortet werden, um das Ziel der Geldwertstabilität nicht vollends und auf Dauer zu verfehlen. Vor allem die hohen Lohnkosten führen dazu, dass viele Unternehmen, insbesondere diejenigen im internationalen Wettbewerb, ausscheiden oder aber zumindest die Mitarbeiterzahl reduzieren müssen. Das Ergebnis ist eine steigende Arbeitslosigkeit.

***

„Heinz Klunker kam zu mir und sagte: ‚Helmut, ich verlange 15 Prozent'. Und ich sagte: ‚Du kannst mich am Arsch lecken!'"

„Und dann sagte er: ‚Dann lass ich die Mülltonnen ungeleert auf den Straßen stehen.' Da habe ich gesagt: ‚Dann gehe ich ins Fernsehen und sage dem deutschen Volk, dass du das Oberschwein bist, das für diese Sauerei auf den Straßen verantwortlich ist. Dann wollen wir mal sehen, wer sich durchsetzt.'"

So berichtet es Helmut Schmidt im Gespräch mit Peer Steinbrück[171] über seine Anfangszeit als Bundeskanzler und ergänzt: „Ich habe mich unnachgiebig verhalten, er hat nachgegeben. Wenn er nicht nachgegeben hätte, weiß der Kuckuck, was daraus entstanden wäre."

Ein Jahr vorher hat Willy Brandt versucht, den ausufernden Forderungen Heinz Klunkers entgegenzutreten, ist aber an den Genossen in der SPD und den Freunden in der Gewerkschaft gescheitert. Die Genossen ziehen es vor, die Staatskasse zu plündern und den Bundeskanzler in die Resignation zu treiben.

8.4. Öffentlicher Dienst - Noch einmal: die Gewerkschaft

Eine Branche reüssiert jedoch trotz der Krise.

Der „Spiegel" sieht das Land „Auf dem Wege in die Beamten-Republik" und zeigt auf dem Titelbild den übergewichtigen ÖTV-Chef Heinz Klunker, dickbäuchig mit geöffnetem Jackett, beide Hände in den Hosentaschen. „Die Beamten fressen den Staat auf", heißt es auf der Titelseite.[172]
Jeder achte Bundesbürger ist jetzt beim Staat beschäftigt, die Tendenz der Personalentwicklung öffentlich Bediensteter zeigt deutlich nach oben. Es könne die Zeit kommen, so habe laut „Spiegel" der pensionierte Präsident des Bundes-Rechnungshofes Volkmar Hopf gesagt, dass der letzte freie Angestellte „auf einer Wanderausstellung" gezeigt werde. Selbst der

Sachverständigenrat, dessen Gutachten zur wirtschaftlichen Lage immer ein Musterbeispiel an Neutralität sind, oder besser, ein Musterbeispiel an Angst sind, mit Klarheit anzuecken, kann sich einen ironischen Seitenhieb diesmal nicht verkneifen: „Betrachtet man den Aufwand, so scheint die angemessene Bezahlung der Staatsbediensteten zu den wichtigsten Reformaufgaben der vergangenen Jahre gehört zu haben."

Heinz Kluncker ist zwar nicht bei den Finanzpolitikern des Landes beliebt, aber den Karikaturisten bietet Kluncker immer wieder Gelegenheit, ihre Kunst an ihm auszuprobieren. Im Jahr 1977 hat Horst Haitzinger den riesigen ÖTV-Chef mit offener Hand fordernd vor einer Haustür dargestellt, der dem deutlich kleineren erschrockenen Hausbewohner, Bundeskanzler Helmut Schmidt, einen unmißverständlichen Neujahrsgruß entgegen bringt: „Die Tonnenmänner (das sind Müllmänner) wünschen ein gutes neues Jahr!" Jahre später (2004) hat sich Helmut Schmidt von seinem Schrecken erholt: „Ein Treppenwitz der Weltgeschichte, dass die Gewerkschaft des Öffentlichen Dienstes, (...) in der ich Mitglied seit über 50 Jahren bin, dass die sich einbildet, der öffentliche Dienst solle den Schrittmacher machen in der Lohnerhöhung. Da piept es doch da oben."[173]

Die Genossen plündern die Staatskasse.

Das Beispiel Hamburg zeigt, wie schnell sich die Zahl der öffentlich Bediensteten und ihre Besoldung verändern und welche Probleme die Beamtenschaft hat. Hamburg hat ein Jahresbudget von rund 8 Milliarden DM, davon sind rund 3,7 Milliarden DM für die Besoldung der im Öffentlichen Dienst Beschäftigten vorgesehen, also fast die Hälfte der Staatseinnahmen. Innerhalb von acht Jahren hat sich das Besoldungsbudget verdoppelt. Der Stellenzuwachs liegt in dieser Zeit bei rund 20 Prozent, mit der Folge, dass sich der Finanzsenator der Freien und Hansestadt Hamburg sorgt. Finanzsenator Hans-Joachim Seeler weiß aus der Erfahrung seiner 17 Dienstjahre an den Schreibtischen der Hansestadt: „Es gibt eine Menge Beamte, die sich ihre Arbeit mühevoll suchen müssen."[174]

Unter diesem Gesichtspunkt ist die Forderung stringent, dass der Öffentliche Dienst frei von Rationalisierungsüberlegungen bleiben muss. Die „Gewerkschaftlichen Monatshefte" kommen in langen Argumentationsketten im Februarheft 1975 in einem Artikel von Klaus Düll und Dieter Sauer zu dem Ergebnis, dass eine Rationalisierung im öffentlichen Dienst die Leistungen für die Bevölkerung verschlechtert und vor allem den Interessen der privaten Wirtschaft dient.[175] Mit dem Einsatz von Technologien im öffentlichen Dienst verbänden sich Absatzinteressen großer Herstellerfirmen mit Rationalisierungsstrategien, die auf eine Intensivitätssteigerung der Arbeitsleistung des Personals ausgerichtet seien, schreiben die Autoren und führen in einem Horrorkatalog auf, zu welchen Belastungen der technologische Fortschritt, insbesondere durch die elektronische Datenverarbeitung, führen würde. Es ist die Rede von „restriktiven und extrem belastenden Arbeitssituationen", von befürchteten „Tätigkeiten repetiver Teilarbeit mit hohen und nervlichen Belastungen und ausgeprägter Monotoniewirkung", vom „Abbau von Kooperationsbeziehungen durch Isolierung von Arbeitsplätzen" oder der „Einschränkung traditioneller Qualitätsstrukturen im öffentlichen Dienst mit Aufstiegsblockierungen" wegen möglicher Einschränkungen des Stellenkegels. Da können die Autoren nur die „Tradition gewerkschaftlicher Schutzpolitik gegenüber Rationalisierung" loben und vor dem „Abbau der Statussicherheit" warnen.

Ernst Breit, Vorsitzender der Deutschen Postgewerkschaft, stellt im selben „Gewerkschaftlichen Monatsheft" vom Februar 1975 die Leistungen der Deutschen Bundespost, einem Staatsunternehmen mit 500.000 Beschäftigten, heraus und beklagt, dass die „berechtigten Interessen" der Beschäftigten, einer inhaltsarmen aber unermüdlich gebetsmühlenartig wiederholten Standardfloskel in den Forderungen der Gewerkschaften, dass die „berechtigten Interessen Gefahr laufen, im politisch-ökonomischen Spannungsfeld zerrieben zu werden." Deshalb müssen Rationalisierungsschutzabkommen zwischen der Deutschen Postgewerkschaft und der Deutschen Bundespost geschlossen werden, damit der Status Quo unangetastet bleibt.[176]

Es ist nicht bekannt, ob Ernst Breit jemals in den Schlangen der geduldig Wartenden vor den Postschaltern gestanden hat. Lange Wartezeiten sind üblich, denn der vor Rationalisierungen geschützte Postbeamte füllt beispielsweise bei einer Einzahlung auf ein Postsparbuch handschriftlich die Spalten im Sparbuch aus, addiert den letzten Saldo mit der Einzahlung, trägt am Ende einer Seite den Saldo auf die nächste Seite vor, errechnet die Zinsen auf einem Nebenpapier, addiert diese Zinsen zum Saldo im Sparbuch, trägt diese Zahlen in einem gesonderten Formular der Post ein und versieht seine Tätigkeit im Sparbuch mit seiner Unterschrift und einer energischen Betätigung seines Hammerstempels. Wenn die Uhr im Dienstraum nach seiner Tätigkeit eine volle Stundenzahl anzeigt, haben die hinter dem Einzahlenden Wartenden Pech gehabt: Der Beamte zieht die Jalousie an seinem Postschalter herab, es ist Pause.

Rationalisierungen wären, wie das Beispiel zeigt, durchaus möglich, aber „Rationalisierung muß vorrangig die Arbeits- und Lebensbedingungen der Arbeitnehmer verbessern", schreibt Ernst Breit und ergänzt, dass „Tarifverträge über die Festlegung der von den Beschäftigten zu erbringenden Arbeitsmenge abzuschließen" seien. Der vor dem Postschalter leidend Wartende spielt keine Rolle. Es geht nur um die Gewerkschaft und ihre Mitglieder.

***

Rationalisierungen konsequent verhindern und den „Stellenkegel" anheben, das sind die Rezepte der Gewerkschaften für den öffentlichen Dienst.

In einer besonderen Gesellschaftsgruppe der Bundesrepublik ist 1975 eine „große Unruhe" ausgebrochen, weil ihr „nicht wieder gutzumachende Härten und Ungerechtigkeiten" zugemutet werden. Nicht Arbeitslose, Kurzarbeiter oder krisengeplagte Unternehmer sind als Betroffene der Härten und Ungerechtigkeiten gemeint, sondern Beamte. Der Chef des Deutschen Beamtenbundes, Alfred Krause, sieht nur noch - verglichen mit anderen Arbeitnehmern - benachteiligte Beamte.[177]

Ursache für Krauses Empörung ist der Beschluss der Bundesregierung, eine geplante stille, aber sehr wirksame Gehaltserhöhung in Form einer Anhebung des „Stellenkegels" um ein Jahr zu verschieben. Die Anhebung des Stellenkegels hätte zur Folge, dass bei der Neueinstufung von Beamten in eine höhere Besoldungsstufe sich ganze Geleitzüge in Bewegung setzen, deren Teilnehmer alle von der Anhebung profitieren. Dies lässt sich ohne großes Aufheben gestalten, denn von der Öffentlichkeit wird diese versteckte immense Gehaltserhöhung kaum bemerkt.

Stille Besoldungsanhebungen sind schon lange geübte Praxis. Neben der Anhebung des Stellenkegels profitieren die Beamten immer wieder von höheren Ortszulagen, Stellenzulagen, Regelbeförderungen oder einer besseren Altersversorgung, ohne dass dies eine besondere Resonanz in der Öffentlichkeit erführe. Auch das Verfahren der „Rechtsangleichung" ist sehr beliebt, indem Besonderheiten der Besoldung eines Bundeslandes auf alle Beamte anderer Bundesländer oder die Bundesbeamten übertragen werden.

Eine üppige Besoldung und Versorgung der Beamten ist durchaus im Interesse vieler Abgeordneter im Deutschen Bundestag, denn 42 Prozent der Abgeordneten sind Beamte, in der SPD-Fraktion können sich sogar 47 Prozent der Abgeordneten über den Beamtenstatus freuen.

Am 20. Mai 2011 stellt die SPD-Gemeinderatsfraktion den Antrag, in Stuttgart eine Straße oder einen Platz „nach dem bedeutenden Gewerkschaftsvorsitzenden" Heinz Kluncker zu benennen.

„Die Arbeitnehmer in Deutschland und insbesondere die Beschäftigten des öffentlichen Dienstes haben ihm viel zu verdanken. Seine erfolgreiche Tarifpolitik der 60er und 70er Jahre war wegweisend. Ihm ist es gelungen, die Arbeitsplätze im öffentlichen Sektor attraktiver und sicherer zu machen. Das Wirken von Heinz Kluncker hat unzweifelhaft dazu beigetragen, den öffentlichen Dienst zu modernisieren und die heutige hohe Leistungsfähigkeit des öffentlichen Dienstes zu ermöglichen", heißt es in der Begründung zu diesem Antrag. Dies dürfte eine ziemlich einseitige Sicht des Wirkens des ÖTV-Vorsitzenden sein. Die Absage des Stuttgarter Oberbürgermeisters Wolfgang Schuster (CDU) kommt schnell, es stünden derzeit keine Straßenbenennungen an. Zu der Erkenntnis, Heinz Kluncker habe mit der ÖTV einen wesentlichen Beitrag dazu geleistet, die Bundesrepublik in die wirtschaftlich schwierigste Situation in der Nachkriegszeit

zu bringen, ist der Oberbürgermeister offensichtlich nicht gekommen, zumindest hat er sie nicht geäußert.

In Wuppertal wird 2009 die Heinz-Klunker-Straße eingeweiht, denn Klunker habe wegweisende Tarifbeschlüsse durchgesetzt. „Wegweisend", das ist sicherlich richtig, aber in die falsche Richtung.

***

Der Sachverständigenrat vollführt einen Eiertanz, damit die Gewerkschaften nicht als Mitverursacher der Krise benannt werden.

Das Wirtschaftswunder der 1950er und 1960er Jahre ist beendet. In diesem Jahr 1975 treten die Probleme deutlich zu Tage, die die Wirtschafts- und Sozialpolitik in den nächsten Jahrzehnten auf permanente Reparaturmaßnahmen einschränken wird: Arbeitslosigkeit mit immer weiter steigenden Zahlen Arbeitsloser, eine hohe Neuverschuldung des Staates und ein notleidendes Sozialsystem der Renten- und Gesundheitskassen. Der Sachverständigenrat veröffentlicht in seinem Jahresgutachten 1975 zur gesamtwirtschaftlichen Entwicklung am 20. November 1975 eine deprimierende Diagnose und einen trüben Ausblick, ohne diese negativen Tendenzen so zu benennen. Im Gegenteil: Er wendet „sich gegen die zunehmend pessimistische Grundeinstellung" und „sieht daher keinen Anlaß, einer Strategie für magere Jahre das Wort zu reden."[178]

Die Ursache für die unbefriedigende wirtschaftliche Lage erkennt der Sachverständigenrat in dem sich verschärfenden „Verteilungskampf", in „Lohnsteigerungen, die weit über den in der Wirtschaft erzielbaren Produktivitätsfortschritt hinausgingen."[179] Hier beherrscht der Sachverständigenrat das Kunststück, die Gründe für die schwierige Wirtschaftssituation zu analysieren, ohne dabei die Gewerkschaften zu erwähnen. Lediglich indirekt werden die Verursacher genannt, indem der Sachverständigenrat konstatiert, dass die Tarifpartner 1975 darum bemüht waren, „nicht die Fehler und Irrtümer zu wiederholen, die den Verteilungskampf des letzten Jahres geprägt hatten." Das ist insofern richtig, als jetzt die Lohnerhöhungen über alle Branchen „nur" noch in der Größenordnung um 6 Prozent liegen. Die Renten für die 11,5 Millionen Altersrentner aber werden um 11,1 Prozent erhöht.

8.5. Das Ende des Schlaraffenlandes - aber nicht für alle

Das Angebot Helmut Schmidts an Heinz Kluncker, ihn am „Arsch zu lecken", bleibt offensichtlich nicht ohne Eindruck. Der Lohnabschluss für den öffentlichen Dienst liegt 1975 - passend zum Tarif-Abschluss in der Gesamtwirtschaft - ebenfalls bei 6 Prozent.

Der Bundeskanzler ist entschlossen, die Wende in der wirtschaftlichen Entwicklung herbeizuführen. Nachdem die sozialliberale Regierung sechs Jahre lang Wohltaten gewährt hat, wird jetzt am Ende des Jahres 1975 im Bundeskabinett ein Maßnahmenpaket geschnürt, das im Ergebnis zu einer Erhöhung der Beiträge zur Arbeitslosenversicherung von zwei auf drei Prozent führt und eine Erhöhung der Mehrwertsteuer von 11 auf 13 Prozent vorsieht. Auch Steuererhöhungen auf Tabak und Spirituosen sollen die Staatseinnahmen verbessern. Der Vorschlag von Wirtschaftsminister Friedrichs (FDP), eine Plakettengebühr für die Autobahnen einzurichten, wird nach Hinweis eines Gastes in der Regierungsrunde, Herbert Wehner, ganz schnell fallen gelassen, der kurz und ruppig konstatiert: „Wenn wir Lust daran haben, uns selbst zu zerstören, dann müssen wir das machen."[180]

Die Fantasie bei der Erfindung neuer Sozialleistungen kennt keine Grenzen - bis heute.

Finanzminister Hans Apel bereitet die Bürger der Bundesrepublik Deutschland sehr vorsichtig auf die kommenden Einschnitte vor. „Irgendwann muß man dem Bürger mal die Wahrheit sagen."[181]

Die Wohltaten des „Schlaraffenlandes" (Apel), die zur Disposition stehen, sind zahlreich: Kindergeld ohne Rücksicht auf das Einkommen, billige Wohnungen für Beamte, Zuschüsse für Altbauern, die ihre Höfe an die nächste Generation abtreten, Zuschüsse, um Gartenarchitektur für den Hausgebrauch zu lernen, Vorträge über Menschenführung zu hören oder zinsbegünstigte Darlehen für Beamte sind nur einige Beispiele der 135 Sozialleistungs-Typen, die der „Spiegel" gefunden hat.

***

Der (ungeschriebene) Generationenvertrag, der fiktiv den gesellschaftlichen Konsens über die Verantwortung der Generationen füreinander widerspiegelt, ist 1975 schon fast 20 Jahre alt. Im Jahr 1957 sind sich CDU und SPD einig gewesen, die Renten vom Kapitaldeckungsverfahren auf das Umlageverfahren umzustellen, mit der für die Rentner angenehmen Nebenwirkung, dass die Renten um 60 Prozent gestiegen sind. Der CDU Konrad Adenauers danken es die Wähler, indem sie der Partei (inklusive CSU) bei der Bundestagswahl mit 50,2 Prozent der abgegebenen Stimmen zur absoluten Mehrheit verhelfen. Die aktiv Beschäftigten müssen jedoch die Renten finanzieren. Die Erhöhung der Sozialleistungen ist mit der gewaltigen Rentenerhöhung 1957 auf einen Weg gebracht worden, der nur unter großen Protesten derjenigen verlassen werden könnte, die von Einschnitten der Sozialleistungen betroffen sind.

Die Sozialleistungsquote liegt zu Beginn der 1960er Jahre selbst nach der Rentenumstellung 1957 hauptsächlich für Leistungen im Bereich Alter/Hinterbliebene, Krankheit/Invalidität und Ehe/Familie noch unter 20 Prozent des Bruttoinlandsprodukts (BIP). Jetzt, 1975, liegt die Quote für soziale Wohltaten schon über 28 Prozent des BIP. Insbesondere die sozialliberale Koalition hat bis 1975 ganze Arbeit geleistet, soziale Segnungen zu verteilen, ohne sich um eine solide Finanzierung große Gedanken zu machen.

Die Sozialpolitik wird jetzt über die materielle Absicherung hinaus auf neue Kategorien wie „Lebensqualität", „Chancengleichheit" und „Humanisierung der Arbeitswelt" erweitert, mit den oben dargestellten Auswüchsen. Aber 1975 ist dennoch ein Wendepunkt der Sozialpolitik erreicht, denn die Wirtschaftskrise verbietet den weiteren ungebremsten Ausbau des Sozialstaates. Das Umsteuern ist angesichts der als selbstverständlich angenommenen „sozialen Errungenschaften" und der vehement verteidigten „Besitzstandswahrung", insbesondere durch Gewerkschaften, Kirchen und Wohlfahrtsverbände, nicht einfach, teilweise auch erfolglos. So steigen beispielsweise die Ausgaben für die Sozialhilfe trotz aller Versuche, Kürzungen zu erzielen, in den fünf Jahren 1970 bis 1975 von rund 56 DM pro Einwohner auf rund 140 DM pro Einwohner.[182]

***

Neben den eindeutig quantifizierbaren öffentlichen Leistungen des Sozialstaates hat sich ein wenig transparenter Leistungsbereich etabliert, der unter dem Begriff „Wohlfahrtsverbände" zusammengefasst werden kann. Die Wohlfahrtsverbände haben zweifellos (auch) eine Orientierung am Gemeinwohl und dienen damit sozialen Zwecken. Ein gewisses Selbsterhaltungsinteresse dieser Verbände kann aber nicht übersehen werden.

Das üppige Leben der Wohlfahrtsverbände wird gerne schamhaft mit Schweigen übergangen. Die Verbände aber jammern laut über Armut.

Es tummeln sich Wohlfahrtsverbände in unüberschaubarer Zahl mit sozialen Hilfestellungen. Von Idealisten in Kirchen, privaten Einrichtungen und Stiftungen zur Verbesserung der Lage Bedürftiger ursprünglich gegründet, haben sich die Verbände zu großen unübersichtlichen Wirtschaftsunternehmen mit einigen hunderttausend Arbeitnehmern (ohne freiwillige Helfer) mit Milliarden-Umsätzen entwickelt. Deutscher Caritasverband, Diakonisches Werk der Evangelischen Kirche, Deutsches Rotes Kreuz, Arbeiterwohlfahrt und paritätischer Wohlfahrtsverband sind die größten Dienstleistungsmultis. Allerdings haben die Dienstleistungsmultis eine Organisation, „als ginge es immer noch um die Verteilung einer milden Gabe aus der Sammelbüchse", schreibt der „Spiegel" und berichtet über zahllose Korruptionsfälle in den so gut wie nie kontrollierten Verbänden, die ein intransparentes Eigenleben führen.[183]. Dieser Magazin-Bericht erscheint allerdings erst 1988.

In dem für dieses Buch relevanten Zeitraum habe ich keine beachtenswerten Artikel in Zeitungen oder Magazinen zum Thema „Misswirtschaft in Sozialverbänden" gefunden, erst recht keine kritischen Berichte über das üppige Leben in den Wohlfahrtsverbänden. Das bedeutet nicht, dass es keine Selbstbedienungsmentalität gegeben hat, sondern selbst für die wissenschaftliche Verbändeforschung ist das Treiben der Wohlfahrtsverbände „bis weit in die siebziger Jahre hinein eine Terra incognita", befindet Klaus von Beyme in seinem Buch „Interessengruppierungen in der Demokratie".[184] Kaum jemand hat sich für die Wohlfahrtsverbände und ihr Tun sonderlich interessiert.

***

In jüngerer Zeit wird die Öffentlichkeit regelmäßig mit Schreckensmeldungen der Wohlfahrtsverbände über Armut konfrontiert, vor allem der Paritätische Wohlfahrtsverband tut sich mit Armutsberichten seit 1989 hervor. Die Alarmberichte, die der Präsident Ulrich Schneider vorstellt, heißen „…wessen wir uns schämen müssen in einem reichen Land…", „Unter unseren Verhältnissen…", „Von Verhärtungen und neuen Trends" oder „Positive Trends gestoppt, negative Trends beschleunigt". Schneider vermittele die Vorstellung, dass alleinerziehende Mütter mit ihren Kindern unter Brücken schlafen müssen und Rentner bettelnd durch die Straßen ziehen, schreibt die „Welt".[185] Schneider schüre tiefsitzende Ängste in der Bevölkerung, wenn er vor einer „Lawine der Altersarmut" warnt. Mit Leichenbitterer-Mine verkündet Präsident Schneider regelmäßig das neue Elend im Fernsehen.

Die Wohlfahrtsverbände haben sich „unter dem Deckmantel der Gemeinnützigkeit ein expansives perpetuum mobile konstruiert: Sie erfinden sich selbst immer neue Aufgaben, der Staat gibt das Geld", schreibt die „Wirtschaftswoche" und zitiert den Münchner Theologen Friedrich Wilhelm Graf mit den Worten: „Die Wohlfahrtsverbände sind erfolgreich darin, Krisenphänomene erst zu erfinden, um dann die Leistungen zu ihrer Lösung anzubieten."[186] Erfolgreich verbergen Wohlfahrtsverbände auch ihre wirtschaftliche Situation, da sie keine Unternehmensdaten veröffentlichen müssen, weil sie dem Gemeinwohl verpflichtet sind. Die Arbeitnehmer in den Wohlfahrtsverbänden aber sind wirklich arm dran, denn in der Diakonie und der Caritas gelten das Kirchenrecht, mit der Folge, dass es keine Arbeitnehmervertretung gibt und diejenigen Arbeitnehmer, die gegen die Moralvorstellungen ihrer Arbeitgeber verstoßen, fristlos entlassen werden können. Der heutige Chef der Dienstleistungsgesellschaft Ver.di, Frank Bsirske, hat recht mit seiner Einschätzung der Verbände: „Vordemokratisch" nennt er sie.

8.6. Optimismus trotz der Wirtschaftsflaute

Mit der Autoindustrie geht es bereits wieder langsam bergauf, das Inlandsgeschäft läuft gut, das Auslandsgeschäft jedoch krankt noch. Das Positive aber überwiegt, so sehen es auch die Käufer von Autoaktien: VW-, Daimler-Benz- und BMW-Aktien steigen beachtlich. Opel stellt sogar 4.000 neue Mitarbeiter ein und Opel-Chef John P. McCormack sieht im Interview mit der „Zeit" beste Chancen für sein Unternehmen, mit dem Opel Kadett und den neuen Autotypen Opel Manta und Opel Ascona sogar einen Marktanteil von 20 Prozent zu erreichen.[187]

Auf dem Genfer Autosalon ist der neue Optimismus der Branche zu bewundern. Peugeot stellt ein neues gewaltiges Auto vor, den Peugeot 604 V6, Rolls-Royce zeigt den „Carmargue" zum Preis von 200.000 Franken an aufwärts, der Volvo 264 GL ist mit einen mächtigen 2,7-Liter-V6 Motor ausgestattet. Bescheidener, dafür aber langfristig erfolgreich auf dem zukünftigen Automarkt ist der auf dem Autosalon neu gezeigte VW-Polo, der mit dem schon länger erhältlichen Audi 50 identisch ist.

Volkswagen verkauft in Deutschland 1975 von dem im Vorjahr neu vorgestellten VW-Golf 168.000 Autos, vom VW-Käfer nur noch 45.000 Autos. In den USA werden finden immerhin noch 92.000 VW-Käfer einen Käufer. Die Neuorientierung, weg von der Beschränkung auf nur wenige Auto-Typen, hin zu einer größeren Typenvielfalt, kommt für Volkswagen gerade noch rechtzeitig, um den Niedergang des Unternehmens zu verhindern.

Peugeot erfährt nach der Vorstellung des neuen „604", dass Halbherzigkeiten zu Problemen führen können. Der Motor des „604" ist als 8-Zylinder konzipiert, dann aber nach der Ölpreis-Krise 1973 um 2 Zylinder gekürzt worden, mit der Folge eines unruhigen Motorlaufs, weil die Zylinder im Winkel von 90° angeordnet sind und die Zündfolge dadurch jetzt unregelmäßig wird. Die vorderen Türen sind vom erfolgreichen Peugeot 504 übernommen, um Kosten zu sparen. Gut verkauft hat sich dieses Auto nie, zumal als deutlich wird, dass es schnell rostet. Aber Erich Honnecker ist zufrieden mit seinem „604" (Kennzeichen IA-1000), der ihm jahrelang als Staatslimousine dient.

Der Volvo 264 GL hat den gleichen Motor wie der Peugeot 604 - und die gleichen Rostprobleme. Der Werbeslogan „Sicherheit aus Schwedenstahl" dürfte möglicherweise die Sicherheit der Fahrzeuginsassen betreffen, sicher vor Rost ist auch der Schwedenstahl nicht. In der um 70 cm gegenüber dem Standardmodell längeren Fahrzeug-Version sitzt Erich Honecker, wenn er nicht mit dem „604" unterwegs ist.

***

Die Freiheit ist in Gefahr, jedenfalls aus der Sicht eines seltsamen, auffälligen Journalisten der „Zeit".

„Die Korrelation zwischen Denken und Verhalten ist in vielen Bereichen gleich Null. Es ist außerordentlich schwierig, Informationen in Verhalten umzusetzen", sagt Johannes Clemens Brengelmann, Direktor am Münchner Max-Planck-Institut für Psychiatrie.[188] Der „Spiegel" zitiert den Professor in einem zwölf Seiten langen Artikel, der die heftig geführte Diskussion im Jahr 1975 über die Anschnallpflicht im Auto resümiert. Der Magazin-Beitrag zur Diskussion über Vor- und Nachteile einer Anschnallpflicht ist mit einem drastischen Foto eines nicht angeschnallten Unfallopfers in einem Auto illustriert: Ein Mann mit einem blutüberströmten Gesicht und offenbar leblos sitzt hinter dem Steuer eines demolierten Autos. Die mit einem Dreipunktgurt gesicherte Frau scheint hingegen, wie es auf einem anderen in diesem „Spiegel" veröffentlichten Foto gezeigt wird, einen Autounfall zumindest überlebt zu haben.

Die Freiheit des Autofahrers werde durch die Sicherheitsgurte empfindlich beschränkt, meint Rudolf Walter Leonhardt in der „Zeit" schon zwei Jahre vor Beginn der Anschnallpflicht im Januar 1976 und beklagt, dass es noch gar nicht so lange her sei, „daß man es der Vernunft des Autofahrers überließ, wie schnell und mit wieviel Alkohol im Blut er durch die Stadt fahren wollte."[189] Und jetzt dürfe der Autofahrer nur noch mit Tempo 50 durch die Stadt fahren und es beschränke nach dem vorhergehenden 1,3 Promille-Gesetz jetzt sogar ein 0,8-Promille Gesetz die Freiheit des Autofahrers, sich volltrunken ans Steuer zu setzen. Und die Vorschrift, künftig Sicherheitsgurte anzulegen, „bedeutet einen weiteren Schritt in der Tendenz, die es dem einzelnen verbieten will, auf eigene Kosten riskant zu leben." Der „Porschefahrer und Whiskykenner" Leonhardt[190] hat generell eine spezielle Vorstellung von dem Begriff „Freiheit", denn er veröffentlicht in der liberalen Hamburger „Zeit" im Jahr 1969 auch Teile seines Buches „Wer wirft den ersten Stein" in dem er unter anderem für die Freigabe der Pädophilie plädiert.

Offensichtlich sind die Bürger vernünftiger als ein freiheitsbedürftiger „Zeit"-Journalist, über den die langjährige Chefredakteurin der „Zeit", Marion Dönhoff, später sagt, sie habe unter den Veröffentlichungen gelitten „wie ein Hund."

Vermutlich hat die umfassende Werbung für Sicherheitsgurte in den Autos, teilweise mit einer beträchtlichen Prise Humor, dazu beigetragen, dass die Anschnallpflicht schnell allgemein akzeptiert wird. „Oben mit ist besser" zeigt an den Autobahnen auf Plakaten eine strahlende junge Frau mit Sicherheitsgurt, „Auch der Jäger aus Kurpfalz bricht sich ungern seinen Hals", sagt der angegurtete Jägersmann auf einem anderen Plakatfoto und blickt den Autofahrer auf der Autobahn zufrieden an.

***

„Geld hamma, und Zeit hamma" titelt der Spiegel und wundert sich, dass zwar in Kürze anderthalb Millionen Arbeitslose erwartet werden, aber 35 Millionen Bundesbürger im Jahr 1975 in den Urlaub fahren.[191] Die Hälfte von ihnen reist sogar ins Ausland. Die Reisen mit speziell für die Bahn entwickelten Liegewagen der Touristikunternehmen Touropa und Scharnow mit saftigen Renditen sind jetzt unattraktiv geworden und stehen hinter den Massenreisen mit Charterflugzeugen in populäre Zielgebiete zurück. Die Versandunternehmen Neckermann und Quelle gründen eigene Reiseunternehmen und dominieren schnell den Markt. Die Reisebranche boomt, ganz entgegen der sonstigen wirtschaftlichen Entwicklung.

8.7. Die unbemerkte digitale Revolution

Am 4. April 1975 gründen ein mit Vollbart geschmückter Mann, der oft korrekt mit Jackett, Hemd und Krawatte auftritt, sowie ein jugendlicher Typ, der fast immer mit einem Pullover gekleidet ist, in Albuquerque, New Mexico, ein Unternehmen. Die Herren heißen Paul Gardner Allen und William Henry Gates III., das Unternehmen nennen sie „Micro-Soft", später verzichten sie auf den Bindestrich im Unternehmensnamen. Paul Allen ist mit 22 Jahren tatsächlich älter als der sehr jugendlich wirkende Bill Gates, der zu diesem Zeitpunkt erst 19 Jahre zählt.

Zur selben Zeit verdienen sich zwei andere findige junge Menschen, Steven Paul Jobs und Stephan Gary Wozniak, Geld mit dem Verkauf einer Blue Box, einer elektronischen Schaltung, die einen Ton von 2600 Hertz erzeugt. Dieser Ton wird von einigen Fernsprechgesellschaften benutzt, um Gesprächsweiterleitungen zu steuern. Als Manipulationsmittel zur kostenlosen Benutzung analoger Telefonleitungen ist dieses Gerät gut geeignet, also als Instrument zum Betrug.

Einige Bastler im Westen der USA können nicht sehr gut heimwerken, bereiten aber eine Entwicklung vor, die die Kommunikation weltweit revolutionieren wird.

Nebenbei allerdings entwickelt Steve Wozniak einen besonders preiswerten Heimcomputer, der ab April 1976 von dem zusammen mit Steve Jobs neu gegründeten Unternehmen Apple Computer Company unter dem Namen Apple I verkauft wird. 1975 basteln die beiden nicht nur an der Elektronik, sondern auch mit Säge, Hammer und Meißel, Holz und Leim das Gehäuse ihres Computers. In die Frontseite des Holzkastens sägen sie die Bezeichnung „Apple Computer". Auf eine Schablone für die Buchstaben haben die Computer-Experten verzichtet, ebenso auf einen Zollstock, um den Namen und die Bezeichnung ihres Gerätes auszutarieren: „Apple" besteht aus unterschiedlich großen Buchstaben, die in der Höhe um eine einheitliche Ebene kämpfen. Auf eine gerade Linienführung der Buchstaben, auf eine genormte Buchstabenbreite oder andere, die Inspiration einengende Regeln haben die Computer-Experten verzichtet. Bei der Bearbeitung der Bezeichnung „Computer", dessen Buchstaben ebenso kreativ wie bei „Apple" geschöpft werden, ist ihnen gelegentlich leider der Meißel ein wenig ausgerutscht. Aber ein paar Hundert Exemplare dieses Computers finden Käufer und das Nachfolge-Modell, Apple II, bringt sogar wirtschaftlichen Erfolg.

Ab 1975 gibt es in den USA für 395 Dollar einen Bausatz zu kaufen, aus dem geschickte Experten einen Heimcomputer bauen können, der in der Basisausstattung über einen Arbeitsspeicher von 256 Byte verfügt und für Datenträger wie Lochstreifen, Compact-Kassetten oder Disketten geeignet ist. Der Altair 8800 genannte Heimcomputer wird mit dem Betriebssystem Altair BASIC, CP/M-80 betrieben. Die Software haben Paul Allen und Bill Gates entwickelt. Der Hardware-Hersteller des Altair 8800, die Firma MITS, wird nicht mehr lange überleben, denn am 16. Dezember 1975 kommt die Konkurrenz auf den Markt, die den IMSAI 8080 sogar mit einer Tastatur und einem Monitor anbietet. Die Software-Entwickler aber scheitern nicht, sie entwickeln aus der Software Altair BASIC das Microsoft-Produkt Microsoft BASIC, das für mehrere Computer-Varianten angeboten wird.

Heimcomputer sind im Vergleich zur Welt der Großrechner völlig bedeutungslos. Weltweit wird der Großcomputer-Bereich zu zwei Dritteln von der US-amerikanischen IBM beherrscht, europäische Anbieter, wie Honeywell-Bull, Philips oder Siemens, kommen aus ihrer Nischensituation nicht heraus und haben zudem noch mit einer stark sinkenden Nachfrage zu kämpfen. Der Nachfragerückgang ist Folge eines mit harten Bandagen ausgekämpften Wettbewerbs, der die europäischen Anbieter als Verlierer deklassiert. Denn IBM hat es verstanden, in den vorangegangenen Boomjahren deutlich überdimensionierte Rechner an die Unternehmen zu verkaufen. Die europäischen Anbieter haben versucht, diesem „Overselling" mit dem Verkauf kleinerer, billigerer Anlagen, dem „Underselling", entgegenzutreten. Leider zeigt sich im Ergebnis, dass diese kleineren Anlagen sehr bald den rapide steigenden Anforderungen nicht mehr gewachsen sind.

Die weltweit führende IBM stellt im September 1975 eine Neuentwicklung im Computer-Hardware-Markt vor, den IBM Portable PC 5100. Zum Preis von 19.975 US-Dollar ist ein mit einem Hauptspeicher von 64 Kilobyte ausgestatteter tragbarer Computer zu kaufen, der gute 25 Kilogramm wiegt und nur selten transportiert worden sein dürfte. Ein zufrieden lächelnder Mann hält auf einer Werbeanzeige („IBM announces the new 5100 Portable Computer") den 5100 in beiden Händen und steckt den 25-Kilo-Rechner dem Betrachter entgegen. Um die Daten auf dem monochromen 5-Zoll-Monitor zu erkennen, ist es angeraten, nur solche Mitarbeiter mit diesem Computer arbeiten zu lassen, die über eine ausgezeichnete Sehschärfe verfügen. Ein Verkaufs-Hit wird dieser Rechner nicht, aber es ist ein weiterer Schritt getan in einen neuen Markt kleiner, kompakter Computer jenseits der Welt der Großrechner.

***

Die weitaus überwiegende Zahl der Menschen hat zu dieser Zeit keine Vorstellung davon, was Heim-Computer sind, es sei denn, sie sind Zuschauer der unendlichen amerikanischen Krimiserie „Hawaii Fünf-Null", die auch in Deutschland gezeigt wird. In einer Episode gelingt es dem Bösewicht, mit Hilfe eines IBM 5100 Rechners, den er in ein Motel karrt, sowie eines Akustik-Modems, virtuell in eine Bank einzubrechen.

Großcomputer jedoch sind in allen größeren Unternehmen im Einsatz, hoch dotierte Spezialisten programmieren und steuern die elektronischen Datenverarbeitungsanlagen. Aber die Wirtschaftsflaute lässt auch diesen Bereich nicht ungeschoren, denn die Bestellungen für neue Computer gehen zurück und die ehemals gefragten Experten müssen sogar um ihre Arbeitsplätze fürchten. IBM, Siemens und Honeywell, die Marktführer in Deutschland, haben einen totalen Einstellungsstopp, die Zahl der Mitarbeiter in EDV-Abteilungen wird reduziert und die früher üppigen Saläre der Mitarbeiter werden gekappt.

Dennoch werden in diesem Jahr 1975 die Weichen gestellt für einen zu dieser Zeit völlig unvorstellbaren Siegeslauf kleiner individueller Computer.

***

Mit einer weiteren Erfindung beschäftigen sich Mitte der 1970er Jahre ebenfalls nur wenige Experten.

Der britische Elektroingenieur Samuel Fedida entwickelt den „Viewdata Timesharing Common Carrier", den er im September 1975 vorstellt. Mit diesem System ist es möglich, die auf einem Server gespeicherten Informationen über eine Telefonleitung abzurufen und auf einem Fernseh-Bildschirm sichtbar zu machen. Das System erhält den Namen „Prestel" („Press Telefone Button" auf der TV-Fernbedienung) und wird 1975 in Großbritannien als Patent eingetragen. Vermutlich ist Samuel Fedida ein sparsamer Mensch, denn sein Patentantrag in den USA scheitert daran, dass er den Brief an das United States Patent and Trademark Office nicht ausreichend frankiert. Nach jahrelangen juristischen Auseinandersetzungen erteilen die USA erst 1989 das Patent für sein System.

Schon 1976 können sich deutsche interessierte Spezialisten auf der Messe „electronica" in München von der „Prestel"-Entwicklung überzeugen. Das breite Publikum erfährt auf der Internationalen Funkausstellung in Berlin im Jahr 1977 von der Neuerung, die der Bundesminister für das Post und Fernmeldewesen Kurt Gscheidle, ein ehemaliger hauptamtlicher Funktionär der Deutschen Postgewerkschaft, vorstellt.

Sechs lange Jahre dauert es noch, bis endlich die Bundespost das deutsche System unter dem Namen Bildschirmtext (Btx) in Betrieb nimmt. Ein Erfolg wird Btx nicht, denn eine feste Vertragsbindung an die Bundespost und hohe Gebühren (Anschlußgebühr 1983: 55 DM, monatliche Grundgebühr: 8 DM) sowie die ausschließlich über die Bundespost als Monopolbetrieb zu hohen Preisen vertriebene Hardware schrecken ab. Erfolgreiche Lobbyarbeit in der Verzögerung der Einführung des neuen Informationsdienstes leisten auch die Zeitungsverlage, die eine Konkurrenz auf dem Informationsmarkt befürchten. Die Auftragsvergabe zur Realisierung des Projektes Btx an IBM bewirkt zusätzlich, dass es nur schleppend voran geht: IBM hat keine Erfahrungen auf diesem Gebiet.

Der Monopolbetrieb Deutsche Bundespost hat am Ende durch überhöhte Preise verhindert, dass Btx in der Bundesrepublik zu einem Erfolg wird. Die Verhinderungsstrategie misslingt jedoch schliesslich, weil ein neues System, das Internet, als offenes, nicht an einen Anbieter gebundenes Netzwerk das Kalkül des Monopolisten unterläuft.

8.8. Linke Erfolgsrezepte - Wirtschaftslenkung und Subventionen

Der Streit darüber, wer den Rückgang der Wirtschaft nach einer langen Phase der Prosperität zu vertreten hat, bricht bald aus.

Innerhalb der Regierungspartei SPD machen die eher links orientierten Genossen den der eigenen Partei angehörenden Bundeskanzler Helmut Schmidt schnell als Schuldigen aus. Ihm werfen sie vor, die Beschäftigungskrise ausgelöst zu haben, weil die Bundesregierung auf eine gezielte

Investitionslenkung verzichtet habe und lediglich durch indirekte staatliche Anreize die Wirtschaft gefördert habe. Der schleswig-holsteinische SPD-Landesvorsitzende Günther Jansen weiß, dass die Wirtschaftskrise von einer kapitalistischen Wirtschaft verursacht wird, die die Bedürfnisse der Bevölkerung nicht befriedigen kann und will.[192]

Der Genosse SPD-Wirtschaftsminister Arndt erläutert am Beispiel der Produktion von Erdbeertorten, wie der Kapitalismus überwunden werden kann.

Der Vorsitzende des SPD-Bezirks Hessen-Süd und ehemalige hessische Wirtschaftsminister, Rudi Arndt, erläutert in einem langen „Spiegel"-Interview[193], wie der Staat es mit der Investitionslenkung verhindern kann, dass Unternehmer die Nachfrage falsch einschätzen und damit „volkswirtschaftliche Werte verschleudern."

Sein Erfolgsrezept geht so: „Wenn einer zu Recht der Auffassung ist, hier in Frankfurt werden morgen 100 Erdbeertorten gebraucht, dann ist es völlig in Ordnung, wenn er die Kuchen herstellt. Wenn aber beispielsweise zehn Bäcker das gleichzeitig beschließen, dann werden zwar auch 100 Erdbeertorten verkauft, aber 900 sind übrig und gehen kaputt." Das Arndtsche staatliche Lenkungsgremium kann dies verhindern, indem in einem Genehmigungsverfahren festgelegt wird, wieviele Torten von jedem Bäcker hergestellt werden dürfen. Der gesammelte Sachverstand von maßgebenden Leuten aus der Wirtschaft, der Regierung und den Gewerkschaften könne die Informationen über die Entwicklung von Nachfrage und Angebot zusammentragen und die richtigen Entscheidungen treffen. Ob es unterschiedliche staatliche Genehmigungsinstanzen für Erdbeertorte und für Stachelbeertorte gibt, lässt der Wirtschaftsexperte Arndt offen. Vorerst bleiben Arndts Vorstellungen im wesentlichen ein SPD-Parteiproblem, aber als Wirtschaftsminister der SPD in Hessen ist Arndt offensichtlich von den Genossen als geeignet gesehen worden.

Der Deutsche Gewerkschaftsbund (DGB) hingegen sieht die Bundesbank als Schuldige an der Misere. Der Vorsitzende des DGB, Heinz-Oskar Vetter, erklärt im „Spiegel"-Gespräch[194], die Bremspolitik der Bundesbank mit knappem Geld und hohem Zins habe die Arbeitslosigkeit erzeugt. Und er kenne auch den Weg zu einer anspringenden Konjunktur: Der Staat müsse sich verschulden und öffentliche Investitionen tätigen. Aber eine Investitionslenkung, wie von den linken SPD-Genossen gewünscht, lehnt Vetter, jedenfalls zum jetzigen Zeitpunkt, ab, weil „wir die Krise nur verschlimmern" würden.

Ein Tabu ist es, die ausufernden Sozialleistungen des Staates dafür verantwortlich zu machen, dass die Wirtschaft jetzt lahmt. Sozialleistungen können nur unter massiven Protesten der Betroffenen gestrichen werden, denn, wenn die Leistungen einmal als Wohltat gewährt worden sind, gehören sie zum Besitzstand, sind also unantastbar. „Wohngeldbezieher und Sozialhilfeempfänger, alte Landwirte und Mieter von Sozialwohnungen, Kinder und Studenten, Rentner und Umschüler, Kurzarbeiter und Sparer - sie alle kassieren auf irgendeine Weise staatliche Einkommen. Es gibt ebensoviele Empfänger von amtlichen Zahlungen, wie die Bundesrepublik Einwohner hat"[195], stellt der „Spiegel" im Nachhinein fest, tröstet den Leser jedoch mit der Relativierung, dass in der Bundesrepublik noch keine schwedischen Verhältnisse eingetreten seien, unter denen es egal sei, ob jemand 20.000 oder 110.000 Kronen im Jahr verdiene, denn das Nettoeinkommen sei nach Abzug der Steuern, vermehrt um staatliche Leistungen in beiden Fällen gleich. Auf dem Weg hin zu schwedischen Verhältnissen ist die Bundesrepublik aber schon: Jede zweite Mark, die im Land bewegt wird, geht durch staatliche Kassen.

***

Der Einfallsreichtum bei der Erfindung neuer Subventionen ist so hoch wie die Kreativität bei der Erfindung neuer Sozialleistungen.

Ebenso tabu wie eine Reduzierung der Sozialleistungen ist eine Senkung der Subventionen und ebenso wenig transparent wie die Sozialleistungen sind die Subventionen, die in Form von Investitionszuschüssen, Baukostenzuschüssen, Umstrukturierungshilfen, Steuervergünstigungen,

Bürgschaften, Krediterleichterungen oder Forschungszuschüssen gewährt werden.

Die Subventionen im Schiffbau belaufen sich 1975 auf rund 370 Millionen DM mit permanenten jährlichen Steigerungen in der Vergangenheit, aber auch weiterhin beachtlichem Zuwachs in der Zukunft. Jeder Beschäftigte in der Schiffbauindustrie wird mit jährlich rund 7.200 DM subventioniert.[196] Den Niedergang der Werften hält die üppige Subvention nicht auf.

Die jährlichen Kohlesubventionen (als „Kohlepfennig" bagatellisiert) belaufen sich 1975 noch auf bescheidene 450 Millionen DM, steigen in den nächsten fünf Jahren aber um den Faktor zehn. Die Subvention pro Arbeitsplatz im Bergbau ist mit rund 2.800 DM pro Jahr jetzt noch moderat, steigt jedoch in den nächsten Jahren rasant an und erreicht schließlich eine Höhe jährlich von 230.000 Euro für jeden Arbeitsplatz.[197] Der „Kohlepfennig" beträgt 20 Jahre nach der Einführung 1975 rund 7 Milliarden DM jährlich, bis er vom Bundesverfassungsgericht als verfassungswidrige Sonderzahlung erkannt wird. Es wäre besser gewesen, beizeiten die Kohleförderung ganz einzustellen und die Bergbau-Mitarbeiter mit einem aus Subventionsgeldern üppig finanzierten Salär nach Hause zu schicken.

Aber nicht nur die Industrie wird subventioniert, sondern auch die Kultur. So tragen 1975 alle Steuerzahler mit 1,7 Milliarden DM zur „Begünstigung anerkannter Religionsgemeinschaften" bei, Religionsgemeinschaften, die im wesentlichen aus der katholischen und evangelischen Kirche bestehen. Der Effekt, dass alle Steuerzahler, also nicht nur die Kirchenmitglieder, zur Subvention der Religionsgemeinschaften herangezogen werden, beruht darauf, dass die gezahlte Kirchensteuer wegen ihrer Abzugsfähigkeit bei der Einkommensteuer das Aufkommen der Einkommensteuer mindert. Diese Subvention ist ein Beispiel für eine intransparente, indirekte Begünstigung einzelner Institutionen.

Wie intransparent der Subventionsdschungel ist, kann aus den stark differierenden Angaben über die tatsächlich erfolgten Zuwendungen abgeleitet werden. So nennen die öffentlichen Subventionsberichte für 1975 eine Förderung von 43 Milliarden DM, mehrere Wirtschaftsforschungsinstitute kommen auf eine Förderung von 67 Milliarden DM, einer Förderung von rund 6,5 Prozent des Bruttosozialprodukts.[198] Hunderte von deutschen Förderungsmaßnahmen haben im Laufe der Zeit ihren unverrückbaren Platz gefunden, unzählige europäische Subventionen werden oben drauf gelegt. Besonders augenfällig ist die Subvention der Landwirtschaft durch die EG, die 1975 bei 2,8 Milliarden DM für die deutsche Landwirtschaft liegt und sich innerhalb der nächsten fünf Jahre mehr als verdoppeln wird.

Aber auch deutsche Subventionen, die eine fantasiereiche Bürokratie und unerschrockene Lobbyisten ersinnen, werden munter an die Landwirtschaft verteilt. So wird der Marktaustritt von Landwirten gefördert, es gibt Zuschüsse zur Landwirtschaftlichen Unfallversicherung, es gibt Entlastungen bei der Berufsgenossenschaft, der Mineralöleinsatz wird gefördert, die Dorferneuerung ist eine Subvention wert und landwirtschaftlichen Betrieben, die mit einer Brennerei zur Schnapserzeugung verbunden sind, wird ein angemessenes Einkommen gesichert.

Diese üppigen Zuwendungen, für die voller Fantasie weiterhin immer neue Subventionstatbestände gefunden werden, verwundern nicht, denn den Landwirten ist es gelungen, ein eigenes Ministerium, das Ministerium für Ernährung, Landwirtschaft und Forsten, zu besetzen, das seine Klientel großzügig zu Lasten des Steuerzahlers bedient. Seit 1969 ist Josef Ertl (FDP), früher Mitglied der NSDAP, Minister der Bauern und sorgt für seine Landwirte.

Dabei geht es nicht immer mit rechten Dingen zu, wie der „Spiegel" über eine Affäre Ertls berichtet.[199] Für das „Einfädeln eines Buttergeschäftes" habe Ertl 30.000 DM als Spende für seine Partei erhalten, jedoch vergessen, das Geld weiter zu leiten. Das Buttergeschäft, das auf einer illegalen Subvention beruht, platzt, weil der Bundesrechnungshof die rechtswidrige Aktion entdeckt. Erst nach sieben Jahren, 1977, erinnert sich Ertl an die Spende und leitet das Geld weiter an die Partei. Der Spender, der von dem ursprünglichen Buttergeschäft nicht profitieren kann, erhält zum Ausgleich vom Bauernminister eine Sondergenehmigung zum Import von 70.000 Schweinen aus der DDR.[200] Die eidesstattliche Aussage einer ehemaligen Sekretärin der FDP, sie habe dem Spender auf Anweisung von Ertl 50.000 DM geschickt, bleibt ohne Folgen.

Andere Branchen haben es nicht ganz so leicht wie die Bauern. Aber auch sie langen zu.

Geschätzte 1.000 Lobbyisten versuchen 1975, zu Gunsten ihrer Verbände Einfluss auf die Gesetzgebung zu nehmen. Dazu lassen sie allerlei Gutachten erstellen oder geben gerne Formulierungshilfen für die Gesetzgebungsverfahren. Eng ist die Zusammenarbeit zwischen Bankiers und dem FDP-Wirtschaftsminister Hans Friedrichs, so eng, dass der Minister nach Beendigung seiner Zeit als Regierungsmitglied Sprecher des Vorstands der Dresdner Bank wird.

***

Die wirtschaftlichen Gefahren, die durch Subventionen drohen, sind sogar dem Bundesminister der Finanzen bekannt, wenn auch erst im Jahr 2015.[201] *Die Subventionierung kann durch dauerhafte Veränderung der relativen Preise wirtschaftlich falsche Signale setzen, wettbewerbsfähige Unternehmen können durch subventionierte Unternehmen verdrängt werden, eine sich verfestigende Subventionsmentalität verhindert notwendige Anpassungen und verzögert damit den Strukturwandel sowie wirtschaftliches Wachstum und Beschäftigung. Diese Erkenntnis dürfte auch 40 Jahre vorher schon vorhanden gewesen sein, sie hat allerdings keine Auswirkung auf die Größe des Füllhorns, mit dem Wohltaten verteilt werden.*

Dabei ist die hemmungslose Forderung nach Subventionen oder staatlichen Unterstützungen geübte schlechte Praxis. „Ehrfurchtsvoll verharren eines hohen Hauses der Abgeordneten ergebenste Delegirte der zollvereinsländischen Eisen-Industrie und des technischen Vereins für Berg und Mark: Hofrath Bühler, Wilhelm Funke, Joh. Case. Harkort" und sieben weitere Lobbyisten, die am 19. Juni 1862 an das Hohe Haus der Abgeordneten schreiben: „Tief durchdrungen von der großen Wichtigkeit einer vaterländischen Eisen-Industrie und aufrichtig bemüht, dieselbe für den Kampf auf dem Weltmarkte zu kräftigen, erachten sich die unterzeichneten Delegirten der zollvereinsländischen Eisen-Industrie und des technischen Vereins für Berg und Mark für verpflichtet, ihre in anliegender Denkschrift näher begründeten Bedenken gegen den von der Preußischen

Staatsregierung vorgeschlagenen, ohne Anhörung der Betheiligten geschlossenen Handelsvertrag mit Frankreich (...) zu präzisieren" und schreiben unverblümt, was das Hohe Haus zu beschließen habe, weil nicht die notwendige „Sachkenntnis zu Rathe gezogen wurde." Gemeint ist die Sachkenntnis der Lobbyisten, die sagen, was zu zahlen ist.

Heute versuchen mehr als 2.000 Verbände in Berlin Einfluss auf die Gesetzgebung zu gewinnen. Der Staatsrechtler Hans Herbert von Armin hat verdeutlicht, die Lobbyisten, die als Angestellte ihrer Verbände arbeiten und zeitweise als externe Mitarbeiter in den Bundesministerien die Interessen ihrer Verbände fördern, bewegten sich im „Dunstkreis der Korruption."

***

Subventionen heißen nicht immer so. Auch die Verhinderung von Wettbewerb ist eine willkommene Zuwendung, die gerne genommen wird.

Die Subventionierung wird nicht immer über öffentliche Haushalte abgewickelt, sondern auch gerne über Zwangsabgaben finanziert. Ein Beispiel hierfür ist die „Kohleverstromung".

Mit dem 3. Verstromungsgesetz aus dem Jahr 1974 soll der Absatz deutscher Kohle, die weit entfernt davon ist, international wettbewerbsfähig zu sein, gesichert werden. Hierzu sollen jährlich 33 Millionen Tonnen Kohle in den Kraftwerken verbrannt und zu elektrischem Strom umgewandelt werden. Die Mehrkosten gegenüber anderen Energieträgern müssen von den Stromkunden über eine Ausgleichsabgabe bezahlt werden.

Das geht problemlos, denn die Energieversorgungsunternehmen sind Monopolbetriebe in ihrem jeweiligen Versorgungsgebiet. In dieser Monopolwelt lebt es sich ungeniert, denn jedes Elektrizitätsunternehmen errichtet eigene Erzeugungs-Kapazitäten und Verteilungsanlagen. Das führt zu einer erheblichen Überkapazität im gesamten Land, denn in jedem Versorgungsgebiet ist die Erzeugungskapazität auf die mögliche Spitzennachfrage zuzüglich einer Reservekapazität ausgerichtet, da der elektrische Strom nur unter erheblichem Aufwand gespeichert werden kann. Der großzügige Ausbau der Elektrizitätsunternehmen ist faktisch ohne Risiko, denn das Energiewirtschaftsgesetz aus dem Jahr 1935, das den Nationalsozialismus mehr als 50 Jahre überleben wird, hat ausdrücklich die Verhinderung schädlicher Auswirkungen des Wettbewerbs zum Ziel. Auch dies ist eine Form der Subventionierung, auch wenn sie nicht offensichtlich erkennbar ist.

***

Offener, aber insgesamt auch nicht sehr transparent, wird die Elektrizitätswirtschaft durch die Förderung der Atomenergie subventioniert. Allerdings ist die Branche nicht sehr begeistert, die neue Energietechnik einzusetzen, denn die großzügig dimensionierten Kohle-, Öl- und Gaskraftwerke versorgen zufriedenstellend die Bundesrepublik mit Strom. Treibend hinter der Entwicklung und dem Bau von Atomkraftwerken sind Industrieunternehmen und Politiker.

Die Atomkraft wird dilettantisch gefördert.

Das größte Desaster der Atompolitik ist seit 1973 im Bau: der Schnelle Brüter im niederrheinischen Kalkar. Der Festpreis von 500 Millionen Mark ist bald überschritten und es wird munter weitergebaut, bis am Ende sieben Milliarden Mark für den Bau des Kraftwerks geflossen sein werden. Unter Hinzurechnung der Forschungs- und Entwicklungskosten sind es sogar elf Milliarden Mark. Das „Höllenfeuer von Kalkar" (Nordrhein-Westfalens SPD-Arbeitsminister Friedhelm Farthmann) geht jedoch aus Sicherheitsgründen nicht in Betrieb, das Geld ist weg.

Gar nicht erst gebaut wird das Atomkraftwerk Wyhl, ein mit vier Blöcken je 1300 Megawatt geplanter Kraftwerksgigant. Im Februar 1975 besetzen Kraftwerksgegner das Gelände und verhindern den Bau. Langsam kehrt Mitte der 1970er Jahre Ernüchterung über die Segnungen der Atomkraft ein, nach einer beispiellosen Euphorie in den Jahren zuvor.

Das Atomzeitalter soll eine Revolution in der Energieversorgung bringen, die nicht nur Großkraftwerke betrifft, sondern sogar in heimischen Kleinanlagen im eigenen Häuschen Strom und Wärme erzeugt. Die Landwirtschaft würde zu ungeahnter Blüte kommen, wenn bundesweit in riesigen Gewächshäusern mit örtlicher Atomenergie von den Jahreszeiten unabhängig Obst und Gemüse erzeugt werden wird. Auch der herkömmliche Verbrennungsmotor in den Autos hätte bald ausgedient, wenn der Mini-Atom-Motor den Antrieb sicherstellt.

Wirtschaftlich würde die Atomkraft ohne Konkurrenz sein, denn diese Energie ist kostengünstiger als alle anderen Energieformen, so günstig, dass sogar in Erwägung gezogen wird, den Strom ohne Berechnung an die Kunden zu liefern, weil der Abrechnungsaufwand im Vergleich zum Aufwand für die Stromerzeugung und -verteilung überproportional hoch sei und eine einfache Pauschale alle Kosten decken könne.

Die tatsächlichen Kosten für den Bau der Atomkraftwerke und ihren Betrieb sowie die zunehmende Besorgnis einer unzureichenden Sicherheit der Atomkraftwerke, häufig mit Massenprotesten aus der Bevölkerung begleitet, stellen den Ausbau der Atomkraft in Frage. Hinzu kommt, dass die angenommenen Steigerungsraten beim Stromverbrauch nicht eintreten und somit ein Bedarf neuer Mega-Kraftwerke nicht besteht. Auf ein funktionierendes Entsorgungskonzept für den bei der Stromproduktion anfallenden Atommüll wird kein großer Wert gelegt. Es ist nicht vorhanden. Bis heute nicht.

Die Frage, ob sich der Staat mit Subventionen in die Entwicklung von Zukunftstechniken einschalten soll, wird zwar gestellt, aber nicht beantwortet.

***

Der „intelligenteste Industrieansiedler" macht trotz des von ihm verursachten Fiaskos eine glänzende Karriere. Es geht aber auch nur um Staatsgelder.

Wie staatliche Subventionspolitik im Einzelfall betrieben wird (und scheitert), kann aus einem Musterfall der Industrie-Ansiedlungspolitik der Freien und Hansestadt Hamburg gelernt werden. Das Aluminiumwerk Reynolds soll zum einen direkt gefördert werden sowie zum anderen auch noch indirekt, indem das Atomkraftwerk Stade mit 78 Millionen DM von der Stadt Hamburg mitfinanziert wird, um subventionierten preisgünstigen Strom an das Aluminiumwerk zu liefern.

Im Januar 1975 muss der Hamburger SPD-Wirtschaftssenator Helmuth Kern zur Kenntnis nehmen, dass die wesentlich von ihm betriebene Ansiedlung und der Betrieb des Aluminiumwerkes Reynolds wegen Unwirtschaftlichkeit gescheitert ist und 761 Millionen DM der Stadt verloren sind. Weitere Millionen sind erforderlich, um den Betrieb weiterführen zu können. Warum überhaupt ein Aluminiumwerk am Rande einer Großstadt und zudem weitab von den Rohstoffen gefördert worden ist, erschließt sich nicht, denn die Fluor-Emissionen dieses Werkes sind erheblich und machen es Umweltschützern leicht, im Nachhinein verstärkte Umweltschutzmaßnahmen per Gericht durchzusetzen, die zusätzlich die Wirtschaftlichkeit der Aluminiumproduktion in Frage stellen.

Der Wirtschaftssenator Kern ist sechs Jahre zuvor sehr schnell gewesen bei der Unterzeichnung des Vertrages zwischen Reynolds und der Stadt Hamburg, denn ein Notar muss mitten in der Nacht zur Beurkundung der Vereinbarungen zwischen der Stadt und Reynolds in das Hotel „Atlantik" geholt werden. Senator Kern erhält dafür das Reynolds-Lob, der schnellste und intelligenteste Industrieansiedler auf der ganzen Welt zu sein.[202] Die Schnelligkeit hat zur Folge, dass es keine Behördenabstimmungen gibt und das Werk laut Urteil des Hamburgischen Verwaltungsgerichts rechtswidrig ohne Baugenehmigung gebaut worden ist.

Um zumindest einen Teil der Investitionen zu retten kauft die Stadt Hamburg Reynolds im Jahr 1975 alle Geschäftsanteile ab und ist vorübergehend alleiniger Eigentümer des Werks. Durch eine großzügige Finanzierung der Stadt gelingt es schließlich, drei Interessenten für einen Weiterbetrieb der Anlage in kleinerem Rahmen zu gewinnen.

Der Karriere des SPD-Senators schadet dieses Subventions-Abenteuer nicht. Er ist noch ein Jahr Wirtschaftssenator und danach 15 Jahre lang Vorsitzender des Vorstands eines Staatsbetriebes, der Hamburger Hafen und Lagerhaus AG.

8.9. Netzwerke

„Es ist wie in Monte Carlo: die Bank verliert nicht. Und wenn sie wirklich einmal verliert, springt der Steuerzahler ein: also in der Hauptsache wieder Arbeiter und Angestellte." Und: „Die deutsche Welt erschauert, sie braucht Götzen, und was für welche hat sie sich da ausgesucht –!" Gemeint sind „Die Herren Wirtschaftsführer", wie Ignaz Wrobel, Pseudonym von Kurt Tucholsky, am 18. August 1931 in der „Weltbühne" schreibt. Rund vierzig Jahre später ist nicht alles anders geworden.

Egal, wie die wirtschaftliche Lage ist: Die Deutsche Bank gewinnt, denn man kennt sich.

Die zentrale Schlüsselfigur für die Wirtschaft, aber auch in der Politik der Bundesrepublik in der Nachkriegszeit, ist Hermann Josef Abs, selbst Mitte der 1970er Jahre noch, obwohl Abs seinen jahrelang besetzten Vorstandsvorsitz in der Deutschen Bank schon abgegeben hat und jetzt deren Aufsichtsrat vorsitzt. Aber nicht nur in diesem Aufsichtsrat hat Abs entscheidenden Einfluss, sondern auch in vielen anderen Aufsichtsräten großer Aktiengesellschaften, in denen er eine Geschäftspolitik unterstützt, die zumindest nicht den Interessen der Deutschen Bank entgegen steht. Abs´ Deutsche Bank, in deren Vorstand er mit einer kurzen Unterberechnung nach 1945 seit 1938 die Geschäftspolitik der Bank mitbestimmt, verliert allerdings allmählich die frühere Bedeutung, denn die Politik, „sie dominiert, sie herrscht in der Form des Parteiensystems, und es gibt nur sehr wenige, die sich mit den politischen Anliegen und Verantwortlichkeiten auch innerlich verbunden fühlen", klagt Abs.[203]

Diese Klage jedoch stimmt nicht in vollem Umfang mit der Realität überein, denn noch funktioniert die „Deutschland AG", das Netzwerk vor allem aus Deutscher Bank, der Allianz Versicherung und den großen Unternehmen der Bundesrepublik, die mit gegenseitigen Kapital-Beteiligungen und personell in Vorständen, Aufsichtsräten oder Beraterkreisen miteinander verflochten sind. Die enge Verflechtung hat allerdings zur Folge, dass die Geschäftspolitik der in diesem Netz eingebundenen Unternehmen intransparent und schwerfällig ist und daher auf Änderungen der wirtschaftlichen Rahmenbedingungen nicht flexibel reagieren kann.

Es zeigt sich, dass Kurt Tucholsky recht gehabt hat: „Es ist wie in Monte Carlo: die Bank verliert nicht." Der Vorstand der Deutschen Bank berichtet im Geschäftsbericht 1975 erfreut: „Daß unser Betriebsergebnis im Rezessionsjahr 1975 anstieg, ist vor allem der außerordentlich günstigen Entwicklung des Börsen- und Emissionsgeschäfts zu verdanken, die eine wesentliche Erhöhung der Provisionseinnahmen mit sich brachte" und: „Insgesamt hat sich das Jahresergebnis gegenüber dem Vorjahr deutlich verbessert." Da kann auch eine schmerzhafte Rezession der Wirtschaft der großen Freude über das gute Geschäftsergebnis der Bank keinen Abbruch tun.

***

Ein kurzer Blick in die Liste der Aufsichtsratsmitglieder und Berater der Deutschen Bank in diesem Jahr 1975 zeigt die enge personelle Verbundenheit in der deutschen Wirtschaft. Es lohnt sich, einige dieser Personen näher anzusehen.

Da sitzt beispielsweise Friedrich Karl Flick, Alleininhaber der Holding Friedrich Flick KGaA, im Aufsichtsrat der Deutschen Bank, der mit seiner Holding etwa 330 Unternehmen mit über 300.000 Beschäftigten kontrolliert. Ein Aktienpaket an der Daimler-Benz AG im Wert von nahezu zwei Milliarden DM verkauft er 1975 an die Deutsche Bank, ohne dass die damit erzielten Gewinne versteuert werden müssen. Er hat vom FDP-geführten Bundeswirtschaftsministerium eine Steuerbefreiung mit der Begründung volkswirtschaftlich förderungswürdiger Reinvestitionen erhalten und 980 Millionen DM Steuern gespart. Ob üppige Spenden an die im Bundestag vertretenen Parteien zu dieser Entscheidung der Wirtschaftsminister Hans Friedrichs und dessen Nachfolger Otto Graf Lambsdorff beigetragen haben, bleibt in einem Gerichtsprozess offen, jedoch werden die Minister und der Flick-Generalbevollmächtigte Eberhard von Brauchitsch später zu Geld- bzw. Bewährungsstrafen wegen Steuerhinterziehung verurteilt. Friedrich Karl Flick, dessen Vater Friedrich Flick ein bedeutendes Vermögen während der NS-Zeit angehäuft hat und der in den Nürnberger Prozessen als Kriegsverbrecher verurteilt worden ist, bleibt juristisch unbehelligt. Aber neben der strafrechtlichen Relevanz gibt es auch noch eine Art politischer Korruption, wenn politische Entscheidungsträger in Folge ihrer Entscheidungen für sich oder andere Vorteile erlangen.

Die FDP ist nach der Pro-Flick-Entscheidung ihrer Minister finanziell erst einmal wieder über den Berg. Der Flick-Konzern engagiert sich mit einer Spende von 3 Millionen DM für die Umschuldung der FDP von der Bank für Gemeinwirtschaft zur Dresdner Bank zur „Rettung der Unabhängigkeit der FDP." „Der einzige von dem die FDP dadurch unabhängig wurde, dürfte wohl der Wähler gewesen sein", heißt es mokant in dem Buch „Skandal oder Medienrummel?"[204]

Herbert Quandt ist ebenfalls im Aufsichtsrat der Deutschen Bank. Sein Vater Günther Quandt hat als „Wehrwirtschaftsführer" in der NS-Zeit das Vermögen der Quandt-Familie beträchtlich mehren können, indem seine Fabriken auch unter Einsatz von Zwangsarbeitern Geschütze, Gewehre, Munition und vor allem Batterien produzieren. Beide, Vater und Sohn Quandt, hält der Historiker Joachim Scholtyseck für schuldig, an den Verbrechen der Nationalsozialisten beteiligt gewesen zu sein. Über Herbert Quandt sagt er, der Sohn habe „unmittelbar Verantwortung für das begangene Unrecht getragen."[205]

Aus dem Beraterkreis der Deutschen Bank ist Casimir Prinz Wittgenstein zu nennen, der insgesamt 22 Jahre lang stellvertretender Vorsitzender des Vorstands der Metallgesellschaft ist. Im Nebenberuf ist Wittgenstein auch Schatzmeister der hessischen CDU und in dieser Funktion später in einen Spendenskandal der CDU verwickelt, weil er zusammen mit dem späteren Innenminister Manfred Kanther 20 Millionen Mark auf geheime Konten in der Schweiz verschoben habe.

Horst Brandt ist Mitglied des Beraterkreises der Deutschen Bank. Allerdings dürfte Brandt wenig Gelegenheit für Beratungen haben, denn er ist als Finanzchef der AEG-Telefunken damit beschäftigt, ein wirtschaftliches Desaster der Firma abzuwenden. Die AEG-Verluste aus dem Bau von Atomkraftwerken sind so hoch wie das Aktienkapital der Gesellschaft. Und bald wird die AEG vom Markt verschwunden sein.

***

Das Schloss Rambouillet ist ein geschichtsträchtiger Ort. Schon im Jahr 1386 fertiggestellt, dient es über Jahrhunderte meist als Nebenresidenz der französischen Könige, so beispielsweise für Ludwig XVI., sowie für den französischen Kaiser Napoleon I. Das Schloss, 50 Kilometer südlich von Paris gelegen, ist nah genug an der Hauptstadt, um es von dort schnell zu erreichen, aber auch weit genug entfernt, um sich rechtzeitig in Sicherheit zu begeben, wenn wieder einmal eine der zahlreichen Französischen Revolutionen und Unruhen die Staatsführung bedroht.

Seit 1896 ist das Schloss Sommerresidenz des französischen Staatspräsidenten. Hier treffen sich 1960 der französische Staatspräsident Charles de Gaulle und der deutsche Bundeskanzler Konrad Adenauer, um die Weichen für eine Neuordnung Europas zu stellen. Die beiden Politiker, die sich offensichtlich persönlich gut verstehen, beginnen mit einer Neuordnung der deutsch-französischen Beziehungen, die 1963 zum Elysée-Vertrag führt, dem Freundschaftsvertrag zwischen beiden Ländern.

1975 findet im Schloss erstmals eine Konferenz der führenden Industriestaaten der Welt statt. Diese Konferenz wird vom französischen Staatspräsidenten Valéry Giscard d'Estaing und dem deutschen Bundeskanzler Helmut Schmid initiiert, wieder von zwei Politikern aus Frankreich und Deutschland, die bestens miteinander auskommen. Die Konferenz erhält den Namen G6-Gipfel, weil die Premierminister und Präsidenten aus den

6 Ländern USA, Vereinigtes Königreich, Japan, Italien sowie Frankreich und Deutschland daran teilnehmen. Nachfolge-Konferenzen werden bis heute abgehalten.

Die internationalen wirtschaftlichen Probleme, mit denen die Staaten zu kämpfen haben, sind vor allem die hohe Arbeitslosigkeit und mangelndes Wirtschaftswachstum sowie eine hohe Inflation und Schwierigkeiten in der Energieversorgung. In den 17 Punkten der Erklärung nach Abschluss des G6-Gipfels am 17. November 1975 dokumentieren die Teilnehmer Entschlossenheit, die Probleme gemeinsam zu lösen und verbreiten Optimismus, dass dies auch gelingen kann.

8.10. Kreative Geldschöpfung - gepflegte Hilfsbedürftigkeit

„Die Deutsche Bundesbank hat von Anfang Juli 1975 bis zum heutigen Tage in erheblichem Ausmaß Werte öffentlicher Emittenten am Rentenmarkt aufgenommen", stellen mehrere Abgeordnete der CDU/CSU in einer Kleinen Anfrage im Deutschen Bundestag am 16. Oktober 1975 fest und fragen, auf welcher Rechtsgrundlage die Stützungskäufe der Bundesbank stattfänden.[206]

Ein historischer Sündenfall, der zur regelmäßigen Übung wird.

Für insgesamt 7,7 Milliarden DM hat die Bundesbank im Jahr 1975 Staatsanleihen gekauft und damit die Geldmenge in der Bundesrepublik um diesen Betrag erhöht, aber auch die Finanznöte des Staates gemindert.

Der Bundesbankdirektor Helmut Schlesinger stellt fest, dass diese Aktion gesetzwidrig sei, denn die Bundesbank dürfe „nur zur Regulierung des Geldmarktes, nicht aber zur Finanzierung des Staatshaushalts Offenmarktpolitik betreiben."[207] Das sehen die CDU/CSU-Abgeordneten, die die Kleine Anfrage gestellt haben, ebenfalls so. Die Bundesregierung beantwortet die Anfrage mir der Feststellung, „Rechtsgrundlage für die

Käufe festverzinslicher Wertpapiere durch die Bundesbank sind die §§ 15 und 21 BBankG. Nach § 21 BBankG kann die Bundesbank zur Regelung des Geldmarktes am offenen Markt u.a. festverzinsliche Papiere kaufen und verkaufen. Die Offenmarktgeschäfte der Bundesbank stehen im Einklang mit dieser Bestimmung."[208] Die Finanzierung des Staatshaushalts mit der Notenpresse ist jedoch eindeutig rechtswidrig, wie Helmut Schlesinger erkannt hat.

Bundeskanzler Helmut Schmidt interpretiert die Geldpolitik großzügig als Wirtschaftspolitik und nimmt ungeniert Einfluss auf die Bundesbank. Zwar ist die Bundesbank verpflichtet, die Wirtschaftspolitik der Bundesregierung zu unterstützen, aber sie ist von Weisungen der Bundesregierung unabhängig (§ 12 BBankG). Bundesbankpräsident Karl Klasen, ebenso wie Bundeskanzler Helmut Schmidt in Hamburg zu Hause, lässt es geschehen, dass Zweifel aufkommen, ob die Unabhängigkeit der Bundesbank gewahrt bleibt. Die freundschaftliche Nähe von Klasen und Schmidt dürfte zu der engen Zusammenarbeit von Regierung und Bundesbank beitragen, einer Zusammenarbeit, die es ohne weiteres zulässt, dass Klasen oft am Kabinettstisch der Bundesregierung sitzt.

Der „historische Sündenfall der Bundesbank" (Wall Street Journal) findet nur wenig Aufmerksamkeit, vermutlich, weil die finanzpolitischen und rechtlichen Feinheiten dieses Sündenfalls eine vertiefende Exegese einer ziemlich trockenen Materie erfordert, eine Anstrengung, der sich nur wenige Journalisten unterwerfen möchten.

Vierzig Jahre später kauft die europäische Zentralbank EZB ebenfalls ungeniert Staatsanleihen der europäischen Länder und finanziert damit marode Staatshaushalte, vor allem diejenigen südeuropäischer Länder. In Deutschland herrscht (zumindest unter 136 deutschen Ökonomen, die im Jahr 2013 einen öffentlichen Aufruf gegen die Maßnahmen der EZB unterzeichnen) Empörung darüber, dass die EZB diese Länder mit frisch gedrucktem Geld vor dem Staatsbankrott rettet. Wiederum übersieht eine Zentralbank großzügig, heute die EZB unter Führung des Italieners Mario Draghi, dass die Staatsfinanzierung durch die Zentralbank im Grundsatz verboten ist.

Im AEU-Vertrag (Vertrag über die Arbeitsweise der Europäischen Union - „Lissaboner Vertrag") ist in Artikel 125 festgelegt, dass die Europäische Union nicht für Verbindlichkeiten der Mitgliedsstaaten haftet. Nach Artikel 122 allerdings kann der Europäische Rat einem Mitgliedsstaat „aufgrund von Naturkatastrophen oder außergewöhnlichen Ereignissen, die sich seiner Kontrolle entziehen", einen finanziellen Beistand der Union zukommen lassen. Die jahrelangen Defizite des griechischen Staatshaushalts gehören vermutlich zu den außergewöhnlichen Ereignissen, die sich der Kontrolle des griechischen Staates entziehen, denn eine Naturkatastrophe dürften die Defizite eher nicht sein.

Im aktuellen Fall der Staatsfinanzierung durch die Zentralbank zeigt sich, dass die Verträge, die die Mitgliedsländer der Europäischen Union zu einer gewissen Haushaltsdisziplin anhalten sollen, dann unbeachtet bleiben, wenn sich Mitgliedsländer konsequent nicht an die Vereinbarungen halten. Die politische Eigenverantwortung wird an die Gemeinschaft abgeschoben.

***

Haushaltsdefizite werden in der Europäischen Gemeinschaft nicht nur durch kreative Finanzierungen ausgeglichen, sondern auch durch regelmäßige Zahlungen an notleidende Länder. 1975 wird der Europäische Fonds für regionale Entwicklung gegründet, um wirtschaftliche, soziale und regionale Ungleichgewichte abzubauen. Dieser Fonds gehört zu den Europäischen Strukturfonds, so wie der Europäische Sozialfonds oder der Europäische Ausrichtungs- und Garantiefonds für Landwirtschaft. Rund 6 Milliarden Europäische Rechnungseinheiten, das sind etwa 15 Milliarden DM, umfasst der Landwirtschaftsfonds im Jahr 1975. Zur Regulierung des Milchmarktes dienen alleine fast 6 Milliarden DM.

Im italienischen Messina herrscht jahrzehntelang große Not, die es zu lindern gilt.

Geld geht auch an solche Länder, die die Not kultivieren. Ein Beispiel:

Am 28. Dezember 1908 wird die Region um die Straße von Messina um 5:21 Uhr von einem heftigen Erdbeben erschüttert. Eine dadurch ausgelöste Flutwelle führt zu großem Leid, denn etwa 100.000 Menschen verlieren ihr Leben und ungezählte Häuser werden zerstört. Aber auch die Hilfsbereitschaft, unter anderem von den später heilig gesprochenen Priestern Annibale Maria Di Francia und Luigi Orione organisiert, ist groß. Sogar eine eigene Behörde zur Entschädigung der Erdbebenopfer wird begründet.

Im Jahr 1975 entschädigt das Amt immer noch Erdbebenopfer von Messina. Niemand ist bisher auf die Idee gekommen, die Behörde aufzulösen. Allerdings wird die Notwendigkeit dieser und anderer Behörden von Willi Haferkamp, Finanzchef der Brüsseler EG-Kommission, in Frage gestellt, denn weitere Finanzhilfen an Italien will Haferkamp nur noch leisten, „wenn die Südländer weniger schlampig wirtschaften."[209] 1,9 Milliarden DM erhält Italien aus der Gemeinschaftskasse und verspricht dafür, dem unterentwickelten italienischen Süden direkt, schnell und wirksam zu helfen. 1977 stellt die „Zeit" resignierend fest, dass die Entschädigung der Erdbebenopfer von Messina offensichtlich nach fast 70 Jahren immer noch nicht abgeschlossen ist, denn das Amt besteht weiterhin.[210]

Die von den beiden heilig gesprochenen Priestern organisierte Hilfe, die den wirklich Geschädigten zugute kommt, gefällt nicht allen. „Unwürdige Profitgeier" verüben einen Anschlag auf Luigi Orione, wie die Zeitschrift „30 Tage" berichtet.[211] Die Regulierungsbehörde bleibt von Anschlägen verschont, denn offensichtlich übt sie ihre Tätigkeit zur Zufriedenheit der Profitgeier aus.

Erhebliche Zahlungsströme, die Jahr für Jahr ansteigen, werden in der Europäischen Union zur Förderung der Solidarität (EU-Vertrag Präambel sowie Art. 2, Art. 3) verwaltet. Im Jahr 2015 zahlt Deutschland 176 Euro pro Kopf in die EU-Kassen, Griechenland erhält 454 Euro pro Kopf. Besonders notleidend ist die Slowakei, die mit 571 Euro pro Kopf unterstützt wird.[212] Seit Anbeginn des europäischen Zusammenschlusses ist die Gemeinschaft darauf ausgerichtet, Umverteilungen und Transfers in stetig wachsendem Umfang vorzunehmen. Deutschland hat immer zu den Nettozahlern der Gemeinschaft gehört, weit überproportional zu

Deutschlands Wirtschaftsleistung. „Deutschland, die Melkkuh der EU" ist daher ein Zeitungsartikel in der FAZ überschrieben, der aufzeigt, dass die Bundesrepublik in rund zwanzig Jahren nach der Wiedervereinigung rund 45 Prozent der Nettobeiträge aller zehn EU-Nettozahler geleistet hat.[213] Allerdings ist die Überschrift des Artikels mit einem Fragezeichen versehen, das gegen ein Ausrufungszeichen ausgetauscht werden sollte.

***

Transferzahlungen wirken kontraproduktiv und schaden damit allen.

Auch in der Bundesrepublik haben sich die Regierenden einer deutlichen Überzahl der Bundesländer darauf eingerichtet, auf Dauer von den Bewohnern aus drei Bundesländern großzügig alimentieren zu lassen.

Das Bundesland Hamburg zahlt seit 1950 fast jedes Jahr in den Umverteilungstopf „Länderfinanzausgleich" ein. 1975 sind es umgerechnet 278 Mio. Euro. Das Bundesland Bremen erhält seit 1950 fast immer Zuwendungen. 1975 sind es umgerechnet 23 Mio. Euro. Die Bundesländer Niedersachsen, Rheinland Pfalz, das Saarland und Schleswig-Holstein schaffen es so gut wie nie, aus eigener Kraft zu wirtschaften, Baden-Württemberg und Hessen zahlen immer in den Länderfinanzausgleich ein. Der Kreis der Geldgeber ist klein, derjenige der Empfänger groß.

Das Grundgesetz regelt in Artikel 107, dass die unterschiedliche Finanzkraft zwischen den Bundesländern „angemessen" ausgeglichen wird. Außerdem fordert das Grundgesetz „einheitliche" oder „gleichwertige Lebensverhältnisse im Bundesgebiet" (Artikel 72). Dazu erfolgt ein Finanzausgleich zwischen dem Bund und den Ländern, ein Finanzausgleich zwischen den Ländern und ein Finanzausgleich innerhalb der Bundesländer. In der Praxis gibt es erhebliche Schwierigkeiten, den gegenpoligen Wünschen von Gebern und Nehmern zu entsprechen, so dass zahlreiche Gerichtsentscheidungen nach Klagen der Betroffenen immer wieder zu Anpassungen der vernebelnden Regelungen führen.

Im Grundsatz ändert sich über Jahrzehnte nur wenig an den strukturellen Schwächen und Stärken der Länder. Mit einer dauerhaften Subventionierung haben sich die schwachen Länder an die laufenden Zuwendungen gewöhnt und nur geringe Neigung, ihre Situation durch eigene Anstrengungen zu verbessern. Die starken Länder haben ebenfalls wenig Anlass, ihre Finanzsituation zu ertüchtigen, denn sinkende Kosten und höhere Einnahmen führen am Ende nicht zur Verbesserung der eigenen Situation, sondern erhöhen nur die Zuwendungen an weniger motivierte Länder. Unter diesem Gesichtspunkt ist wirtschaftliches Handeln kontraproduktiv. Den Schaden tragen alle Bundesbürger.

9. Gesellschaft und Kämpfer

9.1. Verbände und revolutionäre Kämpfer

Horrorexperten ziehen eine trostlose Schreckensbilanz und beschreiben das verhängnisvolle Desaster, auf das wir unausweichlich zuschreiten.

Das fränkische Städtchen Marktheidenfeld hat als Stadt keine lange Geschichte, denn erst 1948 wird der Ort nach dem Zuzug zahlreicher Flüchtlinge aus dem Osten Deutschlands zur Stadt erhoben. 1975 finden sich in diesem Ort 21 Herren, durchweg fortgeschrittenen Alters, sowie eine Dame zusammen, um den BNUD zu gründen, den „Bund für Natur- und Umweltschutz Deutschland", der zwei Jahre später in „Bund für Umwelt und Naturschutz Deutschland" BUND umbenannt wird.

Der erste Vorsitzende dieses Umweltverbandes wird Bodo Manstein, ein flinker Nationalsozialist (Eintritt in die NSDAP bereits 1930), der die Prognose aufstellt, im Jahr 2000 würden in Europa und der Sowjetunion nur noch 15 Prozent der Weltbevölkerung leben, wohingegen die Moslems bewusst ihre Vermehrung betreiben.

Bodo Manstein bleibt nicht lange Vorsitzender des Verbandes, schon im November 1975 folgt ihm Herbert Gruhl auf die Position des Vorsitzenden. Gruhl, Mitglied der CDU, ist bekannt als Autor eines 1975 veröffentlichten Buches, das schnell zum Bestseller avanciert: „Ein Planet wird geplündert - Die Schreckensbilanz unserer Politik". Herbert Gruhl hält den Glauben an die Notwendigkeit ständigen Wirtschaftswachstums für die „totalitärste Ideologie"[214] und spricht vom totalen Krieg der Menschen gegen die Erde.

Ganz so totalitär, wie Gruhl sich gibt, wird er von Kritikern nicht gesehen. Der Journalist Hermann Schreiber porträtiert Gruhl 1978 im „Spiegel"[215] als Verbandsvorsitzenden des BUND, der die CDU verlassen und eine neue Partei, die Öko-Partei „Grüne Aktion Zukunft", gegründet hat:

„Man muß sich vorstellen, wie er in Barsinghausen am Deister sitzt und aufschreibt, warum die Welt bald über denselben gehen wird. Ein sanft sächselnder Apokalyptiker."

Der BNUD bzw. BUND sieht die Umweltprobleme in kranken Wäldern und Artensterben, riesigen Müllbergen, den Bau von Atomkraftwerken und verschmutzten Gewässern. Vor allem das „Waldsterben" beherrscht die politische Diskussion, die durch die Medien heftig gefördert wird, indem Fotos von kahlen Bäumen dem erschreckten Leser die Zukunft zeigen sollen. Bald wird es kein menschliches Leben mehr geben, wenn erst die Wälder verschwunden sind („Erst stirbt der Wald, dann stirbt der Mensch"). Die Hälfte der Wälder soll schon jetzt krank sein und bald sterben, weil die Bäume ihren Schutz gegen den Borkenkäfer verlieren, der sich ungehemmt ausbreiten kann und den gesamten Wald vernichtet. Übrigens: Auch die Robben und die Vögel sterben.

Nach etwa 10 Jahren des behaupteten Waldsterbens melden sich erste Kritiker, die sich skeptisch über das prophezeite Szenario äußern. Bis dahin aber wird das Thema kräftig von den Medien angeheizt mit Horrormeldungen wie „Saurer Regen über Deutschland. Der Wald stirbt" („Spiegel"), „Über allen Wipfeln ist Gift" („Stern") oder, auch die „Zeit" fehlt natürlich nicht, „Am Ausmaß des Waldsterbens könnte heute nicht einmal der ungläubige Thomas zweifeln."

Ein Blick aus dem Fenster kann jetzt beruhigen, die Katastrophe ist nicht eingetreten, der Wald ist in bestem Zustand. Die Robben erfreuen sich ausgezeichneter Gesundheit und die Vögel zwitschern. Michael Miersch, einstmals Redakteur der Umweltzeitschrift „Natur", berichtet in einem Vortrag in der Friedrich Naumann Stiftung über sein Erlebnis zum Vogelsterben: „Es war Frühling und durch das geöffnete Fenster drang mitten in der Stadt das Lied einer Mönchsgrasmücke. Was ein junger Praktikant mit der vollkommen unpassenden Bemerkung quittierte: ‚Da pfeift schon wieder eine eurer ausgestorbenen Vogelarten'."[216]

Heute haben wir die Klimakatastrophe. Aber nicht zum ersten Mal. Schon 1975 erleben wir einen ersten Höhepunkt der Klimakatastrophe.

Wir stehen Mitte der 1970er Jahre vor einer neuen Eiszeit. Der Sommer 1974 ist (jedenfalls in Deutschland) kühl und regnerisch und gibt daher zu großer Besorgnis Anlass. „Bild", „Welt" oder „Spiegel" schlagen Alarm und sehen eine große Katastrophe auf uns zukommen. „Katastrophe auf Raten" überschreibt der „Spiegel" einen Bericht, der auf den Klima-Umschwung hinweist.[217]

Die Klimakatastrophe naht. Eine neue Eiszeit beginnt.

Im Nordatlantik wandern die Eisberge gegenüber vergangenen Jahren mehr als 400 km weiter südlich in Folge der Abkühlung des Ozeans um durchschnittlich 0,5 Grad Celsius. Die mit Gletschern und Packeis bedeckte Fläche ist in den letzten 20 Jahren um 12 Prozent gewachsen und am Polarkreis werden die kältesten Wintertemperaturen seit 200 Jahren gemessen. In Südamerika, Indien und Südafrika sinken die Temperaturen auf Werte, wie sie in den vergangenen 300 Jahren noch nicht gemessen worden sind.

Als Ursache für die neue Eiszeit werden zwar auch Schwankungen der Sonnenaktivität oder Unregelmäßigkeiten in der Umlaufbahn der Erde um die Sonne erwähnt, aber insbesondere der Mensch ist verantwortlich für diese Klimaentwicklung, die durch die Emission von Kohlendioxid und durch die Staub- und Abwärmeproduktion in industriellen Ballungsgebieten gefördert wird.

Die ganze Menschheit werde in Mitleidenschaft gezogen, denn die Klimaveränderung führe zu Rückgängen der Ernteerträge, so dass demnächst eine Milliarde Menschen verhungern werde. Dies befürchtet Reid A. Bryson, US-amerikanischer Meteorologe an der Universität Wisconsin-Madison. Auch Linus Pauling, Nobelpreisträger für Chemie, nicht aber Fachmann für Klimatologie, pflichtet Bryson bei, die Klimaveränderung könne, so die FAZ, „in eine globale Katastrophe münden, in den bisher härtesten Test für die Zivilisation."[218] Ob sich Fachleute äußern oder Laien ihre Befürchtungen verbreiten: Es gilt als ausgemacht, dass die Unbewohnbarkeit der Erde drohe, dass uns Hungerkrisen, Dürren, Fluten und Klimakriege heimsuchen. Hoffnung besteht kaum, denn die Chancen für eine Rückkehr zu einem günstigeren Klima stünden „bestenfalls etwa eins zu 10.000", zitiert der „Spiegel" den US-Wetterforscher James McQuigg.

An dieser hysterischen Entwicklung sich gegenseitig übertreffender Horror-Prognosen lässt sich beobachten, wie aus unspezifischen Beobachtungen natürlicher Veränderungen der Temperatur eines Ozeans (besser: eines überschaubaren Teils eines Ozeans) eine weltweite Kampagne entsteht, die die Ängste der Menschen schürt.

Die Temperatur im Nordatlantik sinkt von 12 Grad Celsius im Jahresdurchschnitt auf 11,5 Grad Celsius, also um 0,5 Grad Celsius. Deshalb droht einer Milliarde Menschen der Hungertod, heißt zusammengefasst die Argumentations-Kette. Der Hungertod wird kommen, weil die Wahrscheinlichkeit für eine Verbesserung der Situation nur bei eins zu 10.000 läge, wie James McQuigg munter behauptet.

Der US-Autor Lowell Ponte hat schon „hunderttausende Tote" gezählt, schreibt er in seinem Buch „The Cooling". Wenn es so weiter gehe, werde Weltchaos ausbrechen und wahrscheinlich in einem Weltkrieg enden. Fünf Auflagen erlebt dieses Buch. Lowell, der einen akademischen Abschluss im Fach „Internationale Beziehungen" hat, ist ein Musterbeispiel für einen Autor, der pseudowissenschaftliche Erkenntnisse verbreitet. Er ist ein umtriebiger Multiplikator zweifelhafter Thesen bei Reader's Digest, jahrelanger Veranstalter von Radio-Talkshows („Lowell Ponte Live"), die in mehr als 300 Sendern in den USA empfangen werden können. Außerdem ist er Sprecher zahlreicher Vereinigungen und Handelsorganisationen.[219] Er wird als „investigativer Wissenschaftsreporter", was auch immer das sein mag, bezeichnet, dessen Artikel von 126 Millionen Menschen gelesen werden.[220] Zusammengefasst: Lowell ist ein erfolgreicher Lobbyist in eigener Sache.

Vermutungen und Hypothesen, kühne, nicht nachvollziehbare Behauptungen mit einer scheingenauen Wahrscheinlichkeit werden von den Medien aufgegriffen und zu Tatsachen erklärt. Diskutiert werden nicht die Datenbasis und die Wechselwirkungen der Parameter des Klimas, sondern lediglich die verantwortungslos behaupteten Folgen. Diese Folgen wiederum werden als unvermeidlich dargestellt, sie finden breite öffentliche Beachtung. Die Tatsache, dass Wechselwirkungen der Parameter des Klimas in ihrer Komplexität bisher nicht erfasst werden können, wird unbekümmert schlicht ausgeblendet.

„Klimaleugner" gehören ins Abseits.

Diejenigen Forscher, die ihr wissenschaftliches Handwerk noch anwenden und die Hysterie in Frage stellen, werden als Klimaleugner gebrandmarkt. Es ist angesagt, nicht aus dem allgemeinen Konsens über die Klimakatastrophe auszusteigen, denn immer mehr Meteorologen „beweisen" die Entwicklung ins Desaster. Einer hat die Entdeckung gemacht, dass der Nordatlantik kühler geworden ist, der nächste Meteorologe zitiert das Ergebnis, weitere Wissenschaftler beziehen sich auf diese Zitate. Ein Geleitzug konformer Ansichten geht auf die Reise und ist nicht mehr aufzuhalten. So gut wie niemand kommt auf die Idee, die ursprüngliche Ermittlung der Daten und die Schlussfolgerung aus ihr in Frage zu stellen. Die Medien greifen das Thema auf und befördern als Multiplikator die Fehleinschätzung zu einer unumstößlichen Wahrheit. Neben „Spiegel", „Welt" oder „Bild" in Deutschland tut sich vor allem die US-amerikanische Presse damit hervor, die Angst vor der Eiszeit zu fördern. Einige Berichte aus dem Jahr 1975 verdeutlichen den Hype: „Climate changes called omnious; Scientists warn predictions must be made precice to avoid catastrophe" („New York Times" 19. Januar 1975), „B-r-r-rr: New Ice Age on Way soon?" („Chicago Tribune" 2. März 1975), „The Cooling World" („Newsweek" 28. April 1975) oder „The Ice Age cometh" („Chicago Tribune" 13. April 1975).

Die Wissenschaftler debattieren nicht mehr darüber, ob die neue Eiszeit kommt, sondern lediglich darüber, wann es soweit sein wird. Es wird nicht nur durch die Eiszeit, sondern auch dadurch sehr ungemütlich werden, so besteht weitgehende Einigkeit, dass das Erdöl bald zu Ende gehen und die Wirtschaft zusammenbrechen wird.

Nutznießer der Klimakatastrophe sind die zahlreichen Verkünder des kommenden Desasters, die in Universitäten oder anderen öffentlichen Institutionen Ängste schüren, unabhängig davon, ob sie auf fachspezifische Kenntnisse zurückgreifen können oder nicht. Angst wird von der Weltorganisation für Meteorologie in Genf verbreitet, von den Vereinten Nationen oder von dem 1975 in Hamburg gegründeten Max-Plank-Institut für Meteorologie. Ein besonderes Beispiel für eine Institution, die von der befürchteten Eiszeit ihre Existenzberechtigung ableitet, sind die World Meteorological Organization (WMO) und der International Council of Scientific Unions (ICSU), die das Global Atmospheric Research Program (GARP) mit tausenden Forschern und großer technischer Unterstützung durch Schiffe und Flugzeuge auf den Weg bringen und 15 Jahre lang am Leben erhalten. Auch die Kirchen treten als Sachkenner auf, indem sie für den Schutz der Schöpfung eintreten. Erstaunlich ist, dass die Allzuständigkeit der Kirchen, die sie auch auf dem Gebiet der Klimatologie für sich in Anspruch nehmen, allgemein fraglos akzeptiert wird.

Die Prognosen über kommende Katastrophen - und das ist eine geniale Strategie aller Katastrophen-Auguren - treffen immer zu, denn die Vorhersagen über kommende Starkregenfälle, Dürren oder außergewöhnliche Schneefälle sind so gehalten, dass weder Zeit- noch Ortsangaben für nötig erachtet werden, so dass immer irgendwo auf der Welt die angekündigten Wetter-Kapriolen eintreten und die vorhergesagte Entwicklung „bestätigen".

In einem Interview im Jahr 2007, distanziert sich Reid Bryson immerhin von seinen früheren Befürchtungen: „Das Klima hat sich immer verändert und es ändert sich schnell zu verschiedenen Zeiten. Die Auseinandersetzung, ob die Temperatur steigt oder nicht, ist absurd. Natürlich steigt sie, sie steigt seit kurz nach Beginn des 19. Jahrhunderts vor der industriellen Revolution, weil wir aus der kleinen Eiszeit kommen und nicht weil wir mehr Kohlendioxid in die Luft befördern."[221]

1975 droht uns der Kältetod, heute der Wärmetod. 1977 bringt das „Time Magazine" die Titelgeschichte „Wie die kommende Eiszeit überlebt werden kann" („How to survive the coming Ice Age") mit dem Foto eines Pinguins auf einem Eisberg. Diese Überschrift lässt keinen Zweifel zu, die Eiszeit wird sicher kommen. 30 Jahre später ist auf der Titelseite des Magazins ein einsamer Eisbär zu sehen, der auf einer schmelzenden Eisscholle ziemlich ratlos ins Wasser sieht. Jetzt heißt der Text: „Machen Sie sich Sorgen. Machen Sie sich große Sorgen." („Be worried. Be very worried.", wobei das „very" rot gedruckt hervorgehoben wird). Diese Titelgeschichten dokumentieren, dass kritischer Journalismus eine seltene Spezies ist. Das Wort „Klimakatastrophe" aber macht weiter Karriere: 2007 ernennt die Gesellschaft für deutsche Sprache den Begriff zum Wort des Jahres.

Ein neuerdings „Klimaleugner" genannter Wissenschaftler, der die gegenwärtig allüberall propagierte Klimaerwärmung durch den Menschen nicht akzeptiert, Anthony J. Sadar, resümiert nach 30 Jahren Klima-Forschung skeptisch in der „Washington Times": Die Skeptiker werden von politischen Opportunisten, von engstirnigen, arroganten Wissenschaftlern, eifernden Umweltschützern, manipulierenden PR-Beratern und von Leuten, wie beispielsweise leichtfertigen Journalisten mit oberflächlichen Kenntnissen darüber, wie Wissenschaft funktioniert, verspottet.[222]

Die „Oberschulmeister der Nation" vergessen ihre NS-Vergangenheit.

Der Naturschutzbund Deutschland e.V. NABU ist schon seit 1899 aktiv. Ursprünglich von Lina Hähnle als „Bund für Vogelschutz" gegründet, wird der Verband unter der Ersten Vorsitzenden Hähnle (bis 1938) der „Reichsbund für Vogelschutz". Während der NS-Zeit erfreut sich der Verband des Wohlwollens Hermann Görings, der den Verein als alleinigen Vogelschutzverein ausruft. Der NABU-Vorgänger „Reichsbund für Vogelschutz" ist vorbildlich hinsichtlich der Rassenpolitik, denn es dürfen nur „deutsche Staatsangehörige deutschen oder artverwandten Blutes" Mitglied werden.

Lina Hähnle hat die NS-Zeit freudig erregt mit einem „sieghaften Heil auf unseren Volkskanzler" begrüßt und hat in diesem Sinn „die freudige Gefolgschaft des Bundes" angeboten. Die Belohnung hat darin bestanden, dass der „Reichsbund für Vogelschutz" der Monopol-Verein im Deutschen Reich für den Vogelschutz wird. Auch der „Bund Naturschutz" begrüßt die NS-Zeit mit Begeisterung, indem der Verband kund tut: „Keine

Zeit war für unsere Arbeit so günstig, wie die jetzige unter dem Hakenkreuzbanner der nationalen Regierung."[223]

In den 1970er Jahren lassen die großen und wohlhabenden Naturschutzverbände die NS-Geschichte in den Schubladen verschwinden, was besonders pikant ist, weil sich die jüngere ökobewegte Generation innerhalb weniger Jahre zu den „Oberschulmeistern der Nation" aufschwingt und „unter allgemeinem Jubel verkündet, was von nun an moralisch in Ordnung und politically correct sei", schreibt der kritische Autor Michael Miersch in der „Welt".[224]

Wenn der NABU auch untätig in der Bewältigung der Vergangenheit ist, so ernennt der Verband jedoch regelmäßig medienwirksam einen „Vogel des Jahres". 1975 ruft der NABU den Goldregenpfeifer zum „Vogel des Jahres" aus, dessen Ruf „ein weiches, bisweilen ansteigendes tlüh" ist. „Bei Gefahr liegt die Betonung häufig auf der Endsilbe (plüüé)", erfährt der Naturfreund.

1975 werden die Aktivitäten des NABU ausgeweitet, der Verband trägt jetzt den Untertitel „Verband für Natur- und Umweltschutz" und verkündet, sich stets gegen den Bau von Kernkraftwerken und Deponien zu wenden, wenn dadurch wichtige Naturlandschaften oder Schutzgebiete gefährdet werden und fügt hinzu, dass dies grundsätzlich für alle Bauvorhaben gelte. Der Verband ist sehr erfolgreich in der Verhinderung von Projekten.

***

NABU und Konsorten sind sehr erfolgreich in der Verhinderung der Modernisierung der Infrastruktur.

Die Zahl der Projekte, die der NABU zur Strecke gebracht hat, ist beachtlich. So wird das Planfeststellungsverfahren zum Bau einer Elbquerung in der Nähe von Kollmar gestoppt, weil das Zufluchtsgebiet der Wasser- und Zwergfledermaus beeinträchtigt würde.[225] Der Bau der Umgehungsautobahn Halle (BAB 143) erleidet eine Verzögerung von mehr als 18 Jahren, ein Ergebnis, das der NABU als wichtigen Erfolg feiert. Von der Autobahn in Halle würden 25 Libellenarten und die Furchenbiene Halictus Smaragdulus bedroht.[226] Ob die schon vor vielen Jahren geplante Autobahn A 20 je zu Ende gebaut wird, ist offen, denn der NABU sieht zusammen mit dem BUND die Flugrouten von Fledermäusen gefährdet.[227]

Der Bau der Dresdner Waldschlösschenbrücke verzögert sich jahrelang, weil die Kleine Hufeisennase, auch eine Fledermausart, Probleme kriegen könnte. Um die Brücke bauen zu können, erhält die Kleine Hufeisennase für 220.000 Euro Strauchkorridore an der Elbe. Leider hat noch niemand die scheue Kleine Hufeisennase in Dresden gesichtet.[228] Auch über den Wachtelkönig (Crex Crex) könnte berichtet werden, welche Bauprojekte der niemals gesichtete, sondern nur gehörte Vogel mit Hilfe des NABU verhindert hat (Gewerbegebiet Hamburg, Trasse der Autobahn 26).

Auch der „Kampf" um das Mühlenberger Loch, ein Becken in der Elbe, wird von NABU und BUND mit Vehemenz geführt. Das 1940 ausgehobene Becken hat als Start- und Landefläche für Wasserflugzeuge gedient. Die Erweiterung der Start- und Landebahn des Airbus-Werks, die um das Jahr 2001 einen teilweisen Rückbau des Mühlenberger Lochs auf den ursprünglichen Stand erfordert, wird von den Naturschützern abgelehnt.

Und die Sanierung der Augsburger Stadtmauer wird deutlich teurer als geplant, denn der Mauer-Ahlenläufer (Ocys quinquestriatus), der versteckt in Mauerritzen lebt, möchte nicht gestört werden. Der Käfer ist sehr zurückhaltend und zeigt sich nur zweimal im Jahr, im Frühjahr und im späten Herbst, allerdings auch nur bei 5 Grad Celsius.[229] Ob auch andere Ahlenläufer, wie der Zweifleckige Ahlenläufer, der Zwerg-Ahlenläufer oder der Vierfleck-Ahlenläufer sich in der Stadtmauer eingerichtet haben, ist nicht bekannt. Das wird ein Gutachten für 30.000 Euro klären.

Es dürfte genügen, diese wenigen Projekte aufzuführen, um über die Folgen der 1975 erweiterten Aktivitäten des NABU ein Bild zu zeichnen. Die Aktivitäten der Umweltverbände finden eine wohlwollende Resonanz in vielen Zeitungen und in den öffentlich-rechtlichen Rundfunkanstalten.

Der französische Philosoph De Chamfort hat dazu eine passende Erkenntnis, allerdings über 200 Jahre zuvor: „Il y a des siècles où l'opinion publique est la plus mauvaise des opinions" (Es gibt Zeiten, wo die öffentliche Meinung die schlechteste aller Meinungen ist).[230]

***

Der Umweltschutz wird nicht nur in exklusiven Zirkeln wie NABU und BUND betrieben, die umweltpolitische Forderungen gerne zu Lasten Dritter aufstellen. Der Umweltschutz steht durchaus auch im Blickpunkt politischer Überlegungen. Allerdings sieht die Regierung unter Bundeskanzler Helmut Schmidt den Umweltschutz unter dem Vorbehalt der konjunkturellen und finanziellen Lage der Bundesrepublik. Wie der Abwägungsprozess zwischen Ökonomie und Ökologie stattfindet, kann an dem Ergebnis des Gymnicher Gesprächs im Juli 1975 nachvollzogen werden.

Im Schloss Gymnich, einer Wasserburg im einem Stadtteil von Erftstadt in Nordrhein-Westfalen, kommen auf Einladung des Bundeskanzlers Industrie- und Gewerkschaftsvertreter sowie Wissenschaftler zusammen, um die Folgen des Konjunkturabschwungs auf die Umweltpolitik zu diskutieren. Die Industrie argumentiert schon seit langem, dass der Umweltschutz ein unproduktiver Kostenfaktor sei und Arbeitsplätze wegen der Benachteiligung im internationalen Wettbewerb gefährde. Auch werde die Investitionsbereitschaft eingeschränkt, weil sich Investitionen wegen der Anforderungen an den Umweltschutz nicht rentierten. Unterstützt wird die Industrie von den Vertretern der Gewerkschaften, weil Betriebe aufgrund neuer Umweltanforderungen von der Stilllegung bedroht seien. Insbesondere die Betriebsräte betroffener Unternehmen fordern eine moderatere Umweltpolitik.

Der von der Industrie benannte Investitionsstau von 54 Milliarden DM ist, wie sich einige Jahre später in mehreren Gutachten herausstellt, arg übertrieben, aber in der „Argumentationslogik" nachvollziehbar, denn alle Interessenverbände neigen zu großzügigen Analysen und Interpretationen, wenn es der eigenen Klientel dient.

Im Ergebnis des Gymnicher Gesprächs wird die weitere Entwicklung des Umweltschutzes zwar nicht gestoppt, aber faktisch deutlich verlangsamt, weil der Umweltschutz nunmehr nicht mehr unabhängig von den wirtschaftlich gebotenen Restriktionen fortgeführt wird. Die rückläufige konjunkturelle Entwicklung setzt deutliche Schranken.

Die Tätigkeiten und Einflussnahmen der Umweltverbände beleuchten nur ein eingeschränktes Teilgebiet der Einflussnahme gesellschaftlicher Gruppierungen. Die Zahl der Interessenverbände in der Bundesrepublik ist kaum überschaubar. Das Grundgesetz bestimmt in Artikel 9 Absatz 1 das Grundrecht auf die Bildung von Vereinen und Gesellschaften. Absatz 3 des Artikels 9 garantiert: „Das Recht, zur Wahrung und Förderung der Arbeits- und Wirtschaftsbedingungen, Vereinigungen zu bilden, ist für jedermann und für alle Berufe gewährleistet." Davon wird reichlich Gebrauch gemacht und versucht, gesellschaftliche Partikularinteressen zum eigenen Nutzen durchzusetzen.

Die Industrieverbände sind nicht besser als die Umweltschutzverbände, arbeiten aber diskreter.

Einer der einflussreichsten Verbände ist der Bundesverband der Deutschen Industrie (BDI), an dessen Spitze 1975 Präsident Hans-Günther Sohl steht, ein ehemaliges NSDAP-Mitglied und ehemaliger Wehrwirtschaftsführer der Reichsvereinigung Eisen. Seit 1973 kann Sohl sich mit dem Bundesverdienstkreuz mit Stern und Schulterband schmücken. Die gesellschaftliche Stellung des BDI ist eindeutig: Präsident Sohl kritisiert den Umverteilungsprozess zugunsten der Arbeitnehmer und die dadurch verursachte Schrumpfung der Unternehmensgewinne.[231] Konsequent fordert der BDI eine „Änderung der Modalitäten im Verteilungskampf" und eine „Korrektur der Einkommensverteilung zugunsten der Unternehmergewinne."[232] Diese Forderung wirkt befremdlich, denn die Arbeitgeber haben an der Entwicklung der Löhne in der Bundesrepublik als Tarifpartner der Gewerkschaften mitgewirkt. Der Ruf nach dem Staat zur Korrektur einer selbst mit gestalteten gesellschaftlichen Entwicklung gehört nicht in das System der Marktwirtschaft, das sonst gerne immer wieder gefeiert wird.

Der BDI ist die Dachorganisation zahlreicher Mitgliedsverbände, wie dem Verband der Automobilindustrie (VDA) oder dem Zentralverband der Elektrotechnischen Industrie (ZVEI).

Am Beispiel ZVEI lässt sich zeigen, wie wichtig die Einflussnahme des Verbandes auf die öffentliche Hand ist, um die Inlandsnachfrage nach elektrotechnischen Erzeugnissen zu steigern. Im Bereich der Nachrichtentechnik ist die Deutsche Bundespost der bedeutendste inländische Nachfrager. Daher erstaunt es nicht, dass der ZVEI sich in der Diskussion um eine Öffnung des Wettbewerbs die Vorstellungen von Siemens, einem der Hauptlieferanten der Bundespost, zu eigen macht und für das Monopol der Bundespost im Fernmeldewesen eintritt.[233] Öffentliche Auftraggeber, wie Bundespost, Bundesbahn, Rundfunkanstalten und Energieversorgungsunternehmen ordern etwa ein gutes Viertel der starkstromtechnischen Güter der Branche.

Der Verband der Automobilindustrie VDA, der einer der wichtigsten Interessenverbände der Bundesrepublik ist, arbeitet fast im Verborgenen. Mit dem ZVEI hat der VDA eine ausgeprägte Zurückhaltung in der Darstellung der Aktivitäten des Verbandes gemeinsam, die darauf abzielen, sich in der Öffentlichkeit als unbedeutend darzustellen. Beide Verbände verzichten in ihrer Selbstdarstellung auf Rückblicke ihrer Tätigkeiten in der Vergangenheit. Nur gelegentlich treten die Verbände anlässlich besonderer Jubiläen mit Eigendarstellungen an die Öffentlichkeit.

Gesellschaftspolitisch aktiv wird der VDA Mitte der 1970er-Jahre als in Folge der vom US-Ökonomen Dennis Meadows in einer Studie des Club of Rome („Grenzen des Wachstums") neue Akzente in der Verkehrspolitik mit dem Ausbau öffentlicher Verkehrsmittel zu Lasten des Individualverkehrs angekündigt werden. „Der VDA sieht in dem (…) Konzept einen ersten Schritt in einer Reihe von Maßnahmen, die auf eine staatliche Bevormundung des Bürgers abzielen - ein Schritt auf dem Weg in die kommandierte Gesellschaft."[234] Das ist angesichts des nach wie vor betriebenen Ausbaus der Straßen heftig übertrieben, zeigt aber deutlich die ideologische Ausrichtung des Verbandes. Und der VDA legt noch nach, „man", wer auch immer gemeint sein mag, wolle auf verkehrspolitischem Weg „weltanschaulichen Theorien zum Durchbruch (…) verhelfen."[235]

Der „Marsch durch die Institutionen" linker Extremisten beginnt. Am Ende sind die Fundamentalisten sehr erfolgreich und krempeln die gesamte Gesellschaft grundlegend um.

Die weltanschaulichen Theorien, vor denen der VDA warnt, werden vom VDA vermutlich auch der sozialliberalen Koalition unter Bundeskanzler Helmut Schmidt zugerechnet. Da hat sich der VDA allerdings einen Gegner auserkoren, der weit entfernt davon ist, einer weltanschaulichen Theorie zum Durchbruch zu verhelfen. Denn die SPD/FDP-Regierung sucht den Weg des sozialen Ausgleichs, ohne dabei der wirtschaftlichen Entwicklung zu schaden. Die fundamentalen weltanschaulichen Auseinandersetzungen der 1968er Jahre und in der unmittelbar folgenden Zeit sind überwunden. Lediglich einzelne Gruppierungen führen den Klassenkampf fort, häufig mit Gewaltaktionen, aber auch mit dem beginnenden „Marsch durch die Institutionen".

In den Universitäten finden zahlreiche linke Wissenschaftler in der Folge der Entwicklung zur Massenuniversität und der damit verbundenen Zunahme der Studentenzahlen sowie der Ausweitung der Stellenzahl des akademischen Personals Platz für klassenkämpferische Aktivitäten. Vehement versuchen sie, den Klassenkampf zu forcieren, indem sie die bürgerlichen Wissenschaften „entlarven". Insbesondere Soziologen „kämpfen" an vorderster Front gegen bürgerliche Herrschaftsformen und -normen sowie gegen staatliche Repressionen.

Marxistisch-Leninistische Gruppen (ML-Gruppen) bilden sich nicht nur an den Universitäten, sondern diese Bewegungen versuchen auch parteipolitisch Fuß zu fassen. Dazu entsteht beispielsweise in West-Berlin eine KPD-Aufbauorganisation (KPD-AO) oder in Hamburg der Kommunistische Bund. Eine größere bundesweite Rolle spielt der Kommunistische Bund Westdeutschlands (KBW). Den Gruppierungen ist trotz aller ideologischen Unterschiede über die richtige Exegese des Marxismus-Leninismus generell gemeinsam, dass sie auf die revolutionäre Rolle des Arbeiterproletariats setzen und die revolutionäre Entwicklung in der Volksrepublik China lobpreisen. Aber untereinander sind sich die verschiedenen Gruppierungen spinnefeind und streiten sich um den wahren Weg zur

„Diktatur des Proletariats" und der „Befreiung von der kapitalistischen Knechtschaft".

Der Zustand des KBW zeigt exemplarisch, welchem Weltbild die Genossen folgen. Kaderchef des 1973 gegründeten KBW ist der 29-jährige Martin Fochler, ehemals Chemielaborant, der die „klassenlose Gesellschaft nach dem Vorbild Chinas" anstrebt, indem der bürgerliche Staatsapparat zerschlagen und die „Diktatur des Proletariats" mit Waffengewalt erkämpft wird. 1975 stehen 2500 Mitglieder des KBW als Kämpfer bereit, davon etwa ein Drittel Lehrer, die zwischen 30 und 50 Prozent ihres Gehalts für den „revolutionären Kampf der Arbeitermassen" an den KBW abführen müssen.[236]

Insgesamt etwa 80.000 bis 100.000 organisierte Mitglieder führen in kommunistischen und linksradikalen Gruppen und Grüppchen ihren revolutionären Kampf. Die tatsächliche Unterstützerszene ist jedoch weitaus größer, denn in unzähligen antiimperialistischen Komitees, Basisgruppen, Betriebsgruppen oder anarchistischen Kampfgruppen, die vielfach nur eine kurze Lebensdauer haben, wird die Systemüberwindung vorbereitet. Nach außen wirken die antiimperialistischen Kämpfer in Demonstrationen („Fahrpreiskämpfe"), Versammlungen oder in illegalen Aktionen, wie der Besetzung von Wohnhäusern („Häuserkämpfe"), Universitäten und Baugeländen für industrielle Bauten („Anti-AKW-Kampf"). Mit revolutionären Phrasen, aber auch ausgeprägter Bereitschaft für militante Aktionen, fördern die Kämpfer die Weltrevolution. Kleiner geht es nicht.

Der lautstarke Versuch, in unzähligen Demonstrationen Aufmerksamkeit zu erlangen, ist aber insgesamt erfolglos, da die Aktivisten unter sich bleiben. Der deutsche proletarische Arbeiter interessiert sich nicht für die propagierten Verheißungen nach der Revolution. Und die Zustände in der Volksrepublik China, die sich 1975 nach zehn Jahren der „Großen Proletarischen Kulturrevolution" mit bis zu sieben Millionen Toten gerade allmählich stabilisieren, verlocken nicht dazu, eine Revolution in der Bundesrepublik anzuzetteln. In der zweiten Hälfte der 1970er-Jahre beginnt der Zerfallsprozess der K-Gruppen. Allerdings lösen sich nur die Organisationen auf, zahlreiche Mitglieder setzen mit Erfolg auf ihren eigenen Marsch durch die Institutionen.

Sehr anschaulich lässt sich der Erfolg des Marsches der Systemveränderer an der Universität Bremen verfolgen.

Jens Scheer, Professor für Physik, kämpft an der Universität gegen „die kapitalistische Ausbildung und für eine Ausbildung im Dienste des Volkes." Er plädiert nicht nur für eine Patenschaft der Bremer Universität mit der kommunistischen Universität Hanoi, sondern auch für eine allgemeine Volksbewaffnung, um Polizei und Bundeswehr zu ersetzen. Den kommunistischen Studentenverband KSV unterstützt der Professor mit der Hälfte seines monatliches Gehalts. Allerdings werden seine Bezüge 1975 ohnehin auf die Hälfte gekürzt, da er vom Dienst suspendiert wird, weil er sich dabei erwischen lässt, als er Plakate für die (verbotene) Kommunistische Partei Deutschlands klebt.

Der Professor hat jedoch solidarische Professoren-Genossen, die es Scheer erlauben, dass der suspendierte Professor unter ihrem Namen weiterhin Seminare abhalten kann. Die Universität wird zum „Mekka westdeutscher Maoisten, DKP-Kommunisten und Marxisten", schreibt Reimar Oltmanns im „Stern" am 26. Juni 1975. Allerdings gibt es erhebliche Flügelkämpfe unter den linken Professoren. Der Professor für Politische Ökonomie, Jörg Huffschmid, wird vom Historiker Immanuel Geiss als „verkappter Stalinist" bezeichnet, Geiss selber gilt als „verhinderter Ordinarius, der den alten Privilegien nachtrauert", der Professor für öffentliches Recht, Reinhard Hoffmann (SPD), findet für seinen Kollegen Gert Marte, Professor für Elektrotechnik, nur die Klassifizierung „kleiner E-Techniker, der als SPD-Mitglied das Geschäft der CDU besorgt." Ordinarius Geiss stellt fest, dass von den „300 Hochschullehrern 50 Prozent dogmatische Marxisten von der KPD bis Stamokap" sind.

Große Einigkeit besteht jedoch zwischen Studenten und Professoren darüber, dass Prüfungsarbeiten nicht mit den „spalterischen Zensuren des kapitalistischen Leistungssystems" beurteilt werden dürfen. Den Versuch des Bremer Bildungssenators, dennoch Zensuren einzuführen, unterlaufen die Professoren damit, dass 80 Prozent der Dissertationen mit der Spitzennote „summa cum laude" und der Rest mit „magna cum laude" ausgezeichnet werden. Die „marxistisch-leninistische Kaderschmiede" (CDU-MdB Ernst Müller-Hermann) vergibt nur Spitzennoten.[237]

Viele Studenten aus der Kaderschmiede beginnen hier ihren Marsch durch die Institutionen, unterstützt von ihren Professoren. Sie werden das gesellschaftliche Klima in den nächsten Jahrzehnten wesentlich beeinflussen.

Wenn der Hosenlatz eines Erwachsenen von Kindern geöffnet wird, kann überhaupt keine Rede von sexuellem Missbrauch sein.

Revolutionäre Ziele verfolgen manche Kämpfer auch im sexuellen Bereich. So wird versucht, die Homosexualität vollkommen zu enttabuisieren und straffrei zu stellen, denn noch sind in § 175 des Strafgesetzbuches - nach Reformen im Jahr 1969 und 1973 - homosexuelle Handlungen unter Männern strafbewehrt, allerdings mit der Beschränkung auf Minderjährige unter 18 Jahren. Die allgemeine Strafandrohung für Homosexualität ist bereits 1969 gefallen.

Einzelne ungenierte Aktivisten verstehen die sexuelle Revolution Mitte der 1970er Jahre auch als Bruch des Tabus sexueller Handlungen mit Kindern. Daniel Cohn-Bendit, Mitglied der Sponti-Szene in Frankfurt am Main und späterer Grünen-Abgeordneter, beschreibt in seinem 1975 erschienenen Buch „Der große Basar" seine Tätigkeit als Kindergärtner und berichtet, dass Kinder seinen „Hosenlatz geöffnet und angefangen haben (ihn) zu streicheln" und ergänzt, dass auch er die Kinder gestreichelt habe.[238] Ziel sei gewesen, in einem „kollektiven Diskurs eine neue Sexualmoral zu definieren" aber ein „sexueller Missbrauch (habe) niemals stattgefunden" antwortet Cohn-Bendit auf spätere Vorwürfe im Jahr 2001.[239] Da fragt sich der naive Leser, wann sexueller Missbrauch denn überhaupt beginnt.

Nicht nur linke Aktivisten wollen Tabus revidieren, sondern auch die bürgerliche Mitte ist dafür aufgeschlossen, wie Rudolf Walter Leonhardt, Feuilletonist der „Zeit" in mehreren Artikeln der Zeitung schon 1969 ausbreitet.[240] Dabei beruft sich Leonhardt auf Größen der Geistesgeschichte, die minderjährige Geschlechtspartner hatten, wie Edgar Allan Poe (dreizehnjährige Cousine), Georg Christoph Lichtenberg (zwölfjähriges Mädchen) oder Antoine Laurent de Lavoisier (Heirat einer Dreizehnjährigen).

Die „Zeit" veröffentlicht im selben Jahr einen langen Artikel über Wilhelm Reich, der in der Erkenntnis kulminiert, dass die Anfälligkeit für die faschistische Ideologie aus „gestauter, unbefriedigender Sexualenergie" entstehe.[241] Die „Zeit" fällt in der Vorgeschichte der Pädophilie-Diskussion der späteren Jahre auch dadurch auf, dass die Autorin Elena Schäfer sich dagegen wendet, „normabweichendes Verhalten" zu kriminalisieren, denn die soziale Schädlichkeit sei bei Pädophilie noch nie nachgewiesen.[242] Die „Zeit", nicht weiter verwunderlich bei ihren immer wieder auftretenden Entgleisungen, segelt offenbar unverhohlen im Kielwasser der Pädophilie-Bewegung.

***

Bei den Grünen ist es karrierefördernd, auf eine kommunistische Vergangenheit hinweisen zu können.

Zu den erfolgreichen Marschierern gehört Jürgen Trittin. Viele Jahre ist er Minister in der Bundesrepublik Deutschland, unter anderem Bundesumweltminister für die Partei Bündnis 90/Die Grünen (bis 2005). Die „Frankfurter Allgemeine Zeitung"[243] beschreibt seine Vergangenheit im linksextremen Kommunistischen Bund, dessen Mitglieder von dem Gedanken besessen seien, dass die Bundesrepublik ein faschistischer Staat sei. „Die KBler (haben es) vor allem darauf abgesehen, die Staatsmacht mit allen Mitteln – auch mit Gewalt – zu provozieren, um ihre repressive Fratze zum Vorschein zu bringen", schreibt die FAZ. Die Zeitung stellt die Gewaltaktionen des KB dar und endet mit der Feststellung: „Wann sich Trittin von seiner Auffassung gelöst hat, in einem im Kern 'faschistischen' Staat zu leben, ist nicht bekannt."

Winfried Kretschmann, grüner Ministerpräsident in Baden-Württemberg, hat sich 1975 in der Hochschulgruppe des Kommunistischen Bundes Westdeutschland (KBW) engagiert. Im Gegensatz zu seinem ehemaligen Genossen Trittin beschreibt Kretschmann seine Zeit im KBW immerhin als „linksradikale Verirrung", an der er sein Leben lang „knapse".

Unter der Überschrift „Grüne Ex-Maoisten"[244] listet die Partei „Die Linke", nach mehreren Zwischenschritten hervorgegangen aus der SED, einige Grüne mit maoistischer Vergangenheit auf: Reinhard Bütikofer (KBW), später Bundesvorsitzender der Grünen, Wilfried Maier (KBW), Redakteur der Kommunistischen Volkszeitung, später Umweltsenator in Hamburg, Christa Sager (KBW), später zweite Bürgermeisterin und Senatorin für Wissenschaft, Forschung und Gleichstellung in Hamburg, Antje Vollmer (KPD/AO-Gruppe Liga gegen den Imperialismus), später Vizepräsidentin des Deutschen Bundestages.

Joschka Fischer, später Bundesminister des Auswärtigen und Stellvertreter des Bundeskanzlers der Bundesrepublik Deutschland, fehlt auf der Maoisten-Liste der Linken, denn seine Mitgliedschaft in der Gruppierung „Revolutionärer Kampf" (bis 1975) ist aus Sicht der Linken offensichtlich nicht zu beanstanden, weil diese Gruppe nicht zu den maoistischen Abweichlern gehört. Der „Revolutionäre Kampf" arbeitet - auch militant in Straßenschlachten - auf die „Proletarische Revolution" in Westeuropa hin, indem politische Betriebsgruppen aus Studenten und Arbeitern in den Fabriken gegründet werden.

Lange hat es gedauert, bis die Grünen erkannt haben, dass sie ein erhebliches Problem mit der Akzeptanz oder gar Förderung pädophiler Neigungen haben. Schließlich aber haben sie ein Forschungsprojekt beim Institut für Demokratieforschung der Georg-August-Universität Göttingen unter Leitung von Prof. Dr. Franz Walter in Auftrag gegeben, das „Die Pädophiliedebatte bei den Grünen im programmatischen und gesellschaftlichen Kontext" untersuchen soll. Ein Zwischenbericht aus dem Jahr 2013 kommt zu dem vorläufigen Fazit, dass „die Grünen weder der erste noch der einzige Ansprechpartner für pädophile Aktivisten gewesen sind. Wohl aber bot die junge Partei aufgrund ihrer organisationsstrukturellen und kulturellen Eigenschaften einen besonderen Resonanzboden für Anliegen von Minderheiten und Randgruppen verschiedener Couleur." Und weiter heißt es, der Leser nimmt es mit Erstaunen zur Kenntnis: „Damit trugen sie erheblich zur weiteren Demokratisierung und Pluralisierung der deutschen Gesellschaft bei."[245] Während die erste Aussage durchaus nachvollziehbar ist, kann sich der Leser über die zweite Bemerkung zwar wundern, sollte aber berücksichtigen, dass es sich um ein Auftragsgutachten der Grünen handelt. Der Professor kommt also zu der Auffassung, dass auch Pädophilie zur Demokratisierung beitrage.

9.2. Die Kirchen - Ihr Einfluss geht zurück

Die Angst vor der Hölle ist bei Katholiken stärker ausgeprägt als bei Protestanten. Aber beide verlieren allmählich ihre Bangnis.

Selbst in der Adventszeit 1975 macht der „Spiegel" wenig Hoffnung: Der katholischen und der evangelischen Kirche laufen die Mitglieder weg.[246] In den vergangenen sechs Jahren haben eine Million Protestanten und 260.000 Katholiken der Kirche den Rücken gekehrt, ungeachtet der Drohung der evangelischen Kirche, das ewige Heil zu verlieren oder der Verkündung der katholischen Kirche, dass es für Abtrünnige „außerhalb der Kirche kein Heil" gibt und damit „ein Platz in der Hölle so gut wie sicher" sei („Spiegel").

Vor allem Jüngere und Menschen, die in größeren Städten leben, verlassen die Kirchen. Ein wesentlicher Grund für die Abkehr ist die Verpflichtung, als Mitglied einer Kirche Kirchensteuer zahlen zu müssen. Die Steuerlast der Kirchenmitglieder liegt, je nach Bundesland, bei etwa 8 bis 9 Prozent der zu zahlenden Einkommensteuer, ist also durchaus kein zu vernachlässigender Posten.

Acht Jahre vor dieser Veröffentlichung im „Spiegel", 1967, hat das Magazin in einer Repräsentativumfrage erforscht, was die Deutschen glauben.[247] Obwohl die Daten schon älter sind, dürften sie dennoch auch 1975 im Kern noch Bestand haben, denn grundlegende Überzeugungen und traditionelle Verhaltensweisen ändern sich nur langsam.

Der Anteil der regelmäßigen Kirchgänger beträgt nach den Ergebnissen der Umfrage bei den Katholiken 51 Prozent, derjenige bei den Protestanten 7 Prozent. Die meisten Kirchgänger sind davon überzeugt, dass Gott die Welt so erschaffen habe, wie es in der Bibel steht und dass daher der Mensch von Adam und Eva abstamme (62 Prozent Protestanten, 76 Prozent Katholiken). Dabei zeigt sich eine enge Korrelation zur Bildung, denn je einfacher die Schulbildung ist, desto ausgeprägter ist der Glaube an Adam und Eva. Auf die Frage, ob es die Hölle gebe, wird von evangelischen Kirchgängern zu 45 Prozent mit „ja" beantwortet, von katholischen Kirchgängern mit 76 Prozent. Die Tatsache, dass die Kirchen trotz der Bekundungen der Befragten, Sonntags regelmäßig in die Kirche zu gehen, immer leerer werden, findet ihre Erklärung in der Antwort auf die Frage, ob ein guter Christ die Kirche brauche: 69 Prozent meinen, man könne Christ auch ohne Kirche sein. Und diese Ansicht wird, wie sich 1975 zeigt, auch in die Tat umgesetzt, indem diese Christen aus der Institution Kirche austreten.

Die „Spiegel"-Umfrage „Was glauben die Deutschen" gibt auch eine bemerkenswerte Antwort auf die Frage zum gewünschten Verhältnis von Kirche und Politik: 65 Prozent der Befragten sind der Auffassung, dass sich die Kirchen zu viel in die Politik einmischen und sogar 85 Prozent bezeichnen die Politik als ein Gebiet, um das sich die Kirchen nicht kümmern sollten.

***

Julius Kardinal Höfner tut mit Hirtenbriefen sein Bestes, um die Gläubigen zum „Gehorchenkönnen" zu beeinflussen.

Beide großen Kirchen äußern sich (unabhängig von den eindeutigen Ergebnissen der Meinungsumfragen) über Glaubensdinge hinaus auch zu politischen Fragen und sind regelmäßig seit Bestehen der Bundesrepublik aktiv dabei, die Bürger zur richtigen Wahl anzuhalten. Besonders die Katholische Kirche versucht massiv, mit Hirtenbriefen, die von den Kanzeln verlesen werden, politischen Einfluss zu erhalten. So sollen nur solche Kandidaten gewählt werden, „deren christliche Grundhaltung bekannt ist und deren öffentliche Tätigkeit dieser Grundhaltung entspricht" und es sollen solche Parteien nicht gewählt werden, die „auf Grund falscher Anschauungen, seien sie sozialistischer oder liberalistischer Herkunft, wesentliche Forderungen des katholischen Glaubens" ablehnen.[248]

Das Arsenal zur Beeinflussung der Wähler beschränkt sich nicht auf Hirtenbriefe, sondern auch die „neue bildpost", ein Boulevardblatt nach Art der „Bild-Zeitung", ist ein weit verbreitetes Medium für drei Groschen, das die katholischen Leser vor dem roten Sozialismus warnt, der aus Deutschland ein Land des Untergangs mache. Da ist auch simpelste Polemik kein Tabu, wenn das Blatt den SPD-Chef Willy Brandt als „Badefreund Breschnews" darstellt, der „die Schlüsselfigur für die mögliche Sowjetisierung Europas" sei. Und Bundeskanzler Helmut Schmidt „will jetzt unsere Zukunft mit Gesinnungspartnern aufbauen, die den Kommunisten in ihrem Land in den Sattel helfen."[249]

Joseph Kardinal Höffner, seit 1969 Erzbischof von Köln und ab 1976 Vorsitzender der Deutschen Bischofskonferenz, Dr. theol., Dr. phil., Dipl.-Vw., Dr. rer. pol, Dr. rer. pol. h. c., wie der „Spiegel" detailliert aufführt, äußert sich zu allen gesellschaftlichen und wirtschaftlichen Fragen im Namen der Kirche, denn „alle Wirtschaft ist dem Sittengesetz unterstellt" und die Auslegung des Sittengesetzes ist dem „Lehramt der Kirche, Papst und Bischöfen" vorbehalten. Daher kann der Bürger dann aus berufener Quelle erfahren, was er von der Bauland-Preisbildung, der gleitenden Arbeitszeit oder Unternehmergewinnen zu halten habe.[250] Etwaigen Widerspruch zu Höffners Einsichten kontert der Bischof mit Bemerkungen wie „maßloser Emanzipation", „verwirrendem Pluralismus der permissiven Gesellschaft" oder „Subjektivismus" und ergänzt: „Gehorchenkönnen gehört zum christlichen Menschenbild."[251]

Der Nachruf des „Spiegel" zum Tod von Kardinal Höffner im Jahr 1987 zieht das Fazit: „Mit seinem sturen Festhalten am Überlieferten verkannte der oberste bundesdeutsche Katholiken-Führer wichtige innerkirchliche Entwicklungen (...). Er trug durch das Beharren auf überflüssigen Traditionen dazu bei, seine Kirche weiter ins gesellschaftliche Abseits zu manövrieren." Das steht in einem Nachruf, einer Magazin-Rubrik, in der es allgemein üblich ist, Gutes über die Verblichenen zu verkünden.

Die Evangelische Kirche ist deutlich zurückhaltender und differenzierter in der Verbreitung politischer Wahrheiten als die Katholische Kirche. Dies liegt zum einen daran, dass es enge Verbindungen zwischen der Evangelischen Kirche, insbesondere vieler evangelischer Studentengemeinden, zu unterschiedlichen politischen Bewegungen gibt, wie beispielsweise zur Studentenbewegung oder zu Befreiungsbewegungen in der Dritten Welt. Zum anderen zeigen die einzelnen Landeskirchen und ihre Vertreter eine große Bandbreite eigenständiger Standpunkte. So lehnen herausragende Theologen wie etwa Helmut Thielicke eine Verknüpfung von kirchlichem Handeln und politischen Engagement strikt ab, andere hingegen, wie Helmut Gollwitzer, Kurt Scharf oder Martin Niemöller sympathisieren mit der Studentenbewegung.

Ein in der Evangelischen Kirche gegenüber der Katholischen Kirche breiteres Meinungs- und Handlungsspektrum zeigt sich auch im öffentlichen Auftreten und der damit verbundenen öffentlichen Wahrnehmung der Spitzenrepräsentanten der Kirchen: Kardinal Höffner ist häufig in den Medien präsent, der Ratspräsident der Evangelischen Kirche Deutschlands hingegen, Helmut Claß, steht oft im Hintergrund, während die evangelischen Theologen Thielicke, Gollwitzer, Albertz, Scharf oder Niemöller einer breiten Öffentlichkeit bekannt sind und durchaus kontroverse Ansichten zu ihren jeweiligen Mitstreitern äußern. An der Ablehnung einer breiten Mehrheit der nach ihrer Ansicht zu engen Bindung von Kirche und Politik aber ändert diese Meinungsvielfalt nichts. Weder die Katholische noch die Evangelische Kirche lassen sich von der Mehrheitsauffassung spürbar beeinflussen und müssen so Jahr für Jahr weitere Kirchenaustritte konstatieren.

Rund 40 Jahre später bezeichnet sich ein gutes Drittel der Bevölkerung als konfessionslos, 30 Prozent bekennen sich zur Katholischen Kirche, 28 Prozent zur Evangelischen Kirche. Der Anteil der Sunniten liegt bei drei Prozent. Weitere Glaubensgemeinschaften, etwa 100, liegen jeweils weit unter einem Prozent der Befragten und haben teilweise nur einige hundert Mitglieder, so wie beispielsweise die Ernsten Bibelforscher (672 Mitglieder), die Reformadventisten (800) oder die Neue Kirche (200).[252]

Die geringer werdende Bindung an die Kirchen hat viele Ursachen. Die zu zahlende Kirchensteuer ist sicherlich eine naheliegende Begründung für Kirchenaustritte, aber die zunehmende Aufklärung der Menschen dürfte ebenfalls eine wichtige Rolle spielen. Aufgeklärte und informierte Menschen wenden sich von der Kirche ab, nachdem zahlreiche sexuelle Missbrauchsfälle mehrerer Mitglieder des Klerus mit anvertrauten Jugendlichen öffentlich werden oder nachdem ausufernder Luxus beim Bau bischöflicher Sitze, wie beispielsweise in Limburg, bekannt werden („Protz-Bischof" („Bild-Zeitung") über Bischof Tebartz-van Elst).

Aber auch das rückwärts gewandte Erscheinungsbild der Kirche, vor allem der Katholischen Kirche, befremdet Gläubige. Die Katholische Kirche vermittelt das Bild des Mittelalters und hat Schwierigkeiten in der Neuzeit anzukommen. Galileo Galilei, der die Richtigkeit des heliozentrischen Weltbildes Kopernikus' bestätigt, wird 1633 verurteilt, weil dieses Weltbild der Bibel widerspricht, und es dauert bis 1992, dass Galileo Galilei von der Römisch-Katholischen Kirche rehabilitiert wird.

Allerdings sind die hartnäckigen Eiferer nicht nur in der katholischen Kirche zu finden, sondern - allen Mythenbildungen zum Trotz - auch bei den Protestanten. Nach Josua 10, 12-13 ließ Gott die Sonne für einen Tag anhalten, damit die Israeliten die Amoriter bei Tageslicht bekämpfen könnten, woraus Luther dann abgeleitet hat, dass die Sonne sich bewegt haben müsse: „Wie die Heilige Schrift zeigt, hieß Josua die Sonne stillstehen und nicht die Erde." Im übrigen zeigt die Einführung des gregorianischen Kalenders im Jahr 1582, der auf den Berechnungen Kopernikus' beruht, dass die Katholische Kirche nicht so eng am tradierten Weltbild fest hing, wie ihr oft unterstellt wird. Eiferer gibt es in allen Religionen und ihren unzähligen Ausprägungen.[253]

9.3. Die richtige Gesinnung und richtiger Sprachgebrauch

Seit 1972 haben solche Bewerber für den öffentlichen Dienst Schwierigkeiten eingestellt zu werden, die Zweifel an ihrer aktiven Verfassungstreue erwecken. Die „Grundsätze zur Frage der verfassungsfeindlichen Kräfte im öffentlichen Dienst", auch „Radikalenerlass" genannt, erlauben es, vor allem Linksextremisten oder Kommunisten eine Einstellung zu verweigern. Zwar gilt der Erlass auch gegenüber Rechtsradikalen, er wird jedoch bei den rechten Extremen kaum angewandt. Folgerichtig entbrennt die Kritik an den sogenannten Berufsverboten daher vor allem im linken Spektrum an den Universitäten und in linksorientierten Medien. Große Demonstrationen gegen die Berufsverbote finden in vielen größeren Städten statt, so in Berlin, als im November 1975 rund 10.000 Demonstranten gegen den Radikalenerlass auf die Straße gehen.

Der Radikalenerlass stößt nicht nur in Deutschland auf Kritik, sondern auch international melden sich ablehnende Stimmen. Der französische Politologe und Sorbonne-Professor Alfred Grosser beispielsweise, der 1933 als Jude aus Deutschland geflohen ist, weist im Oktober 1975 darauf hin, dass die Bundesrepublik kein Problem damit hatte, Beamte, Richter oder Professoren aus der NS-Zeit selbst dann in den öffentlichen Dienst zu übernehmen, wenn sie 1945 als extrem belastet eingestuft worden waren.[254] Dass der französische Sozialistenführer François Mitterand sogar ein „Komitee zur Verteidigung der bürgerlichen und beruflichen Rechte in der Bundesrepublik Deutschland" gründet, ist wohl einem unkalkulierten Überaktionismus geschuldet, der allerdings ohne Folgen bleibt, weil kaum jemand Kenntnis von diesem Komitee nimmt.

Die Anzahl der vom Radikalenerlass Betroffenen, sei es, dass sie aus dem Staatsdienst entlassen werden, sei es, dass sie nicht eingestellt werden, kann nur grob geschätzt werden, weil es keine Statistiken gibt. Schätzungen gehen von 2.000 bis 3.000 direkt Betroffenen aus.[255] Der politische Schaden ist nicht messbar, wird aber deutlich in einer Äußerung des Bundeskanzlers Helmut Schmidt, der feststellt, dass mit Kanonen auf Spatzen geschossen worden sei. Da hat Helmut Schmidt aber noch nicht den erfolgreichen Marsch durch die Institutionen der nicht vom Radikalenerlass Betroffenen voraus gesehen. 1979 wird der umstrittene Erlass im Bund aufgehoben, die Bundesländer folgen später. Bayern wartet bis zum Jahr 1991, um den Radikalenerlass zu streichen.

***

Sogenannte Radikale haben es schwer, in den öffentlichen Dienst übernommen zu werden, nicht aber Mitglieder und Sympathisanten von etablierten Parteien. So zeigt eine Untersuchung aus dem Jahr 2003[256], wie eng die parteipolitische Bindung öffentlich Bediensteter in Hamburg ist. Im Ergebnis zeigt sich, dass rund 60 Prozent der Hamburger Beamten eine eindeutige Präferenz zu einer Partei haben und dass die Neigung eindeutig zur SPD geht. Etwa 28 Prozent der Beamten bevorzugen die SPD, gefolgt von etwa 20 Prozent, die mit den Grünen sympathisieren. Weit abgeschlagen ist die CDU, der nur 11 Prozent den Vorzug geben. Je höher die Beamten in der Hierarchie stehen, um so ausgeprägter ist ihre Sympathie für die SPD. Es geht aber nicht nur um Sympathien für die Parteien, sondern auch um die Frage, ob das Beamtentum parteiisch politisiert ist. Und hier ist Aufmerksamkeit angebracht, denn 71 Prozent der befragten Beamten sehen die Behauptung der Parteipolitisierung ihres Berufsstandes als zutreffend an.

Ein Vergleich in der zitierten Studie mit den Beamten in den Bonner Ministerien und Verwaltungen aus den 1970er Jahren zeigt keine grundsätzlichen Abweichungen zu den Hamburger Ergebnissen, ist jedoch in einer Hinsicht bemerkenswert, weil in den Bonner Ministerien die Bereitschaft zu einer stärkeren Politisierung der Verwaltungsorganisation mit der Höhe der Gehaltsgruppe zunimmt. Verwaltungshandeln, das nach dem Verständnis des Berufsbeamtentums eigentlich parteipolitisch neutral gestaltet sein sollte, dürfte damit nach eigener Einschätzung der befragten Beamten in der Bundesrepublik der 1970er Jahre diesem Anspruch nicht genügen. Auch heute bleiben angesichts der Hamburger Untersuchung Zweifel, ob das Rollenverständnis des Beamtentums hinsichtlich einer zu erwartenden neutralen Verwaltung der tatsächlichen Ausprägung des staatlichen Handelns entspricht.

***

In der Zeit des Nationalsozialismus sind auf der Grundlage des Gesetzes zur Wiederherstellung des Berufsbeamtentums vom 7. April 1933 zahlreiche Berufsverbote gegen jüdische oder politisch missliebige Beamte ausgesprochen worden. Ziel des Gesetzes ist es gewesen, die rassenpolitischen Zielsetzungen der Nationalsozialisten durchzusetzen und den öffentlichen Dienst mit dem Nationalsozialismus gleichzuschalten.

Die richtige parteipolitische Gesinnung schadet der Karriere eines Beamten weder im NS-Staat, noch Mitte der 1970er Jahre oder heute. Insofern wirken die Parteien in der Bundesrepublik, wenn auch vielfach indirekt, in das Verwaltungshandeln hinein.

„Der Verderb der Sprache ist der Verderb des Menschen."

Mitte der 1970er Jahre ist das „Berufsverbot" aufgrund des Radikalenerlasses in den Sprachgebrauch übergegangen, obwohl nicht die Berufsausübung verboten wird, sondern bestimmte Tätigkeiten im Staatsdienst untersagt werden. Der Gebrauch dieses Wortes zeigt, wie durch bewusste Übertreibungen, Ungenauigkeiten oder Verfälschungen politische Wirkungen erzielt werden können, die den tatsächlichen Gegebenheiten nicht entsprechen. Diese subtile Propaganda hat das Ziel, mit Bekehrungseifer den rechten Glauben auszubreiten, wie es das „Wörterbuch des Unmenschen" unter dem Stichwort „Propaganda" aufzeigt.[257] Einer der Verfasser des „Wörterbuchs des Unmenschen", Dolf Sternberger, schreibt im Vorwort zum „Wörterbuch" im November 1945, es sei „nichts gleichgültig an der Sprache, und nichts so wesentlich wie die façon de parler. Der Verderb der Sprache ist der Verderb des Menschen. Seien wir auf der Hut."

Um die ausgeklügelte Manipulation durch Sprache zu erkennen, bedarf es einer ausgeprägten Sensibilität, die immer wieder mobilisiert werden muss, denn der tägliche Umgang mit manipulierten Wörtern lässt die notwendige Kritik leicht abstumpfen.

Eine beruhigende Propaganda-Wirkung soll die Bezeichnung „Kernkraftwerk" hervorrufen, die die mit dem Betrieb von Atomkraftwerken verbundenen Risiken zumindest im Sprachgebrauch nicht deutlich werden lassen soll. Das für die Atomenergie 1955 geschaffene zuständige Ministerium heißt anfangs noch „Bundesministerium für Atomfragen", wird dann aber in „Bundesministerium für Wissenschaftliche Forschung" umbenannt, weil die Assoziation zur Atombombe zu nahe liegt. Die Elektrizitätswirtschaft hält sich bis heute an die Bezeichnung „Kernkraft".

Eine ähnlich beschönigende Bezeichnung findet die Deutsche Gesellschaft für Wiederaufarbeitung von Kernbrennstoffen (DWK) für eine Atommülldeponie in der Nähe des niedersächsischen Ortes Gorleben. Die Deponie für hochradioaktiven Abfall und die geplante Wiederaufarbeitungsanlage bezeichnet die DWK als „Entsorgungspark". Nicht nur in Gorleben entstehen neue „Park"-Landschaften, sondern schnell erhalten zahlreiche Mülldeponien diese euphemistische Bezeichnung, deren Absurdität von vielen Medien, die diesen Begriff unkritisch verbreiten, offensichtlich nicht erkannt wird.

Ein negativ konnotiertes Wort der 1970er Jahre ist der „Sympathisant", der schnell mit der Terroristenszene in Verbindung gebracht wird und damit als politischer Feind entlarvt wird. Die Entlarvung der „Faschisten" wiederum ist Ziel derjenigen, die als „Sympathisanten" ausgemacht werden. In der politischen Auseinandersetzung fallen häufig Kampfbegriffe wie, „Sympathisant" oder „Faschist", um den politischen Gegner damit zu stigmatisieren unter Hintanstellung einer differenzierten Auseinandersetzung. Und die „Demokratisierung" wird zum Kampfbegriff gegen den Staat.[258]

Eine grundlegende Sprachbereinigung fordert Mitte der 1970er Jahre eine neue Frauenbewegung. Linguistinnen erkennen, dass die deutsche Sprache dringend einer Therapie bedürfe, da sie eine Männersprache sei. Ziel ist es, zumindest die sprachliche Gleichbehandlung von Frauen und Männern zu erreichen, indem jeweils die weibliche und männliche Form eines Wortes benutzt wird (Hörerinnen und Hörer, die später zu HörerInnen mit Binnen-I werden). Hinter diesen Forderungen nach Gleichbehandlung in der Sprache steckt die verquere Annahme, dass die Änderung des Sprachgebrauchs auch eine gesellschaftliche Änderung der Stellung der Frauen bewirken könne.

Der Unterschied von Arbeitern und Angestellten wird sprachlich aufgehoben, indem der Arbeitnehmer jetzt die Arbeit macht. Sofern der Arbeitnehmer Ausländer ist, wird der Ausländer, zum Mitbürger. Auch der Klassenkampf wird eingestellt, weil sich nicht mehr Arbeiter und Kapitalisten gegenüberstehen, sondern Tarifpartner sich auseinandersetzen. Im Schulbereich wird der Nachhilfeunterricht zum Förderunterricht erhöht.

Die „politische Korrektheit" korrumpiert, weil sie eine deutliche Sprache ruiniert.

Der „richtige" Sprachgebrauch ist zwar schon seit einigen Jahrhunderten insbesondere unter dem Aspekt des Einflusses fremder Sprachen auf die deutsche Sprache im Blickpunkt von Sprachkritikern. Jedoch wird die korrekte Sprache erst in den 1970er Jahren zum Gegenstand lebhafter Auseinandersetzungen zwischen Linguisten (und Linguistinnen!) mit der Ausweitung der Anforderungen auf das alleinige „Richtige", auf die politische Korrektheit, die heutige „political correctness". Dieser Begriff wird von den Befürwortern der richtigen Sprache als positive Bezeichnung für korrektes Verhalten gewertet, von den Gegnern hingegen inzwischen als Schimpfwort, da die Verhaltensweisen und der Sprachgebrauch immer weiter eingeengt werden.

An dieser Stelle möchte ich den schönen Aphorismus von Rudolf von Jhering, dem deutschen Rechtswissenschaftler aus dem 19. Jahrhundert, einfügen, der schon um 1872 erkannt hat: „Wir sind zwar die Willkür des Individuums losgeworden, haben aber die des Gemeingefühls dafür eingetauscht: hier so, dort anders, abermals der Zufall und das reine Belieben, die ihr Spiel treiben!" (Rudolf von Jhering: „Der Zweck im Recht" Wien 1872).

Ein Beispiel für die Entwicklung des Gemeingefühls in der Sprache verdeutlicht die Bezeichnung einer Schulform. Zuerst existiert die „Hilfsschule" unter diesem Namen gut einhundert Jahre lang. In dieser Schule soll behinderten Kindern Hilfe geleistet werden, doch dann wird unterstellt, dass dies diskriminierend sei und die betroffenen Kinder daher stattdessen in „Sonderschulen" gefördert werden müssen. Dies gilt allerdings nur so lange, bis Diskriminierungswächterinnen und Diskriminierungswächter auch hier eine Stigmatisierung erkennen und eine Umbenennung der Schulform in „Förderschule" durchsetzen. Die Schulform hat somit die Metamorphose von der „Hilfsschule" über die „Sonder-

schule" zur „Förderschule" durchgemacht. Bei den Umbenennungs-Aktionen spielt der Gedanke, dass die Schule das Begabungspotential bestmöglich fördern sollte, erkennbar keine Rolle. Am Ende wird die Schulform ganz abgeschafft, denn, so die neue Erkenntnis der UN-Behindertenrechtskonvention im Jahr 2009, am besten werden die Kinder in einem integrativen Bildungssystem gefördert, das Ungleichheiten zwischen begabten und weniger begabten Schülern nivellieren soll. „Inklusion" heißt das neue Zauberwort.

Die politisch korrekte Sprache wird gerne euphemistisch benutzt, um mit ihr unangenehme Realitäten zu vernebeln, wie die Bezeichnung der aktuellen Entwicklung in den arabischen Staaten zeigt, die unter dem Begriff „Arabischer Frühling" den Krieg zwischen regelmäßig diktatorisch regierten Staaten und islamistischen Terrorgruppierungen bezeichnet. Der inflationäre Gebrauch des Arabischen Frühlings in den Medien ist entweder das Ergebnis unkritischer oder fehlender Recherchen über die Gegebenheiten vor Ort oder eine bewusste Irreführung. In jedem Fall wird der Empfänger der Botschaft über den Arabischen Frühling für dumm gehalten. Übrigens: Die DDR hat hat die politische Korrektheit mit dem Begriff „Linientreue" von den Genossen gefordert. Das Ergebnis kennen wir.

Ebenso werden Gewaltexzesse, vornehmlich bei Auseinandersetzungen von Gewalttätern mit der Polizei, gern als Handlungen „erlebnisorientierter Jugendlicher" bezeichnet. Solange nur Steine und Flaschen auf Polizisten ohne Tötungsabsicht geworfen werden, nicht aber von Schusswaffen Gebrauch gemacht wird, handelt es sich bei den Taten auch nur um einen einfachen Landfriedensbruch, der üblicherweise mit einer Geldstrafe geahndet wird. Warum selbst die Polizeisprecher die Steinwürfe auf Polizeibeamte, das Anzünden von Autos oder das Plündern von Geschäften als „erlebnisorientiert" bezeichnen, ist nur vordergründig ein Rätsel, denn die beschönigende Klassifizierung passt gut in die Strategie der Vernebelung unangenehmer Tatsachen.

9.4. Ein Portugiese und andere Ausländer

1964 kommt der 38-jährige Portugiese Armando Rodrigues de Sá mit einem Sonderzug nach Köln als millionster „Gastarbeiter" in die Bundesrepublik Deutschland. (Auch mit diesem Begriff „Gastarbeiter" wird die tatsächliche gesellschaftliche Situation vernebelt). Das in den Medien vielfach verbreitete Foto, das den offensichtlich irritierten Rodrigues nach 48-stündiger Eisenbahnfahrt bei der Ankunft in Köln zeigt, dokumentiert sinnbildlich das deutsche Wirtschaftswunder. Auf dem Bild hält Rodrigues, unsicher angesichts der über ihn hereingebrochenen Ehre, ein Moped am Lenker fest, eine Zündapp Sport Combinette mit 2,6 PS, die ihm soeben unvermutet geschenkt worden ist. Auf dem Lenker des Mopeds liegt der Strauß Nelken, der auch zum Willkommensgeschenk gehört. Die Begrüßungsmusik der Werkskapelle von Felten & Guilleaume „Wem Gott will rechte Gunst erweisen" und „Auf in den Kampf, Torero" (!) hat der Portugiese Rodrigues inzwischen überstanden. Die Begeisterung über die Gastarbeiter ist groß. Zeitungen, Fernsehen und Wochenschau berichten ausführlich.

1973 wird kurzerhand ein Anwerbestopp verhängt, weil die ausländischen Arbeitskräfte, die oft zu miserablen Lohnbedingungen arbeiten, deutsche Arbeitskräfte verdrängen.

Die Erkenntnis, dass die wachsende Zahl der Ausländer zu schweren sozialen Spannungen führen wird, ist schon 1975 kein Geheimnis mehr.

Im Jahr 1975 leben 3,9 Millionen Ausländer in der Bundesrepublik Deutschland, von denen 2,3 Millionen ausländische Arbeitskräfte sind. Der Anteil der ausländischen Arbeitskräfte an der Gesamtzahl der Beschäftigten liegt jetzt bei 10 Prozent. Gegenüber dem Stand vor 10 Jahren hat sich dieser Anteil verdoppelt. Das größte Kontingent der ausländischen Arbeitskräfte wird von Türken gestellt (590.000), gefolgt von Jugoslawen (470.000), Italienern (370.000) und Griechen (225.000). Die ausländischen Arbeitskräfte sind meist nur an einer vorübergehenden Tätigkeit in der Bundesrepublik interessiert und betreiben daher nur selten einen Nachzug ihrer Familien, behauptet zumindest die CDU in Ihrer Broschüre „Argumente Dokumente Materialien" zur „Ausländerpolitik der CDU" vom Oktober 1975 und unterstreicht die Notwendigkeit der Beibehaltung des Anwerbestopps.

Die Bundesregierung ist deutlich rigoroser und konkreter und hat daher schon am 11. Juni 1975 beschlossen, Arbeitserlaubnisse für Ausländer nur zu erteilen, wenn es den Arbeitsämtern nicht gelingt, die Arbeitsplätze mit Deutschen zu besetzen. Auch eine weitergehende Begrenzung des Zuzugs von Ausländern in überlastete Wohngebiete oder eine Begrenzung des Arbeitslosengeldes für arbeitslose Ausländer ist vorgesehen.[259]

Besonders der Bundesminister für Arbeit Walter Arendt (SPD) macht sich stark für eine verschärfte Ausländerpolitik und fordert, die Zahl der in der Bundesrepublik schaffenden und stempelnden Gastarbeiter müsse so stark wie möglich verringert werden. Der „Spiegel" schreibt, Arendt sorge „sich um die wachsende Zahl von Ausländern in der Bundesrepublik, die bei anhaltender hoher Arbeitslosigkeit auch westdeutscher Arbeitender keinen Job mehr finden und in Großstadt-Gettos zu Randgruppen mit sozialer Sprengkraft werden."[260] Und geradezu prophetisch ergänzt der „Spiegel": „Das schwierigste Problem jedoch, so argumentieren die Rausschmeißer in Walter Arendts Haus, wird erst in einigen Jahren drängend. Die erste Generation der Ausländer findet sich noch mit dem Leben in Gettos und als Außenseiter ab, weil sie das alles mit Hinter-Anatolien vergleichen, und schon fühlen sie sich hier wieder sauwohl" (ein Arendt-Mitarbeiter). Die jetzt heranwachsende zweite Generation aber vergleiche die deutsche Gastarbeiter-Welt mit der deutschen Umwelt: „Schwere soziale Spannungen seien unausweichlich."

Der Deutsche Gewerkschaftsbund positioniert sich eindeutig, indem der ehemalige Leiter der Abteilung ausländische Arbeitnehmer beim DGB die Haltung vieler Betriebsräte auf einer Tagung im Oktober 1975 konkretisiert: „Diejenigen, die glauben, daß die deutschen Gewerkschaften oder die Bundesrepublik Deutschland eine Politik machen würden, die zuließe, daß es Millionen deutsche Arbeitslose gibt, während die Ausländer in Arbeit sind, irren, das kann man von uns auch nicht erwarten, das wäre eine Illusion."[261]

In der folgenden Zeit zeigt sich, dass es zu keiner einheitlichen Konzeption der Ausländerpolitik in der Bundesrepublik kommt, denn schon im Bundeskabinett gibt es, außer in der Politik des Arbeitsministers, keine stringente Zielsetzung, weil Außenministerium, Innenministerium oder Finanzministerium unterschiedliche Vorgehensweisen und Interessen verfolgen. Insbesondere die FDP spricht sich für einen uneingeschränkten Zugang zum deutschen Arbeitsmarkt aus und für eine unbegrenzte Aufenthaltsberechtigung der Ausländer nach fünf Jahren in der Bundesrepublik.[262] Die SPD sieht den im November 1973 beschlossenen Anwerbestopp als vorübergehend an, hält jedoch daran fest, als sich die Lage am Arbeitsmarkt nicht bessert. Wenn überhaupt eine gemeinsame politische Strategie der sozial-liberalen Koalition erkennbar ist, soll der Zuzug von Ausländern begrenzt werden und die Rückkehr in die Heimatländer gefördert werden. Dazu soll einerseits die kulturelle Bindung an die Heimatländer erhalten bleiben, aber auch die Integration der Ausländer in der Bundesrepublik gefördert werden.

Diesen Widerspruch zwischen der Förderung der Integration und zwischen einer erwarteten Rückkehr in die Heimatländer löst diese Bundesregierung nicht und lösen die künftigen Bundesregierungen bis heute nicht.

Die Zahl der Ausländer wächst indessen vor allem durch Familiennachzug ununterbrochen weiter an. Aber auch Asylbewerber wandern ein und der Geburtenüberschuss bei den Ausländern führt zu einer steigenden Zahl der Ausländer.

Armando Rodrigues ist 1979 in Portugal gestorben, sein Moped steht heute im Haus der Geschichte in Bonn.

Zum Jahresende 2014 leben laut Ausländerzentralregister (AZR) 8,2 Millionen Ausländer in Deutschland, so viele Menschen wie nie zuvor seit Einführung des Registers im Jahr 1967. Den größten Anteil bilden Türken mit 1,5 Millionen Ausländern, gefolgt von Polen (675.000), Italienern (575.000), Rumänen (355.000) und Griechen (328.000).[263]

Den größten Zuwachs im Jahr 2014 aus der Europäischen Union haben Rumänen (+88.000 = +33 %), Polen (+64.000 = +10 %) und Bulgaren (+ 36.000 = +25 %). Aus den Nicht-EU-Staaten kommen vor allem Syrer (+ 61.000 = +108 %).[264] Es handelt sich um registrierte Zuwanderer. Die Zahl der nicht registrierten, Zuwanderer, vor allem derjenigen, die im Jahr 2015 über die Grenzen ohne Kontrolle strömen und derjenigen, die seit längerem illegal im Land sind, dürften sich auf einige hunderttausend Menschen belaufen. Im Jahr 2015 sind laut Bundesministerium des Inneren rund 1,1 Millionen Asylsuchende registriert worden, jedoch kann nicht festgestellt werden, ob diese Zahl der Realität entspricht. Die Gründe für die unzureichende Validität der Daten liegt in der fehlenden erkennungsdienstlichen Behandlung der Asylsuchenden und der fehlenden Erfassung persönlicher Daten.

Die Asylsuchenden werden inzwischen nicht mehr mit Blumen und Moped begrüßt, wie der Gastarbeiter Armando Rodrigues noch fünfzig Jahre zuvor. Damals sind Arbeitskräfte gekommen, die im Ausland von Agenturen als geeignete Mitarbeiter ausgewählt worden sind. Jetzt hingegen strömen Asylsuchende über die Grenzen, die zu einem großen Teil als Analphabeten oder zumindest als funktionale Analphabeten eingestuft werden müssen und daher in einer komplexen Arbeitswelt als schwer in den Arbeitsprozess integrierbar gelten. Es droht, dass viele Zuwanderer dauerhaft Kostgänger des Sozialstaats bleiben und auch zumindest die nachfolgende Generation abgehängt bleibt, weil die Bildungschancen in diesem Milieu kaum wahrgenommen werden.

„Deutschland ist ein weltoffenes und gastfreundliches Land. Mit einem Anteil der Ausländer an der Bevölkerung von 9 % nimmt Deutschland unter den großen westlichen Industrienationen den Spitzenplatz ein. Die Zahl der in Deutschland lebenden Ausländer hat seit 1972 von 3,5 Millionen auf 7,3 Millionen zugenommen, die der sozialversicherungspflichtig beschäftigten Ausländer ist dagegen von 2,3 Millionen auf 2,0 Millionen zurückgegangen. Die Ausländerarbeitslosigkeit hat sich in dieser Zeit massiv erhöht und liegt heute doppelt so hoch wie in der Gesamtbevölkerung. Die Zuwanderung erfolgte also überwiegend nicht in Arbeitsplätze, sondern in die sozialen Sicherungssysteme." Diese Erkenntnis stammt aus dem Wahlprogramm der CDU/CSU aus dem Jahr 2002.[265]

Eine Umsetzung in politische Entscheidungen ist aus der Erkenntnis von CDU/CSU nicht festzustellen. In den folgenden Jahren ist keine Umkehr aus dieser Entwicklung zu bemerken, wie die Bundesagentur für Arbeit im Oktober 2014 notiert: „Seit Mitte der 90er Jahre ist die Erwerbsneigung der Deutschen spürbar stärker gestiegen als bei Ausländern" und „die (sozialversicherungspflichtige) Beschäftigungsquote der Ausländer war im Juni 2013 mit 35,8% erheblich kleiner als die der deutschen mit 56,2%."[266]

9.5. Die politischen Parteien

Egal, wie die Wahlen ausgehen, die FDP bestimmt, wer Kanzler wird.

1975 wird in Stuttgart eine neue rechtskonservative politische Partei gegründet, die AVP, die „Aktionsgemeinschaft Vierte Partei". Die Schreibweise ihres Namens weist auf das Ziel dieser Partei hin, endlich neben CDU/CSU, SPD und FDP dauerhaft eine vierte Kraft in der Bundesrepublik zu etablieren. Der Erfolg dieser Partei bleibt überschaubar, denn sie erhält bei der Bundestagswahl im folgenden Jahr 1976 gerade einmal 4723 Stimmen mit einem Anteil von 0,0 %.

Der Wunsch nach einer vierten Kraft aber ist verständlich, denn trotz vieler politischer neuer Gruppierungen ist die Lage der etablierten Parteien komfortabel, weil die Überlebensdauer der meisten Neugründungen kurz ist. In den vergangenen 15 Jahren sind rund 20 Parteien neu gegründet worden, wenige am rechten, die meisten am linken Rand des politischen Spektrums. So entstehen die FSP (ML), „Freie Sozialistische Partei (Marxisten-Leninisten)", die GIM, „Gruppe Internationale Marxisten", die KPD-AO, „Kommunistische Partei Deutschlands (Aufbauorganisation)" oder der SpB, „Spartacusbund" ganz weit links. Rechts versuchen die GDP, „Gesamtdeutsche Partei", die BSP, „Bayerische Staatspartei" oder die CVP, „Christliche Volkspartei" sich zu behaupten. Alle Neugründungen bleiben erfolglos.

Der Bundestag wird von den drei „ewigen" politischen Gruppierungen CDU/CSU, SPD und FDP beherrscht. Der kleinsten Partei, der FDP, die bei der Bundestagswahl 1972 lediglich 8,4 Prozent der Stimmen erhalten hat (1976: 7,9 Prozent), kommt die größte Bedeutung zu, denn die FDP bestimmt, wer von den großen Parteien den Kanzler stellt. Die FDP entscheidet mit ihrer jeweiligen Neigung entweder zu den Sozialdemokraten oder zu den Christdemokraten, welche Partei die Kanzler-Mehrheit erhält. Nach den Bundestagswahlen 1969, 1972 ,1976 und 1980 soll die SPD den Kanzler stellen, 1983 und nach den folgenden Wahlen entscheidet sich die FDP für die CDU. Die politische Welt ist in diesen Jahren sehr übersichtlich.

***

Die FDP hat in den 1970er Jahren im Vergleich zu früheren Jahren ein liberales Profil, nachdem eine längere Nachkriegsphase mit einer deutlichen Orientierung zu konservativem Gedankengut und sogar einer fragwürdigen Nähe zu nationalistischen Kräften überwunden ist. So hat die FDP 1951 die Freilassung aller „sogenannten Kriegsverbrecher" gefordert und die Gründung des „Verbands Deutscher Soldaten" begrüßt. Der ehemalige persönliche Referent von Joseph Goebbels, Werner Naumann, hat im FDP-Landesverband Nordrhein-Westfalen mit einer Gruppe von NS-Funktionären sogar versucht, die FDP zu unterwandern.[267]

Die politische Neuorientierung hin zu einer liberalen Partei wird 1971 durch die Verabschiedung der „Freiburger Thesen" erreicht, die einen „Sozialen Liberalismus" zum Ziel haben. In vier Thesen wird der Liberalismus als Parteinahme für Menschenwürde durch Selbstbestimmung und für Fortschritt durch Vernunft definiert sowie die Demokratisierung der Gesellschaft und eine Reform des Kapitalismus gefordert. Der letzte Punkt wird mit den „Kieler Thesen" 1977 relativiert, indem die Partei sich auf eine Verbesserung der Vollbeschäftigung ausrichtet und eine Annäherung an die CDU vorbereitet.

***

Helmut Schmidt hat es der Stasi zu verdanken, dass er 1975 Kanzler ist.

Die CDU muss sich 1975 immer noch mit der Rolle der Opposition abfinden. 1972 ist der Versuch der CDU/CSU gescheitert, Bundeskanzler Willy Brandt im Bundestag durch ein konstruktives Misstrauensvotum abzulösen und den CDU-Oppositionsführer Rainer Barzel zum Bundeskanzler zu wählen. Die sicher geglaubte absolute Mehrheit für Barzel hat die CDU/CSU trotz der Zusage zweier FDP-Abgeordneten, für die Christdemokraten zu stimmen, verfehlt. Später stellt sich heraus, dass der CDU-Abgeordnete Julius Steiner gegen Zahlung von 50.000 DM, die er vom Ministerium für Staatssicherheit der DDR erhalten hat, nicht für Barzel gestimmt hat. Der CSU-Abgeordnete Leo Wagner, bis 1975 parlamentarischer Geschäftsführer der CDU/CSU-Bundestagsfraktion, in der Nebentätigkeit unter dem Decknamen „Löwe" inoffizieller Mitarbeiter der Stasi, so berichtet der „Spiegel" im November 2000, habe sich, was Wagner bestreitet, ebenfalls gegen Zahlung von 50.000 DM der Stimme enthalten.[268] Wie es auch gewesen sein mag: Mit großer Wahrscheinlichkeit kann angenommen werden, dass die Staatssicherheit der DDR die sozialliberale Koalition gerettet hat.

Ein Bundeskanzler Helmut Schmidt wäre im Jahr 1975 ohne das Zutun der DDR im Jahr 1972 vermutlich nicht in diesem Amt. Die sozialliberale Regierung wäre eine kurze Episode geblieben.

***

Die Gründung der CDU ist unmittelbar nach Beendigung des Krieges 1945 von ehemaligen Mitgliedern der katholischen Zentrumspartei und von Verfolgten des NS-Regimes betrieben worden. Mit der Bezeichnung „christlich" im Namen will sich die Partei auch für evangelische Christen öffnen. Seit der Gründung der Bundesrepublik stellt die CDU bis zum Jahr 1969 den Bundeskanzler.

Auch Mitte der 1970er Jahre noch sieht sich die CDU dem „Berliner Programm" (2. Fassung) von 1971 verpflichtet, in dem in der Präambel die Freiheit des Einzelnen, die Gerechtigkeit und die Chancengleichheit für jedermann sowie die Solidarität aller Bürger, die auf der Eigenverantwortung der Person aufbaut, herausgestellt werden. Diese unwidersprochen hehren Ziele kleistern jedoch ein grundlegendes Problem der Partei zu, den Gegensatz zwischen Arbeitgeber- und Arbeitnehmerflügel. Das umstrittene sozial- und wirtschaftspolitische Thema Mitbestimmung, das die Partei in Reformkräfte und einen Wirtschaftsflügel spaltet, wird heftiger ausgekämpft, seit die Partei nicht mehr in Regierungsverantwortung ist. Die Parteiführung um Rainer Barzel sieht die Notwendigkeit, dass die Partei auf die Veränderungen der 1960er Jahre reagieren und sich Arbeitern, Frauen und Jugendlichen öffnen müsse, um wieder Regierungsverantwortung übernehmen zu können.

Bis 1982 muss die Partei damit warten. Aber der Bundeskanzler heißt dann nicht Rainer Barzel, sondern Helmut Kohl.

***

Die CSU fällt immer wieder durch Skandale auf, aber die Wähler beeindruckt das nicht.

Die CSU ist wie die CDU unmittelbar nach dem Kriegsende gegründet worden. Die Partei bietet zahlreichen ehemaligen NS-Funktionsträgern eine politische Wirkungsmöglichkeit, aber auch führende Mitglieder des NS-Widerstands prägen den Anfang der CSU. Die CSU versteht sich als christlich-konservative Sammlungsbewegung mit dem von Franz Josef Strauß formulierten Ziel, dass rechts von ihr keine andere demokratische Partei Platz finden solle. Die CSU ist auf Bayern begrenzt und die Partei tritt als Regionalpartei vehement für eine bayerische Eigenständigkeit ein. Bei den Landtagswahlen erreicht die CSU seit 1970 fast immer die Marke von 50 Prozent der Wählerstimmen, 1974 sogar 62 Prozent.

Seit 1961 ist Franz Josef Strauß Parteivorsitzender der CSU. Er wird es bis zu seinem Tod im Jahr 1988 bleiben und in dieser langen Zeit die Partei und ihr Bild in der Öffentlichkeit prägen.

Zumindest außerhalb Bayerns ist dieses Bild getrübt, denn das Vorleben Franz Josef Strauß' ist durch zahlreiche Skandale geprägt, die vor allem von den Magazinen „Stern" und „Spiegel" aufgedeckt werden.

So hat Strauß als Verteidigungsminister den ungeeigneten Schützenpanzer HS 30 für die Bundeswehr beschaffen lassen. Der Verbleib der Millionenbeträge für Vermittlungen dieses Geschäfts kann nicht aufgeklärt werden. Auch die deutsche Luftwaffe wird auf Betreiben Strauß' mit den Kampfflugzeugen Starfighter F 104 ausgerüstet, die wegen instabiler Flugeigenschaften häufig abstürzen. 116 Piloten verlieren dabei ihr Leben. Der auftretende Verdacht, dass Korruption bei der Beschaffung des Flugzeugs im Spiel gewesen sein könnte, wird nicht verifiziert, aber auch nicht ausgeräumt. Ein Untersuchungsausschuss des Deutschen Bundestages wird eingerichtet, um den Auftrag für den Bau von Wohnungen und Kasernen für die US-Streitkräfte in Deutschland zu untersuchen. Der Bau-Auftrag ist an die Firma Fibag Finanzbau vergeben worden, an der der Strauß-Freund Hans Kapfinger und Strauß selber indirekt als Treuhänder beteiligt sind. Der Untersuchungsausschuss kann keine Verfehlungen erkennen.

Der CSU schadet die Häufung der Skandale, mit denen ihr Parteivorsitzender in Verbindung gebracht wird, nicht. Die gängige Assoziation, den Begriff Bananenrepublik nur mit Mittel- und Südamerika in Verbindung zu bringen, greift eindeutig zu kurz.

***

Die SPD kämpft vor allem mit sich selbst: Rechts gegen links, links gegen rechts und Schmidt, Brandt und Wehner gegeneinander.

Während die CSU jahrelang in der Öffentlichkeit von einer Person, Franz Josef Strauß, dominiert wird, muss die SPD ertragen, dass drei herausragende Politiker durch anhaltenden Streit das Bild der Partei prägen.

Der Parteivorsitzende Willy Brandt und der SPD-Fraktionschef Herbert Wehner sind sich in gegenseitiger Abneigung verbunden, der SPD-Bundeskanzler Helmut Schmidt steht eher in einiger Distanz zu beiden. „Die drei von der sozialdemokratischen Troika mochten sich gegenseitig nicht, misstrauten einander zutiefst und erzählten ausgesprochen schäbige Dinge übereinander. Auch deshalb scheiterten SPD und Regierung in den frühen achtziger Jahren", resümiert der Politologe Franz Walter im „Spiegel" später.[269] Die übelste Rolle spielt nach Ansicht des Politologen Walter dabei Herbert Wehner, den er als „bösartigen Drahtzieher und stalinistisch sozialisierten Zentraladministrator der Partei" bezeichnet, Willy Brandt hingegen sieht Walter als „politisch ahnungsloses, steuerbares Leichtgewicht."[270] Der kühle, präzise Analytiker und pragmatische Bundeskanzler Helmut Schmidt hält Abstand vom Fraktionsvorsitzenden Wehner und dem Parteichef Brandt.

Die wesentliche Ursache für das spätere Scheitern der SPD und ihrer Regierung dürfte jedoch nicht so sehr in der gegenseitigen Abneigung der Mitglieder der Troika liegen, sondern darin, dass ein tiefer Riss durch die Partei geht. Flügelkämpfe zwischen eher konservativen Sozialdemokraten und links orientierten Genossen („politisch-ideologischer Messianismus", Hans-Jochen Vogel)[271] sind an der Tagesordnung. Trotz des Godesberger Programms der SPD von 1959, das die Marktwirtschaft anerkennt, setzen zahlreiche Genossen weiterhin auf Marxismus und Klassenkampf. Vor allem jüngere Genossen, unter ihnen der spätere Bundeskanzler Gerhard Schröder und der spätere Parteichef Rudolf Scharping, pflegen die marxistische Rhetorik und sympathisieren - gegen ihren Bundeskanzler - mit der Friedensbewegung. Die Entfremdung zwischen links und rechts wird zeitweise übertüncht, bleibt aber auf Dauer ein Wesensmerkmal der SPD.

***

Chamäleons wechseln ihre Farbe, ihre Körperform und sie blähen sich auf, so wie die SED. Die SED aber ist nicht so harmlos wie die Chamäleons.

Einer weiteren politischen Partei gebührt noch eine besondere Aufmerksamkeit: der Sozialistischen Einheitspartei Deutschlands (SED) mit etwa 2,3 Millionen Mitgliedern. Die SED ist in der DDR bis 1989 allein regierende Partei, die Legislative, Exekutive und Judikative beherrscht und nicht den geringsten Ansatz für demokratische Verhältnisse zulässt. Auch nach 1989 beschäftigt die SED, auch wenn sie sich später anders nennt, die Politik.

Die „Unabhängige Kommission zur Überprüfung des Vermögens der Parteien und Massenorganisationen der DDR" kommt in ihrem Schlussbericht an den Deutschen Bundestag im Juli 2006 nach 16 Jahren (!) Untersuchungstätigkeit zu dem Schluss, dass alleine das sichergestellte Vermögen der SED/PDS per Jahresende 2005 bewertet sich auf rund 1,2 Milliarden Euro beläuft. Die Kommission hebt in ihrer Darstellung das Ergebnis eines Untersuchungsausschusses des Deutschen Bundestages aus dem Jahr 1998 hervor, dass die Haltung der SED/PDS „...von Anfang an darauf gerichtet (war), einen möglichst großen Teil der in der Zeit ihrer Herrschaft angeeigneten Vermögenswerte für sich zu sichern" und eine „sorgfältig geplante Strategie der Partei zur ‚Abwehr von Angriffen auf das Parteivermögen'" bestand.

Die Kommission muss bedauernd feststellen, dass zahlreiche Transfers der SED ins Ausland nicht mehr geklärt werden können. So sind 148 Millionen Schweizer Franken unauffindbar und etwa 80 Millionen Euro sind in Luxemburg verschwunden. Infolge vieler undurchsichtiger Transaktionen verliert sich die Spur des Vermögens.

Die Genossinnen und Genossen der Partei „Die Linke" kritisieren vehement den neoliberalen Kapitalismus und betonen die tiefe Verankerung des Demokratischen Sozialismus in ihrer Partei. „Die Eigentumsformen sollten differenziert behandelt werden", heißt es bei der Linkspartei.[272] Eine differenzierte Behandlung des Eigentums testiert die „Unabhängige Kommission zur Überprüfung des Vermögens der Parteien und Massenorganisationen der DDR" in ihrem Bericht, der detailliert darstellt, wie die Millionenvermögen der SED ins Ausland verschoben worden sind. Die Heuchelei der SED/„Die Linke" ist unerträglich.

9.6. Die Frauenbewegung - Emanzipierte Kämpferinnen

Sie sei eine der „exponiertesten Journalistinnen", sagt Alice Schwarzer hemmungslos über sich selbst. Mit ihrer Militanz dürfte sie der Frauenbewegung aber eher schaden als nützen.

Die UNO-Generalversammlung ruft 1975 zum „Jahr der Frau" aus, das nach Ansicht der Vereinten Nationen ein großer Erfolg ist, denn die darauf folgende Dekade der Jahre 1976 bis 1985 wird im Anschluss an das Jahr 1975 kurzerhand zur „UN-Dekade der Frau" erklärt.

Schnell wird die Proklamation der UNO von Feministinnen als Versuch der Vereinnahmung und Verwässerung feministischer Ziele gebrandmarkt und in „Consciousness-Raising-Groups" (CR-Groups) zur „Bewusstseinsaufwiegelei, Bewusstseinsanstiftung, Bewusstmachung" aufgerufen.[273] In der Frauenzeitschrift „Emma" nimmt die Herausgeberin dieser Zeitschrift, Alice Schwarzer, später diesen Gedanken auf. Alice Schwarzer schreibt, dass es einer der raffiniertesten Schachzüge der Gegner des Feminismus sei, den Feminismus zu vereinnahmen und zu verwässern, indem Spannungen zwischen Radikalen und Reformerinnen, zwischen Autonomen und Mitarbeiterinnen in Parteien und Organisationen aufgebaut würden.[274]

Alice Schwarzer zeigt sich schon im Februar 1975 im WDR-Fernsehen als Radikale in einem nicht moderierten Streitgespräch zwischen ihr und Esther Vilar. Esther Vilar, Ärztin und Autorin des Buches „Der dressierte Mann", vertritt die Gegenposition zu Schwarzer mit der Auffassung, die Männer seien von Frauen Unterdrückte. Mit dem Buch der Kontrahentin mag Schwarzer sich nicht auseinandersetzen, denn das Geschreibsel entlarve sich von selbst, wie sie später feststellt.

Alice Schwarzer, die sich selbst „zu den exponiertesten Journalistinnen" zählt, behandelt ihre Gesprächspartnerin auch während der TV-Sendung fortlaufend von oben herab. „Das ist alles haarstäubender Unsinn, den Sie da geschrieben haben", „Irgendwie sind Sie eine tragische Gestalt", lässt Schwarzer verlauten. Oder aber sie droht: „Ich fühle mich doch schlicht diffamiert von Ihnen, ich könnte mir vorstellen, dass es nach dem Gesetzbuch möglich ist, so was strafrechtlich zu verfolgen." Dann versteigt sich Schwarzer zu der Bemerkung: „Sie sind nicht nur Sexistin, sondern auch Faschistin" und hält die Thesen Vilars als „reif für den 'Stürmer'", der NS-Hetzzeitschrift vor allem gegen Juden. Dies sagt sie zu der jüdisch-stämmigen Emigrantentochter Vilar. Esther Vilar nimmt alle Ausfälle Schwarzers mit bemerkenswerter Ruhe hin und ermahnt die Kontrahentin lediglich von Zeit zu Zeit, zur sachlichen Auseinandersetzung zurückzukehren. „Sie quittierte die Dauerattacken mit gleichbleibendem Lächeln - in der Boxersprache: sie zeigte nie Wirkung", schreibt der „Spiegel".[275]

Schwarzer hingegen hat später eine andere Wahrnehmung: „Ich hatte Sachverstand und Gefühl, ich inszenierte diese 45 Minuten nicht nur, ich lebte sie auch. Sehr bewusst und sehr überlegt", zitiert die „Frankfurter Rundschau" die Selbsteinschätzung von Alice Schwarzer und ergänzt: „Wer das vom WDR aufgezeichnete Gespräch heute sieht, staunt".[276]

***

Im September 1975 erscheint ein von Alice Schwarzer geschriebenes Buch, das sich in der kommenden Zeit zu einem kommerziellen Erfolg entwickelt: „Der kleine Unterschied und seine großen Folgen" mit Protokollen aus Gesprächen, in denen „Frauen über sich - Beginn einer Befreiung" (so der Untertitel des Buches) berichten. Die „Süddeutsche Zeitung" echauffiert sich am 9. Oktober 1975 über dieses Buch und die Autorin: „Um es in ihrem eigentümlichen Jargon auszudrücken: Hier hat eine ‚frustrierte Tucke' andere frustrierte Tucken schamlos exploriert, um einen Bestseller zu schreiben" und der „Spiegel" befördert Alice Schwarzer später zur „Bundesdeutschen Oberemanze" (21. März 1977). Die Medienaufmerksamkeit und die durchaus beachtliche Nachfrage nach diesem Buch ist verständlich, wenn berücksichtigt wird, dass Alice Schwarzer alle Anstrengungen macht, ihre Rolle in der Frauenbewegung herauszustellen.

Schwarzer hat, es fällt nicht leicht, eine passende Bezeichnung für Schwarzers nachschaffende Bemühungen zu finden, also, sagen wir, Schwarzer hat eine sehr bekannte intellektuelle Vordenkerin, Simone de Beauvoir, die bereits 1949 ein Grundlagenwerk der Frauenbewegung veröffentlicht hat: „Le deuxième Sexe - Les Faits et les Mythes" („Das zweite Geschlecht - Die Tatsachen und die Mythen"). Die zentrale Aussage dieses Buches lautet: „On ne naît pas femme, on le devient", („Man ist nicht als Frau geboren, man wird es"). Dieses Buch findet anfangs nur wenige LeserInnen, Mitte der 1970er Jahre aber steigt allein die deutsche Auflage in der Bundesrepublik auf 176.000 Exemplare und bis 1998 auf fast eine halbe Million Exemplare.[277]

Alice Schwarzer hat schon in den vorangegangenen Jahren mit dazu beigetragen, dass die Frauenbewegung mit spektakulären Aktionen Aufmerksamkeit erlangt, indem im „Stern" im Juni 1971 eine Titelgeschichte unter der Überschrift „Wir haben abgetrieben" erscheint. 374 Frauen bekennen sich öffentlich zu einem Schwangerschaftsabbruch. Allerdings ist diese Aktion eine, sagen wir in diesem Fall, eine Kopie einer Aktion der französischen Wochenzeitung „Nouvel Observateur", die zwei Monate vorher eine Liste mit Französinnen veröffentlicht hat, die sich ebenfalls zur Abtreibung bekannt haben. Selbst exponierteste Journalistinnen blicken offensichtlich gern über den Nachbarzaun und lassen sich inspirieren, sei es von Büchern einer renommierten Intelektuellen oder von einer französischen Wochenzeitung.

Esther Vilar berichtet im Jahr 2012 über die Folgen des Streitgesprächs mit Alice Schwarzer im Interview mit der „Zeit", sie habe Morddrohungen erhalten, bei Lesungen sei Polizeischutz erforderlich gewesen und Feministinnen hätten ihr Haus attackiert.[278] In der Konsequenz dieser Angriffe hat Esther Vilar Deutschland den Rücken gekehrt.

Auch über Alice Schwarzer gibt es Berichte aus jüngerer Zeit, die im Fazit zu einer harten Abrechnung mit der Frauenrechts-Kämpferin führen, die die Deutungshoheit über die Lage der Frauen beansprucht. Die „Süddeutsche Zeitung" sammelt im Jahr 2012 anlässlich des 70. Geburtstags Schwarzers einige Stimmen aus den vergangenen Jahren.[279]

So charakterisiert der Journalist Kay Sokolowsky Schwarzer als „eine der enervierendsten Frauen der Gegenwart. Sie hat wirklich keine Ahnung", der Psychoanalytiker Horst-Eberhard Richter befindet: „Sie ist in vielem so, wie man sich einen schlimmen Macho vorstellt." Dies bestätigen offenbar 32 ehemalige Mitarbeiterinnen der von Schwarzer gegründeten Zeitschrift „Emma", die in einem in der „Frankfurter Rundschau" veröffentlichten Brief der Herausgeberin „traurig und empört" Diffamierung der Mitarbeiterinnen unter Missachtung von Fakten vorwerfen. Die Publizistin Cora Stephan schreibt zusammenfassend, dass Schwarzer „die Genossinnen mit harter Hand auf ihre, die einzig richtige Linie also, einschwor. Alle, die nicht drauf waren, wurden im Zentralorgan „Emma" als Kollaborateurinnen mit dem Feind entlarvt." Zum Zeitpunkt dieser Zusammenstellung der „Süddeutschen Zeitung" ist noch nicht bekannt, dass Schwarzer seit etwa 25 Jahren Steuern hinterzogen hat, wie der „Spiegel" am 2. Februar 2014 schreibt. Hinter der Veröffentlichung, so vermittelt Schwarzer den Eindruck „In eigener Sache", stünde die „Prostitutionslobby", die sich an ihr rächen wolle. Da kann die „Zeit" nur noch resignieren: „Alice Schwarzers Doppelmoral ist unerträglich", aber Doppelmoral sei „besser als keine Moral", kontert Schwarzer.[280]

***

In Deutschland wird im Februar 1975 das Urteil des Bundesverfassungsgerichts zur Frage einer straffreien Abtreibung mit Spannung erwartet. Eine der Kernforderungen der Frauenbewegung ist seit Anbeginn der strafbewehrten Abtreibung im Paragrafen 218 des Strafgesetzbuches aus dem Jahr 1871 gewesen, die Selbstbestimmung der Frauen über ihren Körper zu erreichen. Die sozialliberale Regierung ist diesen Forderungen 1974 mit dem Gesetz zur Reform des Paragrafen 218 entgegengekommen und hat eine straffreie Abtreibung in den ersten drei Monaten einer Schwangerschaft verabschiedet (Fristenlösung). Die Abstimmung im Bundestag hat eine nur knappe Mehrheit für dieses Gesetzesvorhaben (247 Ja-Stimmen gegenüber 233 Nein-Stimmen) ergeben. Zahlreiche Abgeordnete aus der CDU/CSU-Bundestagsfraktion und fünf konservative Landesregierungen haben gegen diese neue gesetzliche Bestimmung beim

Verfassungsgericht geklagt. Sie warten, ebenso wie vor allem Frauen, am 25. Februar 1975 gespannt auf das Urteil des Gerichts.

Das Verfassungsgericht verwirft die Fristenregelung, weil diese der Verpflichtung des Gesetzgebers zum Schutz menschlichen Lebens nicht gerecht werde und begründet das Urteil insbesondere mit den Bestimmungen im Grundgesetz: „Jeder hat das Recht auf Leben und körperliche Unversehrtheit" sowie „Die Würde des Menschen ist unantastbar. Sie zu achten und zu schützen ist Verpflichtung aller staatlichen Gewalt." Im Folgejahr verabschiedet der Bundestag (ohne die Stimmen der CDU/CSU) eine erweiterte Indikationslösung, mit der Festlegung, dass der Schwangerschaftsabbruch weiterhin strafbar ist, aber ohne Strafverfolgung bleibt, wenn eine Abtreibung - attestiert von Beratungsstellen - aus medizinischen, ethischen oder sozialen Gründen erfolgt. Langsam wird ein liberaleres Sexualstrafrecht entwickelt.

***

Erfolgreiche Frauen exponieren sich tatkräftig im Berufsleben, nicht als Kombattantinnen, sondern im Resultat ihrer Arbeit.

Selbst wenn die Frauenorganisationen und die Vorkämpferinnen die Lage der Frauen im Jahr 1975 so darstellen, dass eine Unterdrückung ihres Geschlechts durchgehend zu beklagen sei, gibt es Ausnahmen von der Regel der Benachteiligung. Nicht nur die Bundestagspräsidentin Annemarie Renger, sondern auch die Gründerin der Instituts für Demoskopie in Allensbach, Elisabeth Noelle-Neumann, die Herausgeberin der „Zeit", Marion Dönhoff, oder die Chefredakteurin des Westdeutschen Rundfunks, Julia Dingwort-Nusseck, gehören zu diesen Ausnahmefrauen. Im weniger öffentlich exponierten Berufsleben als im Bundestag oder der Medienwelt finden sich ebenfalls Beispiele einer erfolgreichen Behauptung von Frauen, wenn etwas genauer hingesehen wird.

So berichtet der Kolumnist Ben Witter im Februar 1975 in der „Zeit" über die Inspektionsleiterin in der Hamburger Davidswache an der Reeperbahn, Kriminaloberrätin Rosmarie (ohne „e") Frommhold, der rund zwanzig weibliche und vierzig männliche Polizisten unterstellt sind.[281] Zum Gespräch mit Ben Witter stellt die Polizistin in der Davidswache die Kaffeekanne und die Cognacflasche auf den Tisch und berichtet über „die hohe Schule des Lebens", die sie auf St. Pauli kennengelernt habe. Es sei ein unglaublich lebendiger Bereich, der das ganze Leben umfasse, Prostitution, Zuhälterei, sexuelle Handlungen an Kindern und Abhängigen, Homosexualität. Rosmarie Frommhold will aufklären und nach dem Prinzip der Verhältnismäßigkeit handeln, indem sie die gesellschaftlichen Gegebenheiten, wie bittere Armut und mangelnde Bildung derjenigen, die mit dem Gesetz in Konflikt geraten, nie bei ihrer Tätigkeit vergisst. Am Ende des Gesprächs bilanziert Ben Witter, dass sie beide jeweils drei Tassen Kaffee getrunken hätten und er einen Cognac weniger als die engagierte Polizistin, zu deren Leben Reisen, Musik, Tilman Riemenschneider und, was der Leser der Reportage nicht ohne weiteres vermuten kann, die CDU-Mitgliedschaft in der SPD-Hochburg Hamburg gehören.

An dieser Stelle stellt sich die Frage, ob die emanzipierten Kämpferinnen in eigener Sache wie Alice Schwarzer und Mitstreiterinnen oder aber nicht im Focus der Öffentlichkeit arbeitende Frauen wie die Kriminaloberrätin Rosmarie Frommhold, die später in ihrer Polizeiarbeit engagiert gegen Kinderkriminalität kämpft, hilfreicher für die Frauenbewegung und die Weiterentwicklung der Gesellschaft sind. Die Antwort fällt leicht: Frau Frommhold hat der Akzeptanz von Frauen in ihren Berufen und der Gesellschaft wesentliche Impulse gegeben. Der Unterhaltungswert von Alice Schwarzer in ihrer Selbstdarstellung ist für diejenigen, die es mögen, jedoch eindeutig größer als eine erfolgreiche Berufstätigkeit einer unspektakulären Beamtin außerhalb der Medienaufmerksamkeit.

***

„Namenlose Männer" behindern die Karriere zweier linguistischer Kämpferinnen.

Mitte der 1970er Jahre hat Senta Trömel-Plötz zusammen mit Luise F. Pusch eine bahnbrechende Erkenntnis. (Die Damen heißen wirklich so und sind nicht im Kopf eines locker daher redenden Karikaturisten entstanden). Senta Trömel-Plötz und Luise F. Pusch entdecken, dass Frauen in der Sprache diskriminiert werden. In der Folge zu dieser Erkenntnis begründen die beiden Damen die feministische Linguistik und bereichern die feministische Literatur mit zahlreichen Elaboraten.

Ihre Kritik an der männlich dominierten Sprache umfasst die männlich geprägten grammatischen Strukturen, aber auch die dominanten Sprechakte, mit denen männliche Gewalt ausgeübt wird. Allerdings müssen die Männer nicht hoffnungslos sein, denn auch sie können die weibliche Fähigkeit, Solidarität und Verständigung im Gespräch zu erreichen, lernen. Allerdings ist der Weg zu diesem Ziel weit, denn „unsere Sprache ist sexistisch, und unser Sprachgebrauch ist sexistisch. Unsere Gesellschaft ist sexistisch, und wir sind sexistisch", urteilt Senta Trömel-Plötz.

Zu ihrem großen Bedauern ist die Welt noch nicht bereit, die Forschung der Feministinnen gebührend zu unterstützen, denn sie können nicht an deutschen Universitäten dauerhaft Fuß fassen. Den Grund für die Ablehnung einer Professur an einer deutschen Universität erkennt Senta Trömel-Plötz darin, dass von „namenlosen Männern, die keinen Namen haben, außer durch ihre bodenlose Kritik an uns", der akademische Weg verhindert wird. „Es sind Männer, von denen nie jemand hörte, die nie über ihren Fachbereich hinaus eine Einladung bekamen, gänzlich unbekannte akademische Nullen, die kein einziges Buch veröffentlichten, das von mehr als einer Handvoll Männer, die genauso unbedeutend sind wie sie, gelesen wurde."[282]

Gegenseitig versichern sich die Sprachkämpferinnen später, dass sie eine Revolution im Umgang mit der Sprache ausgelöst hätten. Es ist zu vermuten, dass die Kämpferinnen nach eigener Einschätzung nicht zu den akademischen Nullen gehören, denn zu dieser Kategorie zählen wohl nur Männer.

***

Eigentlich gehören die Künstlerinnen in ärztliche Behandlung, aber sie werden in der Kunstszene gefeiert.

Auch in der bildenden Kunst machen Frauen Mitte der 1970er Jahre mit Verve auf sich und ihre Werke aufmerksam.

So fällt die Performancekünstlerin VALIE EXPORT, deren Künstlerinnen-Namen nur in Versalien geschrieben werden soll, mit einer Performance auf, bei der sie auf öffentlichen Plätzen über ihren nackten Brüsten einen Kasten mit zwei Öffnungen trägt, in die interessierte Passanten jeweils zwölf Sekunden lang ihre Hände stecken können, um die Brüste der Künstlerin zu berühren. Für ihr Lebenswerk erhält die Künstlerin im Jahr 2015 aus der Hand der Frauenministerin Gabriele Heinisch-Hosek den Frauen-Lebenswerk-Preis des österreichischen Frauenministeriums als „eine der international einflussreichsten Künstlerinnen, die multimediale Kunstpraxis und Theorie mit einem feministischen Anliegen" verbinden.[283]

Die Body-Art-Künstlerin Gina Pane bereichert die Kunstszene mit Selbstverletzungen durch Glas, Rasierklingen oder Feuer, die, mit Fotos oder Videoaufnahmen dokumentiert, vor Publikum veranstaltet werden. Das Kunstwerk „Le Lait Chaud", schon 1972 entstanden, ist eine Aktion, bei der Gina Pane sich durch ihr weißes Hemd mit einer Rasierklinge in den Rücken schneidet und auch ihr Gesicht mit der Rasierklinge traktiert. Bei dieser einen Selbstverletzung bleibt es nicht, denn in den folgenden Jahren schneidet sie immer wieder in ihren Körper, labt sich an zerbrochenen Gläsern oder grillt sich über Kerzen auf einem Metallrost.

Die Collagekünstlerin Annegret Soltau hat das „zentrale Anliegen, körperliche Prozesse in meine Arbeit einzubeziehen und mich selbst zum Modell zu nehmen, weil ich mit mir am weitesten gehen kann" (Annegret Soltau). Und daher macht sie „Fotoübernähungen und Fotovernähungen" und „näht" sich seit 1975 durch ihre Biografie, indem sie ihre fotografischen Porträts zerreißt, neu zusammenfügt und sie mit Nadel und Faden zusammennäht. „Die Betrachter werden zu Zeugen einer schonungslos-analytischen Kunstäußerung zum Sein des Menschen", erfährt der staunende Besucher des Frauenmuseums in Bonn anlässlich einer Ausstellung im Jahr 2014.

Penny Slinger bereichert die Frauen-Kunst mit der „Wedding Invitation", die die Braut als Torte anbietet. Nachdem ein Stück aus der Torte herausgeschnitten ist, liegt der Blick nun frei auf die Scham der Braut und sie „lädt ein, von ihrer Süße zu kosten, sich an ihrer Unschuld zu delektieren", begeistert sich der „Spiegel" und hält die Darbietung für „bildstark und gewitzt".[284]

Werke dieser Künstlerinnen sind zusammen mit Werken weiterer 30 Künstlerinnen in einer Ausstellung der Hamburger Kunsthalle im Jahr 2015 vertreten. „Feministische Avantgarde der 1970er Jahre" ist diese Ausstellung benannt worden, in der mit einer „männlichen Wirklichkeit" gebrochen werden soll. Dazu soll eine Auseinandersetzung mit dem Thema Kunst und Feminismus geführt werden, bei der die „festgeschriebenen Identitäten und eine tendenziöse Machtverteilung innerhalb der Gesellschaft" überwunden, „vorgegebene strukturelle Kategorien" aufgebrochen und „neue Strukturen" etabliert werden, wie die Ausstellungsbeschreibung wortreich erklärt. Da bleibt der Kunstinteressierte sprachlos.

9.7. Die demographische Entwicklung

Ab Mitte der 1970er Jahre sterben die Deutschen langsam aus, aber dies ist jahrzehntelang kein sonderlich beunruhigendes Thema.

Eine bedeutende Entwicklung in der Gesellschaft findet nur wenig Beachtung in den Medien zu Beginn der 1970er Jahre: die demographische Frage.

Der Münchner Politikwissenschaftler und ehemalige Kultusminister Bayerns, Hans Maier, mutmaßt, dass es nach Hitlers Mutterkreuzen und nach Himmlers „Zeugungsbefehl" schwierig sei, das demographische Thema in Deutschland erneut aufzugreifen.[285] „Die Spuren der Vergangenheit schreckten. Nicht nur die Politiker, auch die Historiker umgingen das Thema Demographie", schreibt Hans Maier.

Mitte der 1970er Jahre wird ein grundlegendes Handicap der demographischen Entwicklung deutlich. Im Jahr 1964 werden noch rund 18 Geburten auf 1000 Einwohner in der Bundesrepublik gezählt, seit 1972 gibt es mehr Todesfälle als Geburten und ab 1975 ersetzen die Geborenen nur noch zwei Drittel der Elterngeneration. Diese um 1975 Geborenen kommen etwa ab dem Jahrtausendwechsel in das fortpflanzungsintensive Alter. Die geringere Zahl dieser Generation wird wiederum zu erneut sinkenden Geburten führen.

Der Anteil der unter 20-Jährigen an der Gesamtbevölkerung beträgt 1975 noch rund 29 Prozent, der Anteil der über 65-Jährigen etwa 15 Prozent. In den folgenden 40 Jahren verschiebt sich das Verhältnis zu Lasten der unter 20-Jährigen auf 18 Prozent, die über 65-Jährigen bilden jetzt einen deutlich höheren Anteil von 21 Prozent.

Immerhin entdeckt der „Spiegel" das Thema Demographie 1975 und titelt: „Sterben die Deutschen aus?"[286] Die Betonung liegt auf „die Deutschen", denn der Rückgang der Geburten liegt in der mangelnden Zeugungsfreude der deutschen Bevölkerung, die Ausländer „machen Kinder wie die Brezeln", zitiert der „Spiegel" eine Berlinerin aus dem Weddinger Virchow-Krankenhaus in Berlin. Es handele sich um eine „türkische Invasion". Jedes fünfte neu geborene Kind kommt aus ausländischen Familien, in Frankfurt am Main werden bereits mehr Gastarbeiterkinder anatolischer oder mazedonischer Herkunft als deutsche Kinder geboren.

In einer Karikatur zum „Spiegel"-Bericht hält ein strahlender Arzt, aus dem Kreißsaal in das Wartezimmer kommend, ein neu geborenes Kind hoch empor mit den Worten: „Es ist ein Deutscher!". Die drei vermutlich anatolischen Paare im Wartezimmer, die Frauen hochschwanger, die Männer mit kräftigen Bärten geschmückt, können sich der Freude des Arztes nur begrenzt anschließen, lediglich der deutsche Vater, deutlich in den

Hintergrund gedrängt, zeigt sich zufrieden. Der Rückgang der Geburtenfreude bei Deutschen wird noch nicht als Problem erkannt, denn die überdurchschnittliche Fertilität ausländischer Paare gleicht die deutsche Zurückhaltung teilweise aus.

Der Geburtenrückgang ist auch Folge der Forschungserfolge der Pharmaindustrie: Die empfängnisverhütende „Pille" verhindert ungewollte Schwangerschaften. Der Hamburger Professor Hans Harmsen, Mitbegründer von Pro Familia, schreibt dem Papst, Paul VI., indirekt einen entscheidenden Beitrag zum Geburtenrückgang zu, denn die schroffe Ablehnung des Papstes zur empfängnisverhütenden Pille habe dazu geführt, diese Möglichkeit der Empfängnisverhütung bis ins hinterste Dorf zu tragen und bekannt zu machen. Der Papst wirkt hier als besonders erfolgreiche Marketingfigur für die Pharmaindustrie. Vier Fünftel der Paare benutzen inzwischen die Pille.

Die Bevölkerungsstruktur verschiebt sich auch aufgrund einer veränderten Sterblichkeitsrate allmählich, denn die Lebenserwartung und damit das Durchschnittsalter der Menschen steigen. Der Anteil derjenigen, die jenseits des Erwerbsalters sind, nimmt entsprechend zu. Somit sind bereits Mitte der 1970er Jahre zwei deutliche Megatrends zu identifizieren, die die Bevölkerungsstruktur in den kommenden Jahrzehnten prägen werden: der Bevölkerungsrückgang und das Altern der Bevölkerung.

Eine Zuwanderung aus anderen Ländern könnte die demographischen Probleme wenn nicht lösen, so aber zumindest abmildern. Die Erfahrungen aus der Zuwanderung in den vergangenen Jahren sind jedoch eher enttäuschend, denn es kommen überwiegend wenig qualifizierte Menschen nach Deutschland.

Der Schweizer Soziologe Franz-Xaver Kaufmann, findet in der „Neuen Zürcher Zeitung" deutliche Worte, indem er feststellt, dass überwiegend wenig qualifizierte Personen aus dem Ostblock und dem Nahen Osten einwandern, deren Kinder oft nur schlecht ins Bildungssystem integriert werden.[287] *„Der Erfolg politischer Bemühungen um qualifizierte Zuwanderer blieb bisher jedoch bescheiden", konstatiert der Autor und ergänzt, es komme nicht auf das „statistische Zählen von Köpfen" an,* *also die Anzahl der Bewohner eines Landes, „sondern auf das, was in ihnen steckt". Der Zeitungsartikel wird im Jahr 2006 veröffentlicht, also weit vor dem ungesteuerten, unkontrollierten und unübersichtlichen Zustrom von vielen Hunderttausenden vorwiegend aus arabischen Ländern in jüngerer Zeit, die vor allem Deutschland als Ziel haben. Ob sich eine deutsche Zeitung gefunden hätte, diesen kritischen Text, der politisch nicht korrekt ist, aber Tatsachen beschreibt, zu veröffentlichen, ist fraglich.*

Franz-Xaver Kaufmann relativiert und reduziert das demographische Problem konsequent auf das „Humanvermögen", die Gesamtheit der gesellschaftlich nützlichen Fähigkeiten. Die Perspektive des Humanvermögens sei hilfreicher für die Klärung unserer Probleme als die demographische Perspektive. Hier zeigt sich der Autor jedoch wenig optimistisch, denn die Erziehung und Qualifizierung sei wesentlich einfacher für Einheimische als für diejenigen aus fremden kulturellen Kontexten. Das möchte im „juste milieu" aber niemand wissen.

9.8. Die neue Armut

Die „Zeit" entdeckt mit Schaudern die neue Armut, denn nicht alle Armen können sich ein Auto und eine Urlaubsreise gönnen.

Die immerwährende Prosperität des Wohlfahrtsstaates wird Mitte der 1970er Jahre in Frage gestellt, weil die wirtschaftliche Entwicklung in Folge des „Ölpreisschocks" nachhaltig gestört ist. Die politischen Parteien und die Medien entdecken in dieser Zeit das Thema Armut. Die Magazinsendung „Monitor" des Westdeutschen Rundfunks berichtet über das Armutsschicksal einer 96-jährigen Rentnerin, die „Westdeutsche Allgemeine Zeitung" wiederum schreibt über den Fernsehbericht („Sendung über Armut in Deutschland erschüttert Fernsehzuschauer", 2.6.1975) und die „Zeit" wälzt, in bester Gesellschaft mit anderen Medien, das Thema ein paar Tage später ganz breit aus.[288]

In Dortmund, dies stellt die „Zeit" mit Schaudern und Entsetzen fest, riecht es an der Eisenbahnlinie hinter der Unterführung aus den Imbissstuben nach ranzigem Fett und die Türen der Kneipen stehen offen. „Ein Mann unbestimmten Alters brütet mit wäßrigen, rotgeränderten Augen über seinem Bierglas", „vor schmutziger Fassade prangt eine in infernalischem Plastikblau angestrichene Kuppel" einer türkischen Moschee, „es riecht nach Suppe, Bohnerwachs und altem Gemäuer." Frauen „schauen aus den Fenstern, auf Sofakissen aufgestützt (...) einmal mit Kind, einmal mit Mann - bereit jede kleine Neuigkeit aufzupicken."

Und der Elendsbericht steigert sich noch, denn wir müssen erfahren, dass die Dortmunder Armen zwar Staubsauger, Kühlschrank, Waschmaschine und Fernsehgerät haben, aber bei Autos und Urlaubsreisen gibt es schon Unterschiede zu den Normalhaushalten. Das Fazit dieses „Zeit"-Artikels lautet darum, dass trotz der ständig wachsenden Flut von Sozialausgaben bei denen, die die Hilfe am nötigsten brauchen, nicht viel davon ankommt. Ob die nötigste Hilfe in der Gestellung von Autos für die Armen oder in der Finanzierung der Urlaubsreisen Minderbemittelter liegt, erläutert die „Zeit" nicht.

Die CDU hat das Thema Armut schon ein Jahr früher entdeckt. In einer Studie hat der Minister für Soziales, Gesundheit und Sport des Landes Rheinland-Pfalz, Heiner Geißler, knapp 6 Millionen Arme errechnet, das sind 5 Millionen mehr als die realen Hilfeempfänger sozialer Leistungen. Geißler macht, vermutlich mit Blick auf die konservativen Wähler der CDU, den feinsinnigen Unterschied zwischen „würdigen" Armen (Kinder, Ältere, Hausfrauen, Behinderte) und „unwürdigen" Armen („Gammler, Penner und Tippelbrüder").[289] Die CDU wendet sich in ihrer „Mannheimer Erklärung" zum 23. Bundesparteitag der CDU in Mannheim vom 23. bis 25. Juni 1975 der „Neuen Sozialen Frage" zu, die „durch den veränderten Konflikt zwischen organisierten und nicht organisierten Interessen und die unausgewogene Verteilung sozialer Lasten und Leistungen entstanden ist."

Wie die Antwort auf die „Neue Soziale Frage" ist, verrät die CDU nicht, sie ist ja in der Opposition. Der SPD-Bundesfinanzminister Hans Apel sieht keine Möglichkeiten für weitere soziale Wohltaten und konstatiert, dass Sozialpolitik nur noch durch einen Ausgleich der Gruppen untereinander finanziert werden kann. Und die für soziale Wohltaten zuständige SPD-Bundesministerin für Jugend, Familie und Gesundheit, Katharina Focke, kann keine Massenarmut erkennen. Die Berechnungen zur Armut sind - so wie fast alle Gutachten mit vordefinierten Zielsetzungen - interessengeleitet. So stellt der Sozialwissenschaftler Wolfgang Glatzer fest, dass im Kampf der Zahlen die Bandbreite der identifizierten Armen zwischen einer Million bis zu 14 Millionen beträgt.[290] Da liegt Heiner Geißler mit 6 Millionen Armen noch zurückhaltend im Mittelfeld.

Die Zahl der Empfänger von laufender Hilfe zum Lebensunterhalt bleibt trotz aller Versuche, neue Arme zu entdecken, bis zum Ende der 1970er Jahre konstant bei etwa 1,2 Millionen. In der öffentlichen Wahrnehmung hält sich das Mitleid mit den Armen in Grenzen, denn zunehmend werden Sozialhilfeempfänger als arbeitsscheu charakterisiert und gebrandmarkt. Vorreiter dieser Einordnung als „unverschämte Arme" sind zuerst die „Bild-Zeitung"[291] und danach die Illustrierte „Quick"[292], die „Deutschlands faulsten Gärtner" ausfindig gemacht haben. Ein Münchner Gärtner, der mit vollem Namen und Fotos präsentiert wird, bekäme fürs Nichtstun monatlich 1500 Mark und zusätzlich Kinobesuche sowie eine Urlaubsreise vom Staat geschenkt und könne daher in Saus und Braus leben ohne einen Finger zu rühren. Der Gärtner lebe wie im Paradies und habe geäußert, dass Arbeitslosigkeit mit einem Einkommen eines durchschnittlichen 3-Personen-Haushalts ein Idealzustand sei. Geschäftstüchtig zeigt sich der Gärtner, als er eine Broschüre mit dem Rat „Schäm Dich nicht vorm Staat - Tips für das Leben mit dem Sozialamt" (mit dickem Ausrufezeichen hinter dem Titel) veröffentlicht, um anderen Findigen den Weg zu angenehmer, sehr auskömmlicher sozialer Fürsorge aufzuzeigen.[293]

Heiner Geißler hat mit seiner Kampagne, die „Neue Soziale Frage" in den Mittelpunkt der Sozialpolitik zu rücken, die CDU als Verteidigerin der sozial Schwachen und die SPD als Verursacher der Armut dargestellt. Diese Kampagne hat die SPD hart getroffen. Zehn Jahre später lässt sich Willy Brandt in einer Fernsehdiskussion dazu hinreißen, Heiner Geißler indirekt mit dem NS-Propagandaminister Goebbels zu vergleichen: „Ein Hetzer ist er, seit Goebbels der schlimmste Hetzer in diesem Land" und ergänzt: „Soll mir doch mal einer sagen, wann es bei uns seit Goebbels einen so begabten Demagogen wie Geißler gegeben hat."[294]

Die Sozialpolitik, mit der behaupteten Ausrichtung, soziale Gerechtigkeit herbeizuführen, eignet sich gut für politische Kampagnen, nicht, um wirklich Armen zu helfen sondern vielmehr, dem politischen Gegner soziale Kälte zu unterstellen und dessen Position zu schwächen. Insofern stehen immer handfeste politische Interessen hinter der Forderung nach sozialer Gerechtigkeit. Aber auch die eigenen Motive der Sozialindustrie spielen eine wichtige Rolle bei der Forderung nach sozialer Gerechtigkeit, denn die zahlreichen Sozialverbände wollen wirtschaftlich prosperieren und kämpfen daher vordringlich für ihre eigenen Interessen, nicht aber für die Anliegen der sozial Schwachen.

Der Nobelpreisträger Friedrich August von Hayek kann mit der Bezeichnung „soziale Gerechtigkeit" nichts anfangen. Er ist nicht alleine.

Bei genauerer Betrachtung zeigt sich der Begriff „soziale Gerechtigkeit" als eine leere Worthülse, die nach Belieben und Interessenlage mit Inhalten versehen wird. Der österreichische Ökonom und Sozialphilosoph Friedrich August von Hayek wagt es 1977 zu erklären: „Mehr als zehn Jahre lang habe ich mich intensiv damit befasst, den Sinn des Begriffes ‚soziale Gerechtigkeit' herauszufinden. Der Versuch ist gescheitert; oder besser gesagt, ich bin zu dem Schluss gelangt, dass für eine Gesellschaft freier Menschen dieses Wort überhaupt keinen Sinn hat."

Seine Schwierigkeit des Verstehens wird deutlich, wenn er erklärt, das Wort „sozial" sei ein „Wiesel-Wort", ein Wort, das andere Wörter jedes Inhalts und jeder Bedeutung berauben kann. „Wir verdanken den Amerikanern eine große Bereicherung der Sprache durch den bezeichnenden Ausdruck 'weasel-word'. So wie das kleine Raubtier, das auch wir Wiesel nennen, angeblich aus einem Ei allen Inhalt heraussaugen kann, ohne daß man dies nachher der leeren Schale anmerkt, so sind die Wiesel-Wörter jene, die, wenn man sie einem Wort hinzufügt, dieses Wort jedes Inhalts und jeder Bedeutung berauben. Ich glaube, das Wiesel-Wort par excellence ist das Wort 'sozial'. Was es eigentlich heißt, weiß niemand. Wahr ist nur, daß eine soziale Marktwirtschaft keine Marktwirtschaft, ein sozialer Rechtsstaat kein Rechtsstaat, ein soziales Gewissen kein Gewissen, soziale Gerechtigkeit keine Gerechtigkeit – und ich fürchte auch, soziale Demokratie keine Demokratie ist."[295]

Da die soziale Gerechtigkeit so schön beliebig auslegbar ist, treten alle Parteien unabhängig von der sonstigen politischen Ausrichtung für diese Zielsetzung ein und tragen damit dazu bei, dass der Sozialstaat immer weiter expandiert. Keine Partei kann es wagen, gegen soziale Gerechtigkeit zu argumentieren oder gar Ungerechtigkeiten in Kauf zu nehmen. In der tatsächlichen Ausprägung der sozialen Gerechtigkeit zeigt sich, dass es zunehmend um immer größere Umverteilung von Einkommen und zunehmende staatliche Regulierungen geht.

Gut 40 Jahre später ist die soziale Gerechtigkeit noch immer nicht verwirklicht, obwohl die Hälfte eines jeden verdienten Euro inzwischen umverteilt wird. Soziale Gerechtigkeit wird auch nie erreicht werden, weil es immer Gruppen geben wird, die lautstark eine Umverteilung zu ihren Gunsten fordern. Immer wird es Reiche geben, denen durchaus etwas weggenommen werden könnte, meinen zumindest diejenigen, die der Auffassung sind, dass sie zu wenig hätten. Der Sozialphilosoph Anthony de Jasay plädiert daher für mehr Ehrlichkeit: „Wenn Umverteilung als legitim gelten soll, braucht es dafür sehr gute Gründe, Gründe, die stark genug sind, die ungerechte Natur jeder Umverteilung zu kompensieren. Das sollten wir ehrlich zugeben, statt dem Dilemma einfach aus dem Weg zu gehen, indem wir das Vorgehen ungeniert als 'soziale Gerechtigkeit' bezeichnen."[296] Es werde so getan, als ob Gerechtigkeit in der ungerechten Welt nur durch Umverteilung wieder hergestellt werden kann, die wiederum nach neuer Umverteilung ruft bis zu einem undefinierten Fernziel, das allerdings nicht erreicht werden kann, weil es keine stabilen Kriterien dafür gibt, schreibt Jasay.

Im übrigen ist ergänzend die Frage zu stellen, ob es sozial gerecht ist, denen, die sich morgens auf den beschwerlichen Weg zur Arbeit machen, die Hälfte ihres Einkommens wegzunehmen, um unter anderem diejenigen auszuhalten, die sich lieber noch einmal im Bett umdrehen und eine weitere Runde schlafen. Für die Langschläfer soll noch mehr getan werden: Das „bedingungslose Grundeinkommen", seit rund zweihundert Jahren in der Diskussion, halten nicht nur arbeitsabstinente Bürger für richtig, sondern auch Wirtschaftswissenschaftler wie Thomas Straubhaar, Professor für Internationale Wirtschaftsbeziehungen an der Universität Hamburg oder der Telekom-Chef Timotheus Höttges. Begründet wird diese Sichtweise damit, dass demnächst Roboter die Arbeitskräfte ersetzen und künstliche Intelligenz selbstständig Werte schafft. Sonderbare Träumer stellen sich also eine Welt ohne Arbeit vor in der nur noch das bedingungslose Grundeinkommen ausgegeben werden soll.

10. Was bleibt?

Um 1975 sind Entwicklungen angestoßen worden, die unser heutiges Leben und die Verfasstheit unserer Gesellschaft maßgeblich mit gestaltet haben. Die Ost-West-Entspannung beginnt und führt schließlich zur Aufweichung mit abschließender Auflösung des Ostblocks zehn Jahre vor dem Ende des 20. Jahrhunderts. In der Folge tritt die DDR der Bundesrepublik Deutschland bei. Bahnbrechende Technikentwicklungen in der Kommunikation und Information werden mit Vehemenz vorangetrieben und geben einem ganzen Zeitalter den Namen Informationsgesellschaft. Emanzipatorische Fortschritte sind zu verzeichnen, die die Rollen der Geschlechter angleichen und Ungerechtigkeiten ausräumen. Die wirtschaftliche Entwicklung geht trotz mancher kurzzeitiger Rückschläge voran und führt zu steigendem Wohlstand.

Auf der „Haben"-Seite der Entwicklung in den vergangenen 40 Jahren sind somit zahlreiche Einträge vorzunehmen. Allerdings ist die „Soll"-Seite im Fazit nicht weniger gewichtig.

Die Studentengeneration der 1970er Jahre hat wesentliche Positionen im Staat und in der Kultur übernommen und prägt heute vor allem den Bildungssektor, die Medien und diejenigen staatlichen Institutionen, die für soziale Wohltaten zuständig sind. Auch die politischen Parteien sind weitgehend von den Ideen der „Alt 68er" infiltriert, sodass das politische Spektrum sehr eng geworden ist. Der Zeiger, der die politische Gesamtausrichtung der Gesellschaft anzeigt, steht 1975 noch in der Mitte, jetzt schlägt er weit nach links aus.

Der Zustrom von Ausländern ist nach anfänglich in den 1970er Jahren noch moderaten Zuwächsen gewaltig angestiegen, was per se noch keine Schwierigkeiten bereitet, wenn die Neuankömmlinge sich in die demokratische freiheitliche Gesellschaft und deren Wirtschaftssystem integrieren. Dies aber ist zunehmend nicht der Fall, wie der Blick auf abgehängte Stadtteile beispielsweise in Berlin oder Hamburg zeigt, deren Bewohner, vorwiegend islamischen Glaubens, kaum Interesse zeigen, Teil einer Gesellschaft zu sein, deren Fundament das Grundgesetz der Bundesrepublik

Deutschland sein sollte. Stattdessen stellen diese Ausländer ihr eigenes Gesellschaftssystem in den Mittelpunkt ihres Lebens.

Es lohnt sich, einzelne Aspekte der Entwicklungen von der Mitte der 1970er Jahre bis heute näher anzusehen.

***

Die Systemüberwinder prägen das System.

Die Studentengeneration aus den 1970er Jahren, deren Kultur und Mentalität von der sogenannten „68er-Bewegung" wesentlich beeinflusst worden ist, bestimmt heute das gesellschaftliche Klima deutlich. Diese Generation ist im wesentlichen kritisch gegenüber alten Autoritäten aus der Nachkriegszeit (gewesen) und sie zeigt sich im Grundsatz emanzipiert von herkömmlichen Regeln.

Wenn es um die eigene Karriere geht, ist eine flexible Anpassungsbereitschaft festzustellen, so dass die prinzipielle Ablehnung des Wirtschaftssystems und des Staates („das System überwinden") aufgeweicht wird. Karriere machen die Systemüberwinder in der SPD, den Gewerkschaften, den Medien und im Kulturbetrieb. Besonders beliebt ist das Fortkommen in den Universitäten, wo die folgenden Generationen wiederum von dieser Geisteshaltung infiziert werden. Aber auch in den Schulen indoktrinieren die Lehrer, die von den „68ern" überzeugt oder selber indoktriniert worden sind, wiederum ihre Schutzbefohlenen. Ein riesiger Geleitzug hat sich in Bewegung gesetzt, nimmt Fahrt auf und zieht immer weitere Kreise der Gesellschaft mit sich.

Das alte Bildungssystem mit gegliederten Schulformen von der Volksschule über die Realschule zum Gymnasium und einer Universität, die einen qualifizierenden Bildungsabschluss verlangt, wird umgeworfen. Das Leistungsprinzip wird ausgehöhlt, Eliten sind suspekt. Heute liegt der Anteil der Studienberechtigten eines Jahrgangs bei etwa 50 Prozent, mit einem überproportionalen Anteil der SPD-regierten Bundesländer (über 50 Prozent, Hamburg führt mit 56 Prozent im Jahr 2014)) und deutlich niedrigerem Anteil der CDU- oder CSU-geführten Bundesländer (etwa 35 Prozent, Bayern liegt bei 31 Prozent im Jahr 2014).[297] In der Mitte der 1970er Jahre haben nur etwa 15 Prozent eines Jahrgangs eine Studienberechtigung. Da anzunehmen ist, dass die Intelligenzverteilung unabhängig von den Bundesländern oder der Zeit ist, kann nur der Verzicht auf Leistung und Leistungsmessung zu diesen Ergebnissen führen.

Aus Strömungen der „68er-Bewegung" sind die Grünen entstanden, die heute tonangebend in der Gesellschaft sind. Zwar entscheiden sich nur jeweils rund 10 Prozent der Wähler bei den Wahlen zu den Landtagen oder dem Bundestag für die Grünen, aber im „juste milieu" der Medien stellt diese Minderheit die Mehrheit und dominiert damit die Öffentlichkeit. Es vergeht kein Tag, an dem Vertreter der Grünen nicht zu aktuellen Themen in der „Tagesschau" oder den „Tagesthemen" oder Rundfunksendungen des öffentlichen Rundfunks ihren Standpunkt erläutern können.

Die Anfänge der „68er-Bewegung" mögen noch von antiautoritären, kritischen Wegbereitern beeinflusst sein, wie der Text des Transparents zeigt („Unter den Talaren - Muff von 1000 Jahren"), das zwei Studenten bei der Rektoratsübergabe vor den Professoren, den Spektabilitäten, in der Universität Hamburg hertragen. (Beide Studenten finden sich nach ihrem Studium übrigens im Staatsdienst wieder: einer in der Universität Bremen, der andere als Staatsrat der Kulturbehörde in Hamburg). Aber die Neigung der „68er" zu autoritären Gestalten ist unübersehbar, obwohl von ihnen das Gegenteil behauptet wird: Die Bewegten dieser Zeit bewundern den chinesischen Diktator Mao Tse-tung, der China mit Gewalt und Terror mit Millionen Toten überzogen hat, lesen seine „Mao-Bibel" oder huldigen dem vietnamesischen Revolutionär Ho Chi Minh.

Der Staat schützt den „betreuungsbedürftigen Trottelbürger". Egal, ob der geschützt werden will oder nicht.

Die Autoritätsfixierung, nicht nur der Grünen, sondern auch der links orientierten Mitglieder in der SPD (und der Mitglieder der SED-Nachfolgepartei „Die Linke" sowieso) bringt es mit sich, dass der Staat immer extensiver das Leben der Bürger bestimmt. Der Staat weiß, was gut ist für die Bürger und sie müssen sich dessen Bevormundung fügen. Der Liberalismus in der Bundesrepublik, wie er Mitte der 1970er Jahre zumindest in Resten noch gelebt wird, ist heute erledigt.

Die Bürger werden bevormundet, indem ihnen die Hälfte ihres Einkommens durch Steuern und Abgaben weggenommen und ihnen das Geld (umverteilt, nach Abzug des Verwaltungsaufwands) wieder nach staatlichen Vorgaben zugeteilt wird. Die Bürger werden bevormundet, indem ihr Energieverbrauch durch das Verbot herkömmlicher „Glühbirnen", das Verbot von Heizpilzen oder das Verbot energieintensiver Staubsauger gesteuert wird. Der Staat regelt für den Bürger, wie die richtige Bezeichnung für Kalbsleberwurst ist, verbietet auf Schulfesten selbst gemachten Kartoffelsalat, verbietet Sitzbälle wegen Verletzungsgefahr und ordnet an, dass Rauchmelder Pflicht sind in privaten Wohnungen. Der „Spiegel" (33/2013) erkennt die Absicht des Staates, den „Homo demenz", den „betreuungsbedürftigen Trottelbürger" vor sich selbst zu schützen.[298]

„Freiheit ist das Recht, den Leuten das zu sagen, was sie nicht hören wollen." Die Obrigkeit weiß, wie sie die Freiheit beschränken kann, damit sie nicht Unangenehmes hören muss.

Die Obrigkeit versucht heute sogar, auf das richtige kommunikative Miteinander einzuwirken. Es gilt, den „gesellschaftlichen Frieden" zu wahren.[299] Dazu wird dann unbekümmert die Meinungsfreiheit eingeschränkt.

Die DDR ist gegen unliebsame Meinungsäußerungen mit dem Paragraphen 106 des Strafgesetzbuches vorgegangen (Fassung 19. Dezember 1974), der die „Staatsfeindliche Hetze" unter Strafe stellt. Bestraft wird, wer „diskriminierende" Schriften verbreitet oder „staatliche Repräsentanten" diskriminiert. Die Vorbereitung und der Versuch sind gleichermaßen strafbewehrt.

Das Grundgesetz der Bundesrepublik garantiert hingegen in Artikel 5 die Meinungs- und Pressefreiheit und bestimmt: „Eine Zensur findet nicht statt". Allerdings findet die Freiheit im Absatz 2 des Artikels 5 ihre Grenzen in „allgemeinen Gesetzen", Jugendschutzgesetzen und in der „persönlichen Ehre". Diese Grenzen werden inzwischen eng gezogen, so eng, dass, der Vergleich mag hinken, eine Annäherung der Bundesrepublik an die gesetzlichen Bestimmungen der DDR mit der Bestrafung der Verbreitung diskriminierender Schriften nicht mehr übersehen werden kann.

Das Bundesministerium des Inneren, die Exekutive des Staates, erklärt, dass es sich eindeutig gegen „Hate Speech" ausspricht, „egal ob strafbar oder nicht."[300] Da setzt sich das Ministerium über das Bundesverfassungsgericht hinweg, das festgestellt hat, es sei unerheblich, ob eine geäußerte Meinung wertvoll oder wertlos, richtig oder falsch, emotional oder rational begründet ist (BVerfG 1 BvR 389/90). Oder: „Jede Meinung, auch die von herrschenden Vorstellungen abweichende, (ist) schutzwürdig", befindet das Bundesverfassungsgericht (BVerfG 2 BvR 41/71).

Der Bundesjustizminister steht hinter den Bemühungen des Innenministeriums nicht zurück und gründet mit „zivilgesellschaftlichen Organisationen" eine „Task Force" zum Umgang mit „geistigen Brandstiftern".[301] Facebook, Google und Twitter sind gehalten, „hasserfüllte" Inhalte zu entfernen. Was hasserfüllt ist, stellt nicht ein Gericht nach einer Strafanzeige fest, sondern „geschulte" Mitarbeiter dieser Unternehmen widmen sich dieser Aufgabe anstelle einer unabhängigen Justiz. Allerdings muss der Minister nach einigen Monaten feststellen, dass „noch immer zu wenig, zu langsam und oft auch das Falsche gelöscht" wird.[302]

George Orwell ist inzwischen offenbar vergessen. Im (nicht veröffentlichten) Vorwort zu seinem Buch „Animal Farm" (1945) hat er den Begriff Freiheit originell definiert: „Wenn Freiheit überhaupt etwas bedeutet, bedeutet sie das Recht, den Leuten das zu sagen, was sie nicht hören wollen" (If liberty means anything at all it means the right to tell the people what they do not want to hear").[303]

Was die für den Schutz der Verfassung zuständigen Minister nicht hören wollen, wird gelöscht. Es schien in der Bundesrepublik der 1970er Jahre undenkbar, dass Zensurmaßnahmen in diesem freiheitlichen Land jemals (wieder) erfolgreich sein könnten. Das ist ein Irrtum gewesen.

Übrigens: Zu den nützlichen „zivilgesellschaftlichen Organisationen", die die Zensur im Auftrag des Bundesjustizministers unterstützen, gehört die auch von staatlichen Zuschüssen alimentierte Amadeu-Antonio-Stiftung, deren Gründerin und Vorsitzende Anetta Kahane ist. Sie hat als informelle Mitarbeiterin der Stasi (IM Victoria) in den Bereichen „politisch-ideologische Diversion" und „politische Untergrundtätigkeit" in der Hauptabteilung XX und der Abteilung XX der Bezirksverwaltung Berlin des Ministeriums für Staatssicherheit einschlägige Erfahrungen gesammelt.[304] Diese Erfahrungen sind heute in der Bundesrepublik offensichtlich gefragt.

Die politische Klasse nimmt achselzuckend die gescheiterte Integration zur Kenntnis. Oder guckt gleich weg.

Ein weiteres, heute die politische Diskussion bestimmendes wichtiges Thema betrifft die Ausländerpolitik, die ab Mitte der 1970er Jahre aufgrund ihrer Richtungslosigkeit und Unbestimmtheit zu gravierenden Problemen geführt hat.

Der Anwerbestopp für ausländische Arbeitskräfte im Jahr 1973 signalisiert die Entschiedenheit, den Zustrom von Ausländern zu begrenzen. Die in Deutschland lebenden ausländischen Arbeitskräfte sollen aber in den folgenden Jahren einerseits zur Rückkehr in ihre Heimatländer bewegt werden, andererseits sollen sie besser integriert werden. Die Zielsetzungen Rückkehr und Integration sind nicht miteinander kompatibel.

Die Integration scheitert vor allem bei den türkischstämmigen Ausländern, die nicht in ihr Heimatland zurückkehren, sondern ihre Familien nachholen. Die türkischen Frauen kommen weitgehend ohne berufliche Qualifikationen oder deutsche Sprachkenntnisse, häufig als Analphabeten in die Bundesrepublik und leben in isolierten Familienverhältnissen. Auch die Männer, die vielfach als ungelernte Arbeiter schwere und schmutzige Arbeit leisten, haben im Regelfall geringe Qualifikationen. Hinzu kommt, dass ab Mitte der 1970er Jahre in Folge der wirtschaftlichen Schwierigkeiten zuerst ausländische Arbeitskräfte entlassen werden und die Beschäftigungsquote der Ausländer damit überproportional zurückgeht. Die ehemaligen Arbeitskräfte, die zu Empfängern von Arbeitslosengeld und Kindergeld werden, verlieren damit auch noch den Kontakt zur Arbeitswelt. Im Ergebnis entstehen Parallelwelten, in denen die Kinder der Migranten aufwachsen.

Die heutige Situation, die sich in den vergangenen Jahren immer weiter verschärft hat, ist auf die Vision der multikulturellen Gesellschaft zurückzuführen, in der jede Gruppe der Gesellschaft ihre Kultur unbeeinflusst von anderen Gesellschaftsgruppen ausleben soll. In der Folge entstehen Parallelgesellschaften, die ihr Eigenleben führen.[305] Dies wird von der politischen Klasse achselzuckend hingenommen. Deutliche Warner vor den Gefahren unzugänglicher Parallelgesellschaften, wie Thilo Sarrazin (SPD, ehemals Finanzsenator in Berlin und später Vorstandsmitglied der Deutschen Bundesbank) oder Heinz Buschkowsky (SPD, ehemals Bezirksbürgermeister in Berlin-Neukölln) werden als rechtsradikal (vor allem in ihrer Partei) ausgegrenzt.

11. Was wird sein?

Ähnelt die Zukunft zu sehr der Vergangenheit, wie Madame Rochefort meint?

Sébastien-Roch Nicolas Chamfort (1741-1794) hat in einer seiner Anekdoten eine kluge Bemerkung von Madame Rochefort kolportiert. Madame sei gefragt worden, schreibt Nicolas Chamfort, ob sie Lust habe, die Zukunft zu kennen, „Nein", sagt sie, „sie ähnelt zu sehr der Vergangenheit" („On demandait à Madame Rochefort si elle aurait envie de connaître l´avenir: Non, dit-elle, il ressemble trop au passé").[306] Wenn Madame denn recht haben sollte, können wir ja den Versuch wagen, weit voraus zu blicken, indem wir uns an der Vergangenheit orientieren und diese in die Zukunft fortschreiben, dabei aber nicht (wie die Unheilsverkünder des Club of Rome) eine lineare Entwicklung annehmen, sondern Imponderabilien durchaus ins Kalkül einbeziehen.

Seit 1975 sind gut 40 Jahre vergangen. Wie wird Deutschland nach weiteren 40 Jahren etwa im Jahr 2055 aussehen?

Die Zahl der Muslime hat in Deutschland vor vierzig Jahren bei rund einer Million Menschen gelegen, seit 1975 hat sich ihre Anzahl bis 2015 etwa vervierfacht. Der unübersichtliche Zustrom von mindestens einer Million weiterer Muslime Jahr 2015 ist in dieser Zahl allerdings noch nicht enthalten. Gemessen an der bisherigen demographischen Entwicklung mit einer vervierfachten Anzahl (ohne Flüchtlingswellen) dürfte, unter vorsichtiger Schätzung, die Zahl der Muslime im Jahr 2055 bei etwa 15 Millionen Menschen liegen. Dabei kann nicht seriös abgeschätzt werden, ob die frühe Familiengründung bei Muslimen und die hohe Kinderzahl weiterhin Bestand haben wird. Gegenwärtig ist aber am Beispiel Berlin mit einem muslimischen Bevölkerungsanteil von etwa 10 Prozent, aber einem Anteil von 25 Prozent an den Schulkindern abzuschätzen, dass der Anteil der Muslime unvermindert überproportional wächst. Bei einer angenommenen Bevölkerungszahl von etwa 70 Millionen Menschen in Deutschland liegt ihr Anteil in vierzig Jahren bei etwa mindestens bei einem Fünftel, einem Anteil, der Staat, Kultur und Gesellschaft gegenüber heute grundlegend verändert.

Thilo Sarrazin kommt in seinem Buch „Wunschdenken" zu deutlich höheren Zahlen.[307] Unter der Annahme, dass in den kommenden Jahren jährlich 500.000 Flüchtlinge und illegale Einwanderer nach Deutschland kommen und aufgrund des Familiennachzugs drei Kinder pro Familie geboren werden, dann wird die Flüchtlingsbevölkerung mit ihren Nachkommen im Jahr 2050 nach rund 35 Jahren bei 70 Millionen liegen.

Im Gegensatz zu der Prognose vergangener Jahre, die Muslime würden sich in zweiter und dritter Generation besser integrieren, kann heute mit Ernüchterung festgestellt werden, dass sich gerade in den späteren Generationen Parallelgesellschaften entwickelt haben, die nach ihren eigenen Vorstellungen leben und für die Freiheit und Demokratie der Bundesrepublik ohne Bedeutung sind, denn sie leben teilweise in rechtsfreien Räumen. Es ist bei allem Optimismus kein Anhaltspunkt erkennbar, aus dem abgeleitet werden könnte, dass die Entwicklung künftig eine andere sein wird als diejenige der letzten Jahrzehnte, die islamistischen Extremismus und arabischen Antisemitismus nach Deutschland gebracht hat

Der Club of Rome lässt sich von 40 Jahren Fehlprognosen nicht beirren. Muntere neue Voraussagen sind an Absurdität kaum noch zu unterbieten.

Der Club of Rome veröffentlicht trotz der 1972 publizierten „Grenzen des Wachstums", eine Schrift, die ein totaler Fehlschlag hinsichtlich der getroffenen Prognosen gewesen ist, unermüdlich weitere Blicke auf die Zukunft, die allerdings nicht minder abenteuerlich anmuten.

Gleich bis zum Jahr 2052 reicht der von Jorgen Randers gewagte Blick in die Zukunft. „2052: A Global Forecast for the Next Forty Years" heißt das 2012 veröffentlichte Werk, das uns vor Umverteilungskämpfen, Überschwemmungen und Temperaturanstieg warnt.[308] Der Konsum wird nicht mehr steigen, sondern nicht selten auch sinken und das weltweite Bruttoinlandsprodukt wird infolge eines Bevölkerungsschwundes, allgemeiner

Überalterung und nachlassender Produktivität kaum noch zunehmen. Die kapitalistische Gesellschaft wird sich wandeln, indem der Ökologie eine besondere Bedeutung zukommt, die - da wird die Bundesrepublik mit den Investitionen in Wind- und Solarenergie gelobt - weltweit ertüchtigt werden muss. Der Ton dieser Veröffentlichung ist insgesamt deutlich moderater als das in den „Grenzen des Wachstums" verbreitete Schreckensszenario. Die medien-öffentliche Reaktion ist entsprechend gering.

Drei Jahre später legt der Autor Jorgen Randers zusammen mit dem Generalsekretär des Club of Rome, Graeme Maxton, noch einmal nach. „Ein Prozent ist genug. Mit wenig Wachstum soziale Ungleichheit, Arbeitslosigkeit und Klimawandel bekämpfen" lautet der Titel des Bericht an den Club of Rome im Jahr 2016. Um die drei Jahre zuvor getroffene Prognose eines sinkenden Bevölkerungswachstums Realität werden zu lassen, gibt dieser Bericht jetzt die Empfehlung, allen Frauen, die nur ein Kind zur Welt gebracht haben, zum 50. Geburtstag 80.000 Dollar auszuzahlen. Geld spielt keine Rolle, denn eine CO_2-Steuer und eine Erbschaftsteuer von 100 Prozent lassen die Staatseinnahmen sprudeln. Und wenn das nicht reicht, kann auch Geld gedruckt werden. Um das Wachstum zu senken soll der Außenhandel beschränkt werden.

Ob dies ernst gemeint ist oder ob die Schrift eine missglückte Satire dokumentiert, ist nicht auf den ersten Blick ersichtlich. Der Gedanke, Geld zu drucken, wenn es an der nötigen Liquidität fehlt, deutet allerdings eher auf eine verunglückte Satire hin.

**

Nikolai Kondratjew hat „Lange Wellen" in der Wirtschaftsentwicklung entdeckt. Wenn es diese Wellen auch im gesellschaftlichen Gefüge gibt, könnten sie die Rückbesinnung auf eine konservative Ausrichtung anzeigen.

In der Wirtschaftstheorie hat Nikolai Kondratjew 1926 in einem Aufsatz im „Archiv für Sozialwissenschaft und Sozialpolitik" die „Theorie der Langen Wellen" entwickelt, die den Wirtschaftszyklus in längerfristige Phasen von 40 bis 60 Jahren mit jeweiligen Auf- und Abschwüngen nach grundlegenden Innovationen und Investitionen (Dampfmaschine, Eisenbahn, elektrische Energie, Chemie, Informationstechnologie etc.) einteilt. Ob die Theorie in der Realität der Wirtschaftsentwicklung bestätigt wird, ist umstritten, aber es ist ein lohnender Ansatz zu fragen, inwieweit sich in der gesellschaftlichen Entwicklung der Bundesrepublik Deutschland „Lange Wellen" zeigen. Allerdings ist dabei im Blick zu behalten, dass die Entwicklungen meistens kontinuierlich verlaufen und nicht an Jahreszahlen fest gemacht werden können. Aber ein - zugegeben: holzschnittartiger - Überblick kann dennoch eine wellenförmige Bewegung erkennen lassen.

Die 1950er und 1960er Jahre sind durch eine konservative Gesellschaft geprägt, die den Wiederaufbau des Landes nach dem Zweiten Weltkrieg vorantreibt. Die Nachkriegsgeneration stellt die Leistungen dieser Zeit bald in Frage, wie der den Kommunisten nahestehende Liedermacher Franz Josef Degenhardt in seinem Lied „Vatis Argumente" 1969 im Refrain spottet: „Ärmel aufkrempeln, zupacken, aufbauen". Degenhardts Lied endet mit der Feststellung, dass keiner Vati mehr ernst nimmt und „Ärmel aufkrempeln" geradezu verpönt ist. In den 1980er Jahren findet die kämpferische Attitude der Jugend der vorangegangenen Jahre ihre Fortsetzung in Aktionsbündnissen, Friedensdemonstrationen, Hausbesetzern oder Blockaden. In den 1990er Jahren steht nach dem Ende der DDR wiederum wie in der Nachkriegszeit ein wirtschaftlicher Aufbruch mit Goldgräberstimmung im Vordergrund, der unter dem Schlagwort der „New Economy" grenzenloses Wachstum und grenzenlose Gewinne verspricht. Nach mehreren wirtschaftlichen Rückschlägen ist die ökonomische Euphorie inzwischen gedämpft.

Über den skizzierten Entwicklungen steht - bei aller Ungenauigkeit - der „Megatrend" der gesellschaftlichen Schwerpunktorientierungen von einer konservativen zu einer heute eher linken Gesellschaft, in der die politischen Parteien CDU, SPD, Grüne und Linke mit einer Linksdrift dominieren und kaum noch voneinander zu unterscheiden sind. Unter der Annahme einer „Langen Welle" dürfte sich das Pendel in der Zukunft wieder zurück zu einer konservativen Gesellschaft bewegen. Die Hoffnung besteht, dass zumindest ein breiterer Diskurs möglich sein wird, der die enge Beschränktheit der jetzigen politischen Struktur aufweicht.

***

„Schwarze Schwäne" werfen alle Prognosen über den Haufen.

Nassim Nicholas Taleb hat in seinem Buch „Der Schwarze Schwan" mit dem Untertitel „Die Macht höchst unwahrscheinlicher Ereignisse" mit der Metapher des „Schwarzen Schwans" die schwerwiegende Beschränkung des menschlichen Lernens durch Beobachtung oder Erfahrung und die Zerbrechlichkeit unseres Wissens beschrieben.[309] Taleb geht in seinem Buch davon aus, dass die Menschen der alten Welt überzeugt waren, alle Schwäne seien weiß, bis, völlig unerwartet, in Westaustralien Ende des 17. Jahrhunderts ein schwarzer Schwan entdeckt worden war, der alle bisherigen Erkenntnisse über die Farbe von Schwänen in Frage stellte.

„Schwarze Schwäne" sind für Nassim Nicholas Taleb Ereignisse, die außerhalb der regulären Erwartungen liegen, die enorme Auswirkungen haben und für die im Nachhinein Erklärungen für das Eintreten konstruiert werden. Beispiele hierfür sind die Ereignisse, die zum Ausbruch des Ersten Weltkriegs geführt haben, der Zerfall des Ostblocks 1989 oder das Aufkommen des islamischen Fundamentalismus.

Welche „Schwarzen Schwäne" uns in Zukunft das Leben schwer machen (oder erleichtern) werden, welche Narren (oder Weisen) die Weichen für unsere weitere Entwicklung stellen werden, ist nicht berechenbar. Selbst dann nicht, wenn alles wie bisher seinen geordneten Gang geht.

Der Truthahn auf dem Bauernhof ist monatelang jeden Morgen gefüttert worden, berichtet Taleb, was den Truthahn zu der Überzeugung bringt, es sei absolut verlässlich, dass jeden Morgen ein netter Mensch ihm das Futter bringe. Kurz vor Thanksgiving geschieht allerdings etwas für den Truthahn völlig Unerwartetes, so dass er seine feste Überzeugung grundlegend revidieren muss…. Es ist jedoch zu spät.

Das Schlusswort hat der schon zitierte Aphoristiker Nicolas Chamfort. Chamfort stellt realistisch fest: „Il y a plus de fous que de sages; et dans les sages même il y a plus de folie que de sagesse." („Es gibt mehr Verrückte als Weise; und sogar unter den Weisen gibt es mehr Wahnsinn als Weisheit").[310] Es ist zu hoffen, dass im politischen Personal künftig mehr Weise mit Weisheit zu finden sein werden als es heute der Fall ist. Dann könnte ein „goldenes Zeitalter der Vernunft" anbrechen. Heute ist es allerdings noch in sehr weiter Ferne.

1. Stefan Zweig: „Die Welt von Gestern", Stockholm 1944, 80. bis 99. Tausend der Gesamtauflage, S. 13
2. Gerd Koenen: „Das rote Jahrzehnt: Unsere kleine deutsche Kulturrevolution 1967-1977", Köln 2001
3. „50 Jahre BILD", Claus Jacobi, www.axelspringer.de
4. Heinrich August Winkler: „Geschichte des Westens - Vom Kalten Krieg zum Mauerfall", München 2. Aufl. 2015
5. „Der Spiegel": „Wir schaffen das, ohne Akten", 34/2016, S. 22
6. Hans Magnus Enzensberger: „Tumult", Berlin 2014
7. Thomas Henning: „Straßenfotos Hamburg um 1975", Hamburg 2013
8. „Herzversagen - Silbersack-Erna: Die Wirtin vom Kiez ist tot", Hamburger Morgenpost 12. Mai 2012
9. „Spiegel-Online": Bildband „Cars New York City, 1974-1976"
10. „Farbe + Design", 1975, Zweite Ausgabe, S. 55
11. Gerhard Richter, „Schriften, Interviews, Briefe", Köln 2008, S. 175
12. vgl. „Der Spiegel", Er hielt sich für den Größten, Nr. 32/1992
13. BArch B 136/53059 Carl Werner Sanne, Leiter Abteilung II Bundeskanzleramt
14. vgl. Stephan Kieninger, in „Das Bundesarchiv", 30.7.2015
15. Espen Egil Hansen, „Aftenposten", Kommentar „Dear Mark" (Zuckerberg), 8. September 2016
16. vgl. Gerhard Paul, die Geschichte hinter dem Foto. Authentizität, Ironisierung und Überschreibung eines Bildes aus dem Vietnamkrieg, in: Zeithistorische Forschungen/Studies in Contempory Historie, Onlineausgabe, 2 (2005)
17. vgl. Marc Frey, Geschichte des Vietnamkriegs, München 2006, S. 222
18. R. J. Rummel, „Statistics Of Vietnamese Democide, Estimates, Calculations, And Sources",

www.hawaii.edu/powerkills/sod.chap6.htm

[19] Cordt Schnippen: Der Tod aus Ingelheim, in: Der Spiegel, Nr 32/1991

[20] Zitate nach Mark Philip Bradley und Marilyn B. Young, „Making Sense of the Vietnam Wars", Oxford 2008, S. 281

[21] George C. Herring: „America´s Longest War: The United States and Vietnam", 4th edition 2001

[22] Jesse Rifkin in: „"Mission accomplished" Was 12 Years Ago Today", The Huffington Post 1.5.2015

[23] Michael Flynn: „Wir waren zu dumm", in „Der Spiegel" Nr. 49, 28. November 2015

[24] Gerhard Paul, „Die Geschichte hinter dem Foto" in: „Zeithistorische Forschungen", Heft 2/2005

[25] Susan Sontag: „Das Leiden anderer betrachten", München 2003, S. 68

[26] Reinhard Lettau in „Kursbuch 22, Dezember 1970, S. 2

[27] „Die Welt" vom 24.8.1983: „Time": USA Prügelknabe der deutschen Linkspresse

[28] vgl. Günter Buchstab: „Freundschaft in Freiheit", in: „Geschichtswissenschaft und Zeiterkenntnis", München 2008, S. 428

[29] „Telepolis" 1.7.2010: „Worunter wir in den Chefetagen am meisten leiden, ist Charaktermangel", Reinhard Jellen im Interview mit Tom Schimmeck

[30] Albert Camus: „Der Fall", Reinbek bei Hamburg, 45. Auflage 2013, S. 39 f.

[31] Deutscher Bundestag, Stenographischer Bericht, 155. Sitzung, Bonn, Donnerstag, den 13. März 1975

[32] Deutscher Bundestag, Stenographischer Bericht, 155. Sitzung, Bonn, Donnerstag, den 13. März 1975

[33] „Abhör-Affäre: die Koalition schlingert", „Der Spiegel" 13/1977

[34] „Abhör-Affäre: Die Koalition schlingert", „Der Spiegel" 13/1977

35 zitiert nach Uwe Wessels, Der Prozess von Stammheim, Bundeszentrale für politische Bildung, 20.8.2007
36 Konrad Mrusek, „Der erste Aussteiger", FAZ 21.3.2011
37 Klaus Hübner: „Erinnerungen des Berliner Polizeipräsidenten", Berlin 1997, S. 49f.
38 Heiko Drescher: „Genese und Hintergründe der Demonstrationsstrafrechtsreform 1970", Düsseldorf 2005, S. 88
39 „Die Welt" vom 23.12.2007
40 „Der Spiegel" 21/1975, Seite 36
41 „Der Spiegel" 21/1975, Seite 46
42 Günter Riederer, „Sartre in Stammheim", in „Die 100. Ausgabe der Zeitschrift „Spuren""
43 „Der Spiegel 50/1974
44 Bundesarchiv B362/3391
45 „Der Freitag" 10.12.2014, Günter Riederer, 1974: „Besuch des alten Herrn"
46 Bundesarchiv B362/3387
47 „Der Spiegel" 6/2013: „Der Alte und das Arschloch"
48 „Die Welt" 12.9.1977, S. 3
49 „Frankfurter Allgemeine Zeitung", 2.8.1977
50 Bundesarchiv B362/3182
51 Joachim Fest: „Begegnungen. Über nahe und ferne Freunde", Reinbek 2004, S. 250
52 Die Zahl entspricht der Telefonnummer der Wohngemeinschaft des Mitherausgebers Dirk Schneider in der Uhlandstraße in Berlin, später heißt die Zeitschrift Agit 883
53 Michael Sontheimer, „MP 5 statt Kalaschnikow - Die falsche Knarre der Terroristen", in: „Cicero", 24. März 2011

54 Webseite www.stroebele-online.de/dokumente/1021.html

55 Deutscher Bundestag, 17. Wahlperiode, Drucksache 17/8134 vom 14. Dezember 2011, „Umgang mit der NS-Vergangenheit", S. 13 f.

56 Deutscher Bundestag, 17. Wahlperiode, Drucksache 17/8134 vom 14. Dezember 2011, „Umgang mit der NS-Vergangenheit", S. 1

57 u.a. Irene und Gerhard Feldbauer: „Sieg in Saigon. Erinnerungen an Vietnam", Bonn 2005

58 „Der Spiegel" 4/1966: „Lazarett-Dampfer - Schiff ohne Frauen", S. 16

59 vgl. „Die Zeit": Carl-Christian Kaiser: „Der Kommandeur im Grabenkampf - Georg Leber - ein exemplarischer Fall", 26. September 1975

60 Deutscher Bundestag, 97. Sitzung, Plenarprotokoll 15/97 vom 11. März 2004

61 Fritz Eckenga: „Freiheit und Heimatkunde, oder: Deutschland wird immer noch am Hindukusch verteidigt", in: „Jahreshauptversammlung meiner Ich-AG Rettungsreime"

62 „Der Spiegel" 49/1975: „Bundeswehr: Armee von Arbeitnehmern", S. 46 ff.

63 „Die Zeit": „Zeitlose soldatische Tugenden", 10. November 2005

64 vgl. Reimar Oltmanns: „Aus deutschen Landen der Armee - Schieß oder du kommst in den Knast", in: „Spurensuche auf verbrannter Erde", Norderstedt 2009, S. 139 f.

65 „Die Zeit": Robert Leicht, „Herbert Wehner - und die Macht der Ohnmächtigen"

66 Deutscher Bundestag, Stenographischer Bericht, 155. Sitzung, Bonn, Donnerstag, den 13. März 1975

67 „Das Ostpreußenblatt" 15. März 1975: „Strauß stellt Strafantrag gegen Vetter"

68 Deutscher Bundestag, Stenografischer Bericht, 141. Sitzung, Berlin, Freitag, den 27. November 2015

[69] „Der Spiegel" 6/1990: „Schild und Schwert der Partei", S. 50

[70] Ministerrat der Deutschen Demokratischen Republik, Ministerium für Staatssicherheit, Der Minister - Geheime Verschlusssache GVS MfS 008-100/76 (BstU.Bund.DE/Wissen/MfS-Dokumente)

[71] Ministerrat der Deutschen Demokratischen Republik, Ministerium für Staatssicherheit, Juristische Hochschule Potsdam, Lehrgang XIII, HSL, BStU, MfS, GVS 001-74/76, Blatt 02

[72] Deutsches Rundfunkarchiv, Frankfurt am Main - Babelsberg: „Die digitalisierten Sendemanuskripte 'Der schwarze Kanal' 1960-1989"

[73] Handbuch für Volkskorrespondenten der Leipziger Volkszeitung", Leipzig 1975, Vorwort von Werner Stiehler

[74] Studienplan für die Grundstudienrichtung Journalistik zur Ausbildung an der Karl-Marx-Universität Leipzig, Berlin 1974

[75] „Die Welt": „Wer jetzt grübelt, hat sich reichlich Zeit gelassen", Marianne Birthler im Interview, 6. April 2008

[76] „Spiegel Online": „Stasi und Medien - Wie zähmte die DDR Journalisten?", 24. März 2001

[77] „Spiegel Online": „Der MDR als Stasi-Stadl", 6. März 2001

[78] Gerhard Löwenthal: „Mielke und Honeckers willige Helfer", „Das Ostpreußenblatt", 23. Juni 2001

[79] Theo Sommer: „DDR-Miniaturen (II), Besuch bei der Volksarmee, „Die Zeit", 27. Juni 1986

[80] Gerhard Spörl: „DDR-Miniaturen (IV), Als Kiebitz unter Abiturienten, „Die Zeit", 11. Juli 1986

[81] Carsten Klook: „Geschichten mit Widerhaken", „Die Zeit", 25. Juni 2010

[82] „Der Spiegel": Rudolf Augstein, Hausmitteilung vom 27. September 1971, S. 3

[83] „Berliner Zeitung", Andreas Förster, „Braune Vergangenheit", 14.4.2011, in der Besprechung des Buches „Enttarnt" von

Peter-Ferdinand Koch

84 „Der Spiegel", Georg Wolff, „DDR: Idylle hinterm Todesstreifen (I)", 37/1975

85 „Der Spiegel", Walter Kempowski, „DDR: Idylle hinterm Todesstreifen (II)", 38/1975

86 „Der Spiegel": Wilhelm Bittorf, „DDR: Idylle hinterm Todesstreifen (III)", 39/1975

87 „Der Spiegel": Jörg R. Mettke, „DDR: Idylle hinterm Todesstreifen (IV)", 40/1975

88 „Chronik der Mauer, Tagesmeldung Nr. 93/75 der DDR-Grenztruppen vom 4. April 1975

89 Ministerrat der Deutschen Demokratischen Republik, Ministerium für Staatssicherheit, Der Minister, Vertrauliche Verschlußsache Nr. 724/75 vom 6.8.1975, BStU, MfS, HA XXII, Nr. 5847, Bd. 2, Bl. 442-447

90 Abteilung Postzollfahndung, 9. September 1975, Tgb. - Nr.: PZF/3/75, BStU, MfS, ZAIG, Nr. 30375, Bl. 1-6

91 „Der Spiegel", 41/1974

92 „Die Zeit", 27. Juni 1975

93 BStU, MfS, SdM, Nr. 1931, Bl 30

94 vgl.: „Wer war in Hoheneck? - Stasi und Strafvollzug", Der Bundesbeauftragte für die Unterlagen des Staatssicherheitsdienstes der ehemaligen Deutschen Demokratischen Republik, www.bstu.bund.de

95 vgl. Daniela Münkel, Vorwort zu: „Die DDR im Blick der Stasi - Die geheimen Berichte an die SED-Führung 1953 bis 1989, Der Bundesbeauftragte für die Unterlagen des Staatssicherheitsdienstes der ehemaligen Deutschen Demokratischen Republik, Berlin 2009

96 Der Bundesbeauftragte für die Unterlagen des Staatssicherheitsdienstes der ehemaligen Deutschen Demokratischen Republik: „Die DDR im Blick der Stasi - Die geheimen Berichte an die SED-Führung 1953-1989", Geleitwort von Marianne Birthler, Berlin, August 2009

[97] „Die Welt", „Die Linke - wir sind Nachfolgerin der SED", 29.4.2009

[98] „Der Tagesspiegel", „Äußerungen von Gregor Gysi lösen Empörung aus", 1.10.2014

[99] „Der Spiegel" 49/1975

[100] Hans-Hagen Bremer: „Ein Alptraum für Brüssel", „Die Zeit", 6. August 1976

[101] Jürgen Roth: „Der stille Putsch", München 2014

[102] Michael Martens: „Alles bleibt in der Familie", FAZ, 16. September 2007

[103] Bericht über die Europäische Union. In: Bulletin der Europäischen Gemeinschaften, 1975, Sonderbeilage 1/1976

[104] Akten zur Auswärtigen Politik der Bundesrepublik Deutschland 1976 ,1. Januar bis 30 Juni: Aufzeichnung des Legationsrats I. Klasse Leonberg, Bundeskanzleramt, 16. Januar 1976, München 2007, S. 41 ff., herausgegeben im Auftrag des Auswärtigen Amts vom Institut für Zeitgeschichte

[105] a.a.O.: S. 41 Fußnote 4

[106] „Der Spiegel". „Wer reich ist, muß zahlen", 10/1974

[107] Helmut Schmidt: „Mein Europa", Hamburg 2013, S. 62 ff.

[108] „Der Spiegel": „Fernsehen -Voll auseinandernehmen", 32/1975

[109] „Der Spiegel" 4/1974 vom 20. Januar 1975

[110] „Der Spiegel" 35/1975 vom 25. August 1975

[111] Momos, „Von Folter und Verbrennung keine Rede", „Die „Zeit" 9. Mai 1975

[112] Frank Nestmann, „Fernsehen im Urteil der Zuschauer", Tübingen 1980, S. 26 ff.

[113] „Smoke-free movies: from evidence to action, September 2011, 2nd ed.

[114] „Der Spiegel": Tod eines Pianisten", 51/1987 S. 156 ff.

[115] Klaus Staeck: „Er fehlt!", Berliner Zeitung, 22. Juli 2010

[116] Michael Götschenberg: „Der böse Wulff?: Die Geschichte hinter der Geschichte und die Rolle der Medien", Kulmbach 2013

[117] Marcel Reich-Ranicki, Frankfurter Allgemeine Zeitung, 29. April 1980

[118] vgl. Johannes Grützmacher, Meilenstein der Literatur und der Geschichtsschreibung. Solzenicyns „Archipel Gulag" aus heutiger Sicht, in Zeithistorische Forschungen, 3 (2006), S. 475 ff.

[119] Karl Ernst Maier: „Jugendliteratur: Formen, Inhalte, pädagogische Bedeutung", Bad Heilbrunn/OBB 1993, S. 43

[120] „Die Zeit" 31. Oktober 1975, Dieter E. Zimmer: „Preislotterie"

[121] Patricia F. Zeckert: „Die Internationale Leipziger Buchmesse", in „Aus Politik und Zeitgeschichte", 11/2009, S. 39 ff.

[122] Ludwig Harig: „Keiner wie ich" „Der Spiegel" 44/1975, S. 220 f.

[123] zitiert nach Ute Schneider: „Der unsichtbare Zweite: die Berufsgeschichte des Lektors im literarischen Verlag", Göttingen 2010. S. 243

[124] „Die Zeit", „Drucksachen - Drecksachen" - Wie Schulbücher zu Wahlkampfmunition werden, 10.Januar 1975

[125] „Der Spiegel", „Lesebücher: Aufklärung oder Manipulation?", 28/1975, S. 46 ff.

[126] Hans-Jürgen Bandelt, Astrid Baumann, Wolfgang Kühnel, Franz Lemmermeyer, Thilo Steinkrauss: „Schulmathematik - Mit Vera hat Nick leichtes Spiel", FAZ, 11. August 2016

[127] „Spiegel Online" 27.10.2013, „Diagnose Rechenschwäche"

[128] Werner Zielinski: „Lernschwierigkeiten: Ursachen - Diagnostik - Intervention", Stuttgart 1998, S. 108

[129] „aerzteblatt.de": „Psychiatrie: Häufige Interessenkonflikte der DSM-V-Autoren", 7.5.2008

[130] „Der Spiegel" 6/2012: „Schwermut ohne Scham"

[131] BDZV: „Die deutschen Zeitungen in Zahlen und Daten", Jahrbuch 2012/2013

[132] Emil Dovifat: Zeitungslehre II, Berlin, New York 1976, neu bearbeitet von Jürgen Wilke

[133] Siegfried Weischenberg, Maja Malik und Armin Scholl: „Journalismus in Deutschland 2005", Media Perspektiven 7/2006, Universität Hamburg

[134] Helmut Karasek: „Billy Wilder. Eine Nahaufnahme", Hamburg 2006, S. 68

[135] Hans Heigert: „Die Zukunft der Zeitung", Dokumentation der Hamburger Medientage 1977, Hamburg

[136] „Der Spiegel" 21/1975 S. 129 ff.

[137] Mike Maza, „Elvis Still Shakes 'Em Up", „Detroit News", 1. Januar 1976

[138] Berthold Seliger: „Wer hört warum heute noch klassische Musik?", in: Sabine Sanio und Martin Hassbach (Hrsg.), Musikmissbrauch und Psychogeographie, Berlin2007, S. 72 ff.

[139] Wolf Dieter Lugert: „"Klassische" Musik - ein didaktisches Problem?", in: M&B 6/1995,S. 4-9

[140] Statistisches Jahrbuch Hamburg 2011/2012

[141] „Der Spiegel": „Winifred Wagner: „Unser seliger Adolf", 31/1975

[142] „Die Zeit": Manfred Sack, „Zum Tode Ella Fitzgeralds", 21. Juni 1996

[143] „Der Spiegel", 23/1979 „Spiegel-Gespräch mit dem Dirigenten Herbert von Karajan"

[144] Christian Springer: „Regietheater und Oper - Unvereinbare Gegensätze", Berlin (ohne Jahresangabe)

[145] „Der Spiegel", 5/1975, „Schauspieler - Notwendig nackt"

[146] „Die Zeit", 17. Oktober 1975, „Die Klassiker, sie schlafen"

[147] „Berliner Zeitung", 19.9.1997: „Tiefe Gräben bei der 'Zeit'"

[148] „Der Spiegel", 10/2006, „Theater 'Hau ab, du Arsch!'"

[149] „Der Spiegel", 48/1997, „Das Zitat", S. 236

[150] „Der Spiegel", 6/1975 S. 109

[151] Claudia Kracht: „Der Bundesligaskandal 1971", ARD „Planet Wissen", 19.1. 2016

[152] Mathias Hausding und Achim Mut: „Es ging um Medaillen in München 1972", Märkische OnlineZeitung 30.7.2013

[153] „Die Zeit": Rolf Kunkel: „Kerniges in der Paulskirche - Feierstunde mit dem Kanzler", 12. Dezember 1975

[154] vgl. Henk Erik Meier, Marcel Reinold, Anica Rose: „Dopingskandale in der alten Bundesrepublik", Bundeszentrale für politische Bildung, 30. Mai 2012

[155] Andreas Singler und Gerhard Treutlein (unter Mitarbeit von Lisa Heitner): „Herbert Reindell als Röntgenologe, Kardiologe und Sportmediziner: Wissenschaftliche Schwerpunkte, Engagement im Sport und Haltungen zum Dopingproblem. Wissenschaftliches Gutachten im Auftrag der Albert-Ludwigs-Universität Freiburg. Mainz 2014" - Zusammenfassung des Gutachtens von Andreas Singler

[156] Klaus Blume: „Die Dopingrepublik: Eine (deutsch-)deutsche Sportgeschichte", Berlin 2012

[157] BGH 5 StR 451/99 - Beschluss vom 9.2.2000

[158] Udo Scheer: „Nimm das, ist gut für dich" in „Die Welt" vom 1.9.2001 über das Buch von Ines Geipel „Verlorene Spiele. Journal eines Doping Prozesses", Berlin 2001

[159] „Der Spiegel": „Doping-Prozess- Es ist erst mal gut", 18.7.2000

[160] Hans Traxler: „ Alles von mir!", Frankfurt/Main 1999, S. 252 f.

[161] Hans Maier, „Fortschrittsoptimismus oder Kulturpessimismus", Vierteljahreshefte für Zeitgeschichte, 1/2008

[162] Rainer Slotta, „Kraftwerk Tiefstack", Hamburg 1994 (Arbeitshefte zur Denkmalpflege in Hamburg Nr. 14)

[163] Michael Miersch, „Club of Rome - Welterfolg mit Fehlprognosen", Die Weltwoche, 43/2007

[164] Jens Friedemann, „Aus der Krise in die Pleite", „Die Zeit" 18. Juli 1975, S. 15

[165] „Die Akte Neue Heimat - Analysen und Interviews - Band 1", Hrsg. Andreas Kunz, Frankfurt/New York 2003, S. 60

[166] Friedrich Ebert Stiftung, Gewerkschaftliche Monatshefte 11/93, Hans Matthöfer: „Gewerkschafter und Bankier – Walter Hesselbach", S. 722 ff.

[167] Helmut Schmidt, Peer Steinbrück: „Zug um Zug", Hamburg 2011

[168] „Der Spiegel" 29/1966, „Alsterzentrum Stadt in der Stadt"

[169] „Handelsblatt": Olaf Storbeck, Vollbeschäftigung: Vergangen und vorbei, 4. Januar 2008

[170] Geschäftsbericht der Deutschen Bank 1975, Bericht des Vorstands, S. 11

[171] Helmut Schmidt, Peer Steinbrück: „Zug um Zug", Hamburg 2011

[172] „Der Spiegel", 51/1974

[173] Initiative Neue Soziale Markwirtschaft: „Sieben Jahrzehnte Soziale Marktwirtschaft im Spiegel der Karikatur", Berlin 2015, S. 17

[174] „Der Spiegel", 36/1975

[175] Klaus Düll / Dieter Sauer: „Rationalisierung im öffentlichen Dienst", Gewerkschaftliche Monatshefte Februar 1975, S. 97 ff.

[176] Ernst Breit: „Die Deutsche Bundespost - Gemeinwirtschaftlichkeitsverpflichtung in der politisch-ökonomischen Auseinandersetzung" in: Gewerkschaftliche Monatshefte" Februar 1975, S. 117 ff.

[177] „Die Zeit": Dieter Piel: „Front gegen die Lobby", 20. Juni 1975

[178] Sachverständigenrat Jahresgutachten 1975, Deutscher Bundestag Drucksache 7/4326, S. 193

[179] Sachverständigenrat Jahresgutachten 1975, Deutscher Bundestag Drucksache 7/4326, S. 41

[180] „Der Spiegel", „Hosen runter, Steuern rauf" Nr. 36/1975, S. 21

[181] „Der Spiegel", „Irgendwann muss man die Wahrheit sagen", Nr. 24/1975, S. 20

[182] Statistisches Bundesamt, Fachserie 13, Reihe 2.1, 2013

[183] „Der Spiegel", „Nur noch saugen und mauscheln - Korruption, Filz und Inkompetenz im System der deutschen Wohlfahrtsverbände", 25/1988

[184] Klaus von Beyme: „ Interessengruppen in der Demokratie", München 1970

[185] Stefan von Borstel: Die Wahrheit über die Armut in Deutschland", „Die Welt", 19.2.2015

[186] Konrad Fischer: „Caritas und Diakonie bedienen sich beim Staat", „Wirtschaftswoche", 20.11.2012

[187] „Die Zeit": „Platz eins im Visier", 12. September 1975

[188] „Der Spiegel" 50/1975, S. 43

[189] Rudolf Walter Leonhardt, „Biete Freiheit, suche Sicherheit", „Die Zeit", 23. November 1973

[190] Theo Sommer, „Irrungen und Wirrungen der Zeit", „Die Zeit", 2. Oktober 2013

[191] „Der Spiegel", 28/1975

[192] „Der Spiegel", 41/1975, S. 33 ff.

[193] „Der Spiegel", 41/1975, S. 27 ff.

[194] „Der Spiegel", 29/1975, S. 22 ff.

[195] „Der Spiegel", 5/1978, S. 32 ff.

[196] Götz Albert: „Eine Branche im Stützkorsett: Subventionen in der deutschen Schiffbauindustrie in der Nachkriegszeit" www.digitalis.uni-koeln.de

[197] Bettina Meyer, Swantje Küchler, Oliver Hölzinger: Staatliche Förderungen der Stein- und Braunkohle im Zeitraum 1950 - 2008", Berlin 2010

[198] Markus Nieder-Eichholz: „Die Subventionsordnung: ein Beitrag zur finanzwirtschaftlichen Ordnungspolitik, Diss. Berlin 1995, S. 47

[199] „Der Spiegel". „Affären - So, wie du bist", 50/1980, S. 22 ff.

[200] „Der Spiegel": „Affären - In großen Scheinen", 49/1980 S. 28 ff.

[201] BMF/Web/DE/Öffentliche Finanzen/Grundlagen der Subventionspolitik", 19.10.2015

[202] „Der Spiegel", 3/1974, S. 68

[203] zitiert nach Lothar Gall: „Der Bankier: Hermann Josef Abs, eine Biographie", München 2004, S. 324 f.

[204] „Skandal oder Medienrummel?", Hg. Jürgen Bellers und Maren Königsberg, Münster 2004, S. 142

[205] zitiert nach: Rüdiger Jungbluth, „Die Quandts: Deutschlands erfolgreichste Unternehmerfamilie"

[206] Deutscher Bundestag, 7. Wahlperiode, Drucksache 7/4159 vom 16. Oktober 1975

[207] „Der Spiegel": „Bundesbank - Der Freund fehlte", 44/1975 S. 27

[208] Deutscher Bundestag, 7. Wahlperiode, Drucksache 7/4295 (neu) vom 10. November 1975

[209] „Der Spiegel": „EG/Italien - Unter Kuratel", 5/1975, S. 76

[210] „Die Zeit": Friedhelm Gröteke, „Neun Jahre in Baracken" 4. März 1977

[211] Don Flavio Peloso: „Zwei Heilige - eine Botschaft, nicht nur für Italien", In „30 Tage", 4/2004

[212] Bundeszentrale für politische Bildung: „Nettozahler und Nettoempfänger in der EU", Quelle: Europäische Kommission: EU-Haushalt 2015

[213] „Frankfurter Allgemeine Zeitung": „Deutschland, die Melkkuh der EU?", 10. Februar 2013

[214] Herbert Gruhl: „Ein Planet wird geplündert" 4. Auflage Frankfurt 1978, S. 3

[215] Hermann Schreiber: „Ja die Welt ist eben komisch", „Der Spiegel" 30/1978, S. 28

[216] Michael Miersch: Freiheitssymposium 2013, Friedrich Naumann Stiftung, Berlin 16. Januar 2013

[217] „Der Spiegel": „Katastrophe auf Raten", 33/1974, S. 38 ff.

[218] Friedrich Karl Ebert, Vortrag Europäisches Institut für Klima und Energie: „Langzeit-Temperaturreihen widerlegen menschen-gemachten Klimawandel", S. 29, Zitat aus Frankfurter Allgemeine Zeitung, 25. Februar 1977

[219] Lowell Ponte: Biography, Newsmax Media Inc.

[220] Ponte, Lowell, Astro Databank

[221] Dave Hoopman: „Prominent climate scientist calls warming fears „absurd"", „wen magazine", 7. Mai 2007

[222] Anthony J. Sadar: „When climate change becomes personal", „The Washington Times", 10. Juni 2015

[223] Joachim Radau und Frank Uekötter (Hrsg.): Naturschutz und Nationalsozialismus, Frankfurt/Main, 2003

[224] Michael Miersch: „Der Führer isst Bio-Gemüse", in: „Die Welt", 25.10.2003

[225] „Norddeutsche Rundschau": „NABU: Autobahn gefährdet Artenvielfalt", 4. Dezember 2014

[226] Wikipedia „Autobahn 143", Stand 24. Januar 2016

[227] „shz.de": „A 20: Trassenführung keine Gefahr für Fledermäuse", 7. August 2015

[228] „Süddeutsche Zeitung" „SZ.de": „Dresden erlebt sein graues Wunder", 24. August 2013

[229] Augsburger Allgemeine: Seltener Käfer verteuert Sanierung der Stadtmauer, 16. März 2016

[230] De Chamfort: „Choix de Caractères, Anecdotes, Petits Dialoges Philosophiques, Maximes et Pensées, Lyon 1828, S. 106

[231] Werner Bührer: „… insofern steckt in jedem Unternehmer auch ein künstlerisches Element." in „Unternehmen am Ende des „goldenen Zeitalters"", Bochumer Schriften zur Unternehmens- und Industriegeschichte Bd. 16, S. 24

[232] a.a.O., S. 245

[233] vgl. Edgar Grande: „Vom Monopol zum Wettbewerb?" S. 303

[234] zitiert nach Stephanie Tilly: „Die guten Zeiten sind vorbei." in „Unternehmen am Ende des „goldenen Zeitalters"", Bochumer Schriften zur Unternehmens- und Industriegeschichte Bd. 16, S. 220

[235] a.a.O., S. 220

[236] vgl. „Unwohlsein" in Wohlstandsidyllen. Mit Mao für den Null-Tarif. Romantik pur oder Heidelberg im Bürgerkrieg, „stern", Hamburg 7. Mai 1975, in: Reimar Oltmanns: „Spurensuche auf verbrannter Erde", Hamburg 2009, S. 156 ff.

[237] vgl. Reimar Oltmanns: „aus deutschen Landen der Zeitgeschichte (2): Das Ende einer Utopie - Eine rote Uni geht baden", in „Spurensuche auf verbrannter Erde", Norderstedt 2009, S. 151 ff.

[238] Daniel Cohn-Bendit: Der große Basar", München 1975, S. 143

[239] Rüdiger Gollnik: „Sexuelle Grenzverletzungen im Lehrer-Schüler-Verhältnis an staatlichen Schulen" Berlin 2013, S. 196

[240] Rudolf Walter Leonhardt: „Kurzes Kichern, kein Erröten - Minderjährige und Sexualität - ein Tabu, das zu revidieren ist", „Die Zeit", 25. April 1969

[241] Hans Krieger: „Der Mann, der an unsere tiefsten Ängste rührte", „Die Zeit", 10. Oktober 1969

[242] Elena Schäfer: „ Es genügt nicht, nur zu kastrieren", „Die Zeit", 3.10.1969

[243] „Frankfurter Allgemeine Zeitung" online: „Jürgen Trittin - Göttinger Verhältnisse",18. 9. 2013

[244] „Die Linke im Bundestag" online: Jürgen Reents, „Grüne Ex-Maoisten", 22.8.2008

[245] Institut für Demokratieforschung Georg-August-Universität Göttingen: „Die Pädophiliedebatte bei den Grünen im programmatischen und gesellschaftlichen Kontext- Erste und vorläufige Befunde zum Forschungsprojekt", Göttingen 2013, S. 111 ff.

[246] „Der Spiegel" 51/1975: „Kirche: Adventszeit – Austrittszeit"

[247] „Der Spiegel" 52/1967: „Kirche/Glauben - Diesseits und Jenseits"

[248] „Der Spiegel" 39/1980: „Das ist geistliche Nötigung" (Hirtenbrief 1957)

[249] vgl. Reimar Ortmanns: „Wahlkampf in deutschen Landen: „Mit besten Wünschen Euer Pfarrer"", „stern", 16. September 1976

[250] „Der Spiegel" 39/1980: „Das ist geistliche Nötigung"

[251] „Der Spiegel" 43/1987: „Nachruf Joseph Kardinal Höffner"

[252] Wikipedia: „Religionen in Deutschland", Februar 2016

[253] vgl. Alan Posener: „Wie Kopernikus indiziert wurde, in „Die Welt" 5. März 2016

[254] Alfred Grosser: Die Bundesrepublik, der internationale und der innere Friede, Frankfurt am Main 12.10.1975, aus: ders., Versuchte Beeinflussung. Zur Kritik und Ermunterung der Deutschen. Aufsätze und Ansprachen 1975-1980, München 1981, S. 99-123

[255] „100(0) Schlüsseldokumente zur Deutschen Geschichte im 20. Jahrhundert",www.1000dokumente.de

[256] Diss. Jörg Auf dem Havel, Politisierung der öffentlichen Verwaltung, Hamburg 2003

[257] vgl. Sternberger, Sturz, Süskind: „Aus dem Wörterbuch des Unmenschen" Hamburg und Düsseldorf 1968, S. 147 ff.

[258] Hans Maier: „Die Nachkriegszeit im Spiegel der Sprache", in „Politikwissenschaftliche Spiegelungen", Opladen, Wiesbaden 1998

[259] Bundesarchiv, Protokolle 1975, 115. Kabinettssitzung am 11. Juni 1975, 4. Ausländerpolitik

[260] „Spiegel" 50/1975: „Gastarbeiter - Je weniger, desto besser"

[261] Evangelische Akademie Rheinland/Westfalen (Hrsg.). Protokoll der Tagung: Wer vertritt die Interessen der ausländischen Arbeitnehmer, 18./19. Oktober 1975. Tagungsprotokoll Nr. 385. S. 51.

[262] Liberale Thesen zur Ausländerpolitik, Beschluss des Bundeshauptausschusses der FDP, 22.2.1975

[263] Statista: Anzahl der Ausländer in Deutschland nach Herkunftsland (Stand 31. Dezember 2014)

[264] Statistisches Bundesamt, Pressemitteilung Nr. 097 vom 16.3.2015

[265] „Gemeinsames Wahlprogramm der Christlich Demokratischen Union Deutschlands (CDU) und der Christlich Sozialen Union (CSU) für die Bundestagswahl 2002, S. 60

[266] Bundesagentur für Arbeit: Analyse der Arbeitsmarktes für Ausländer: Überblick im Oktober 2014

[267] Beate Baldow: Episode oder Gefahr? Die Naumann-Affäre, Berlin 2012

[268] „Der Spiegel" 48/2000 vom 27.11.2000

[269] „Spiegel Online": Herbert Wehner: Zuchtmeister und Stratege der Macht, 29.6.2006

[270] „Spiegel Online": SPD: „Der schwierige Aufstieg des Willy B.", 17.4.2006

[271] „Der Spiegel": „SPD: Scherze im Wahlkampf", 8/1975

[272] Die Linke: „Der Begriff Demokratischer Sozialismus ist bei uns tief verankert", 16. September 2010

[273] FrauenMediaTurm, Chronik 1975, CR-Gruppen-Flugblatt

[274] vgl. „Die Zeit", Rolf Zundel: „Verlorene Hoffnung auf die Männer", 3. Juni 1988

[275] „Der Spiegel", „Fernsehen -Im Clinch", 7/1975

[276] „Frankfurter Rundschau", „Alice in der Opferrolle", 8. Februar 2014

[277] Claudia Gather: „Simone de Beauvoir, eine Klassikerin der feministischen Soziologie, „Labyrinth" Vol 1, No. 1, Winter 1999

[278] „Die Zeit", „Schriftstellerin Esther Vilar, „Ich explodiere mehr nach innen", 27. Dezember 2012

[279] „Süddeutsche Zeitung", „Alice Schwarzer ist 70", „Größer als der Feminismus"

[280] Die Zeit", Stefanie Lohaus", „Alice Schwarzers Doppelmoral ist unerträglich", 5. Februar 2014

[281] „Die Zeit", Ben Witter, „Die hohe Schule des Lebens", 9. Februar 1975

[282] Senta Trömel-Plötz, „Vatersprache - Mutterland", München 1993, S. 27 f.

[283] „Der Standard": „Frauen-Lebenswerk-Preis für Valle Export", 19.10.2015

[284] „Spiegel Online", 14.3.2015, Karin Schulze: „Feministische Kunst: Wunderbare Nestbeschmutzerinnen"

[285] Hans Maier, „Fortschrittsoptimismus oder Kulturpessimismus", Vierteljahreshefte für Zeitgeschichte 1/2008

[286] Der Spiegel" 13/1975, S. 38: „Die Kinder wollen keine Kinder mehr"

[287] Franz-Xaver Kaufmann: „Wenn der Nachwuchs ausbleibt und die Gesellschaft schrumpft", „Neue Zürcher Zeitung", 25.9.2006

[288] Rolf Zundel, „Die Armen zahlen mehr", „Die Zeit", 6.6.1975

[289] Heiner Geißler, „Die Neue Soziale Frage", Freiburg 1976, S. 27

[290] Wolfgang Glatzer, „Einkommenspolitische Zielsetzungen und Einkommensverteilung" in „Lebensbedingungen in der Bundesrepublik", Frankfurt am Main 1978, S. 358

[291] „Deutschlands faulster Gärtner lebt seit 10 Jahren vom Sozialamt", „Bild" 2.2.1977

[292] „Unverschämte Arme. Sie leben in Saus und Braus - auf unsere Kosten", „Quick" 10.2.1977

[293] Günter Ufermann, Dagmar Zukertort, „Schäm dich nicht vorm Staat - Tips für das Leben mit dem Sozialamt", 1977

[294] „Der schlimmste Hetzer in diesem Land", „Der Spiegel" 21/1985

[295] Friedrich August von Hayek: „Wissenschaft und Sozialismus", Gesammelte Schriften in deutscher Sprache, Abt A, Aufsätze, Bd. 7, S. 61 f.

[296] Anthony de Jasay: „Warum „soziale Gerechtigkeit" ungerecht ist, Neue Zürcher Zeitung 2.3.2006

[297] Statista: „Anteil der Schulabsolventen/-innen mit allgemeiner Hochschulreife an der gleichaltrigen Bevölkerung in Deutschland nach Bundesländern im Jahr 2014"

[298] „Der Spiegel": „Regulierung - Der Nanny-Staat", 33/2013 S. 28 ff.

[299] „Frankfurter Allgemeine Zeitung": „Justizminister Maas droht Facebook", 31.8.2016

[300] Bundesministerium des Inneren bei Twitter am 28.7.2016

[301] Bundesministerium der Justiz und für Verbraucherschutz, Pressestelle, „Gemeinsam gegen Hassbotschaften - Task Force stellt Ergebnisse vor", 15. 12. 2015

[302] „Spiegel Online": „Maas droht Facebook wegen Hasskommentaren", 17.7.2016

[303] vgl. Nico Stehr, „Die Freiheit ist eine Tochter des Wissens", Heidelberg 2015, S. 22

[304] „ScienceFiles": „IM, Stasi oder Amadeu-Antonio-Stiftung: Kahane bekämpft 'politisch-ideologische Diversion PID)'", 16.7.2016

[305] vgl. Lilli Sippel: „Zuwanderungsgeschichte der Bundesrepublik Deutschland 1945 bis 1990", Berlin-Institut für Bevölkerung und Entwicklung, Berlin 2009

[306] De Chamfort: „Choix de Caractères, Anecdotes, Petits Dialoges Philosophiques, Maximes et Pensées, Lyon 1828, S. 78

[307] Thilo Sarrazin: „Wunschdenken", München 2016, S. 214

[308] Jorgen Randers: „2052: A Global Forecast for the Next Forty Years", Vermont 2012

[309] Nassim Nicholas Taleb: „Der Schwarze Schwan", München 2008

[310] De Chamfort, a.a.O., S. 115